有弹性的父职：
北京高校教师父职实践的社会学分析

杨 娜 著

南开大学出版社
NANKAI UNIVERSITY PRESS
天 津

图书在版编目(CIP)数据

有弹性的父职：北京高校教师父职实践的社会学分析 / 杨娜著. -- 天津：南开大学出版社，2025.7
ISBN 978-7-310-06556-1

Ⅰ.①有… Ⅱ.①杨… Ⅲ.①父亲－角色理论－研究
Ⅳ.①C913.11

中国国家版本馆 CIP 数据核字(2024)第 000531 号

有弹性的父职:北京高校教师父职实践的社会学分析
YOU TANXING DE FUZHI: BEIJING GAOXIAO
JIAOSHI FUZHI SHIJIAN DE SHEHUIXUE FENXI

南开大学出版社出版发行
出版人:王　康
地址:天津市南开区卫津路 94 号　　邮政编码:300071
营销部电话:(022)23508339　营销部传真:(022)23508542
https://nkup.nankai.edu.cn

河北文曲印刷有限公司印刷　全国各地新华书店经销
2025 年 7 月第 1 版　　2025 年 7 月第 1 次印刷
240×170 毫米　16 开本　15 印张　2 插页　228 千字
定价:75.00 元

如遇图书印装质量问题,请与本社营销部联系调换,电话:(022)23508339

前　言

在"男主外，女主内"社会观念的影响下，母亲长期被视为儿童照顾的主要负责人，而父亲在儿童照顾领域中的角色是相对缺席的，他们往往被定位为满足家庭经济需求的养家者角色，因此，目前已有的亲职研究普遍集中于母职研究。随着社会发展和社会分工的转型，越来越多的女性走入劳动力市场，承担起了部分养家的责任，甚至一些知识女性在收入上超过男性，成为家庭的主要经济支柱。与此同时，育儿知识化、科学化的理念日益深入人心，人们越发意识到亲子关系，尤其是父子关系对儿童成长的重要性。在这样的背景下，人们开始重新审视父亲角色，呼唤父亲"回归家庭"，越来越多的父亲出于理性和情感原因主动或被动地参与到育儿实践中，男女两性之间在协商互动之中探索新的合作育儿模式，当代社会的父职在被社会不断建构的过程中而形成不同于传统父职的新型父职。

本书从社会行动和社会性别视角出发，通过对北京 40 位高校教师父亲及其中 6 个家庭中的 12 位家庭成员进行了深度访谈，从父职资源、父职观念和育儿胜任感三个方面，呈现了高校教师父职实践的特点以及这三个因素形塑其父职实践的具体逻辑过程，从而在一定程度上展现出父职的社会建构过程。

本书的发现主要集中于以下几个方面：

首先，高校教师的父职实践总体上呈现出与传统父职实践不一样的特点。传统父职实践下，父亲往往被看作"养家者"，他们少有的父职实践也大多集中于子女生活支持与照顾的层面，而高校教师的父职实践让我们看到父职是一种在身体、言语、情感和意识的多维实践过程，从而赋予了社会父职更多的内涵与形式，呈现出"新父职"的样态。高校教师的父职实践具有参与性、选择性、交叉性和变化性的特点，既有一定的相似性也存在一定的差异性。高校教师父亲可依据其父职实践的特点划分为主力型父亲、助力型父亲和替补型父亲。

其次，父职资源是个体能够调动的用于其父职实践的资源，是高校教师父职建构的基础性要素。从父职资源的来源看，家庭关系所提供的父职资源具有丰富性、稳定性的特点，让高校教师的父职实践呈现出个性化特征；朋友关系具有互动性强和感知性强的特点，是高校教师父职资源的重要来源，使高校教师的父职实践具有一定的趋同性；组织机构和社区层面的关系影响着高校教师父职实践的可能性、适宜性和便利性；社会层面关系提供的父职资源具有感知度低的特点，这个层面的父职资源使高校教师的父职实践呈现出一定的时代性。从资源类型上看，经济类父职资源拥有的总量是父职实践展开的物质基础，影响着父职实践的整体水平和压力强度；服务类资源起到了调节父职实践压力和提升父职实践质量的作用；信息文化类资源表现在能够提升高校教师父职实践的效率、水平上和为其提供行为参照上；情感类资源具有增进父职实践体验感和持续性的重要作用。经济类资源、服务类资源和信息类资源具有可相互转换的特点，情感类资源对于其他资源的获得具有重要的调节作用。

再次，父职观念是个体基于对父职实践的认知和理解而形成的基本态度，对高校教师的父职实践发挥着重要的引领作用，是高校教师父职建构的丰富性要素。高校教师的父职观念渗透于家庭、工作和子女教育方面，具有一定的零散性。从父职观念对高校教师父职实践的总体影响上来看，高校教师父亲的父职观念既保持了父职的延续性，又推动了父职的变迁。从具体影响看，父职观念影响着高校教师父职实践的角色、知与行的和谐程度以及育儿目标的定位。在影响方式上，家庭观念对父职实践影响着父亲对于父职实践的基本态度，工作方面的观念对父亲的父职实践基于工作与家庭的平衡程度而发挥着重要的调节作用，子女教育方面的观念影响着父职实践的具体方式。性别观念会对父亲的家庭、事业和子女教育观念产生全面且深远的影响，不仅影响着当前父亲的父职实践，也通过日常知识的传承，进入了子女的"库存知识"，从而影响着他们今后的育儿实践。高校教师父亲的父职观念具有知识性、日常性、杂糅性和情境性的特点，库存知识和主体间性成为个体形成父职观念并实现社会共享的关键因素。高校教师父亲的父职观念主要来源于他们的生平情境，高校教师在父职观念更新的过程中也发挥着一定的能动作用。

最后，育儿胜任感是指个体对自身父母角色适应的感知和对自身能否胜任该角色的一种评价和判断，是高校教师父职建构的持久性要素。高校教师父亲的育儿胜任感总体较好，但受到育儿满意度和育儿效能感的影响，在不同育儿事项、不同的父职实践角色父亲、不同的子女特征父亲以及不同职称父亲上呈现出一定的差异。育儿胜任感对于高校教师的父职实践也具有重要影响，其影响主要表现在：有助于提升高校教师父亲参与父职实践的信心；有助于提升高校教师父职实践的质量；有助于提升高校教师父亲参与父职实践的体验感。

本书认为，高校教师的父职是一个社会建构的过程，受到父职资源、父职观念和育儿胜任感的共同作用。父职资源对高校教师的父职发挥着基础性的建构作用，它影响着高校教师参与父职实践的必要性，父职观念影响着高校教师对父职的理解和认知，不断引领和丰富着他们的父职实践，育儿胜任感是高校教师能动性地整合父职资源、父职观念与自身特点后的一种美好的主观体验，它能够让高校教师父亲持久地参与到父职实践之中而实现对于父职的不断建构。高校教师的父职建构过程是通过个体的亲身实践和与他人及组织的互动实现的，亲人、朋友、工作单位、儿童教育机构对高校教师的父职资源、父职观念和育儿胜任感都对其父职实践产生了重要影响，尤其是家庭和个体的受教育经历对父职实践的影响尤为重要。

本书进而围绕父职的现代转向问题、个案研究的外推性问题和性别建构问题展开了讨论，并提出了相应的建议：第一，重视家庭作用，发展家庭社会政策；第二，恢复社区功能，提升社区在儿童抚育服务的可及性；第三，改革完善教育考核体制，开展驻校社工服务；第四，完善和落实儿童托幼服务和育儿假制度，倡导父母共担的亲职文化。

目　录

第一章　绪论

第一节　问题的提出

一、研究背景

改革开放 40 多年来，中国社会生活无论是在私人领域还是在公共领域都发生了翻天覆地的变化。社会变迁一直都是社会学的核心研究议题，长期以来，社会变迁的研究焦点往往是社会生活中宏观的社会公共领域的变迁。但是，值得我们注意的是，这种社会变迁往往并不都是从宏观社会公共领域发生的，最为深刻的变迁往往发生在家庭、婚姻、亲密关系等私人生活领域，普通人往往对发生在这些私人领域的变迁内容和形式体会更为真切。这些发生在私人生活领域却又嵌入公共领域的变迁，不仅折射出时代的精神面貌与社会特征，而且通过对传统的革新与发展又进一步推动着这个社会系统和制度的变迁。

中国社会的转型也同时冲击着家庭，也促使中国家庭从传统向现代转型，发生着一系列的变迁，20 世纪 80 年代以来的家庭变迁作为这一过程最为生动的写照。具体表现为家庭的结构多样化、家庭规模小型化、家庭关系平等化等。家庭变迁的进程并非单维度、单向度的，而是呈现出传统与现代交融和从"量变"到"质变"的特点。中国家庭的变迁过程也成为学者们普遍关注的焦点，形成了一系列关于中国家庭制度、家庭结构、家庭功能、家庭关系和家庭生活变迁的"本土化"研究成果。

在家庭关系的研究方面，家庭社会学注重面对面沟通交往关系的研究，着重于父子关系和夫妻关系的研究，研究影响家庭关系变迁的各种因素，而养育子女无疑成为家庭研究不可避免的核心问题，它既涉及家庭结构的调整，又涉及多重家庭关系的互动，因此，这一主题是探究我国家庭变迁发展趋势的一个重要的切入点。

长久以来，受到"男主外，女主内"观念的影响，我国在儿童照顾方面的主要角色是母亲，母职压力凸显，母职研究也成为亲职问题的研究核心，而与之相对应的父职问题被关注较少，家庭中的父亲往往被定位为满足家庭经济需求的工具性角色，在儿童照顾方面是相对缺席的。受到社会发展和计划生育政策的影响，人们对子女家庭教育的重视程度得到了明显提升。与此同时，越来越多的女性在社会分工转型的过程中走入了劳动力市场，承担起了部分养家的责任，工作和家庭的双重压力使她们身心疲惫、不堪重负，面对二孩政策的出台显露出"生育焦虑"。社会中呼唤父亲"回归家庭"的声音愈来愈强，父亲角色得到重新审视，以避免因父亲缺位而导致的儿童成长缺憾。在这样的背景下，夫妻双方开始重新讨论家庭分工，越来越多的父亲或主动或被动地参与到育儿实践中。

韦伯认为，价值中立和价值关联并非矛盾对立的、非此即彼的关系，而是同一个问题的两个方面。一方面我们应该恪守"价值中立"原则，另一方面这一原则又不是需要一直遵循的，价值中立原则和价值关联这两个原则在适用时呈现出阶段性的特征。社会现象的意义往往是人们将自己的意志附加于其中的，而为了理解这附加的意义就必须探索影响行动者采取该行动的观念，这就要涉及价值，在选题时，研究者往往不可避免地根据自己的价值进行选择。选择这一论题与我作为母亲的体验相关，这种经历让我对家庭抚育、亲职角色等问题产生了浓厚的兴趣，也让我在育儿的过程中认识了很多父亲母亲，看到了许多夫妻在育儿中的互动与协商，也看到了父母在陪伴孩子成长过程中的转变。

在生活中我发现，当前育儿的主要责任者还是往往由母亲来担任，但同时我看到有很多家庭中父亲越来越多地参与其中，甚至有很多父亲对于孩子的付出，让作为母亲的我都甘拜下风。作为一个研究者，我经常好奇，同样作为父亲，为什么有的父亲会陪伴孩子的成长，有的父亲则"缺席"孩子的成长？同样作为收入稳定的中产阶层父亲，为什么有的父亲会不遗余力地投入育儿实践，甚至成为育儿的"主力"，而有的父亲则采取回避的态度，即便有能力有时间也成为育儿实践的旁观者？难道仅仅是因为他们要"挣钱养家""工作忙""压力大"吗？带着这个问题，我选择通过对高校教师父职实践的考察来探寻影响父职实践的行动逻辑和动因。相对于其他社会群体，高校教师父亲这个群体收入稳定且属于社会中坚阶层，他们的高学历和工作特点使他们拥有更多展开理想型父职实践的可能，也无疑会给本书提供更为丰富的研究资料和研究空间。

二、研究问题及意义

（一）研究问题

本书以北京高校教师父亲为对象，通过对他们父职实践内容和特征的考察来探寻父职的建构过程与内部逻辑，具体来说可以分为关于现象本身的问题和关于现象阐释的问题。

现象本身问题主要包括：当代城市高校教师的父职实践的现状是怎样的？高校教师父亲的父职实践有哪些共同性又有哪些差异性？父职实践相对于母职实践而言又有哪些不同？

关于对现象阐释的问题包括：高校教师的父职实践受到哪些社会结构性因素的影响，父职资源、父职观念和育儿胜任感对高校教师的父职实践有哪些影响？这些要素对高校教师的父职实践影响的具体方面和方式是怎样的？高校教师父亲作为父职实践的行动主体，在父职建构的过程中是如何发挥其能动性作用的？

（二）研究意义

第一，本书是对社会性别理论研究的一种丰富。社会性别研究让我们看到了社会对于性别的建构性，但目前的性别研究往往是以女性为研究对象的，相关的研究发现和理论建构也更多是基于女性的行动实践推论出来的。那么，男性的社会性别又是如何被建构的，这个过程与女性的社会性别建构有哪些差异？这些问题是值得思考并有待通过对各类性别实践的研究加以印证和考察的。本书以高校教师父亲为研究对象，考察其在子女抚育这个在传统观念看来属于女性性别实践的领域中的父职实践行动特征以及展现的性别气质特征，并从理论上对其父职和男性气质建构问题进行阐释，是一种对现有社会性别研究的一种丰富。

第二，本书是对社会行动研究的拓展和推进。长期以来，个人与社会关系问题一直是社会学的核心研究问题，也一直存在着主观和客观二元对立的倾向。本书从社会行动的个人与社会互构的视角出发，以高校教师的父职实践为依托，从父职资源、父职观念和育儿胜任感三个角度对这一行动进行考察和分析，在一定程度上推动了社会学宏观—微观、个体—社会相整合的理论演进。同时，对家庭抚育问题的探讨不仅顺应了社会学研究的"日常生活转向"，而且也有助于我们透过父职实践从"传统"到"现代"的变迁，洞察私人生活领域变革与社会结构转型的内在关联，拓展和丰富了社会行动研究。

第三，本书是对亲职研究的一种补充和完善。从现有亲职研究看，大多是以母职替代了亲职，对父职的关注要远远低于对母职的关注。在已有的父职研究中往往以量化研究为主，重在总体呈现父职实践的特征，而缺少对父职实践的个性化的深描，而且在研究对象上往往多以子女年龄和特点为切入点而研究父职问题，以职业为切入点的父职研究比较少，而且关注社会中间阶层父职的研究也相对较少。本书通过对北京市 40 位高校教师及其中 6 个家庭中的 12 位家庭成员的访谈，从身体、言语、情感和意识层面的多维度对其父职实践进行了考察，并从理论层面进一步探讨了父职的建构过程，是对我国父职研究的一种补充和完善。

第四，本书是对高校教师生活研究的丰富和拓展。目前对高校教师生活的研究主要聚焦于其职业生活部分，关注其教学方法、专业发展以及职业压力等问题而忽视了对高校教师日常生活问题的考察。在已有的关于高校教师日常生活的研究中，多以定量研究为主，集中于其总体生存状态的呈现，而缺少对高校教师日常生活的"深描"。而且从性别角度对高校教师进行的研究也多集中于女性教师的研究，而针对男性高校教师的研究则相对较少。本书以高校教师父亲为研究对象考察其父职实践，也是对男性高校教师日常生活实践的一种呈现，因此是对高校教师生活研究的丰富和拓展。

第五，本书有助于进一步完善我国儿童照顾和家庭福利政策和服务，营造两性平等的社会文化氛围。本书以高校教师父亲为对象呈现其在父职实践中的父职观念和父职参与状况，反映了当代家庭子女抚育方面的诉求，可作为政府相关部门政策制定的参考依据，有助于进一步完善我国儿童照顾领域的社会政策及服务。同时，当代高校教师的父职实践也作为现代新型父职的一种代表，具有一定的社会参照和引领作用。

第二节 文献综述

一、相关概念界定

(一) 父职

所谓父职，是指关于男人履行父亲职责的理念和实践，它是由社会建构的，包含个人、群体、社区、社会政策与文化等多个层面。自古以来，中国就有"养不教，父之过"的传统观念，可见，父亲在子女教育中扮演着重要的角色。20 世纪 90 年代以来，随着现代育儿理念的不断渗透，社会科学界对于父亲参与儿童照顾的现象和行动越来越多，学者们从不同的面向，依照不同的标准，从父职角色和父职实践等角度不断丰富对于父职的理解。[①]

1. 作为一种角色的父职

父职角色又称父亲角色，包括男性投入扮演父职角色的动机、源自本能的亲职行为及个人内在形象或男性气质的认同。[②]在笔者看来，父职角色展现的是社会赋予"父亲"的权利和义务，个体对父职角色职责的认同展现了父职观念的影响。目前国内对父职概念的研究主要是对儒家父职与现代父职进行了有效区分与界定。王向贤认为，中国父亲的职责一方面表现

---

① 何绍辉：《撑起儿童照顾的"半边天"——对父职实践的社会学考察》，《中国青年研究》，2020 年第 2 期，第 85-91 页。

② Kraemer, S., "The Origins of Fatherhood: An Ancient FamilyProcess," Family Process, vol. 4(1991), pp. 377-392.

在姓氏传承、财产继承和通过父辈资源向上流动的机会，另一方面则表现在对子女的日常照顾上。但是在现实中，中国父亲无论是在婚姻状态或离婚状态下都普遍处于缺席状态。①研究发现制度本身也发挥着重赚钱轻照顾的性别分工建构的作用，建构了一大批为赚钱抚养子女的主要责任人式的缺席父亲。②

2. 作为一种实践的父职

父职实践是一个多方面、多维度、内容丰富的过程，在现有的很多研究中，与父职实践相关的研究中经常会使用的另一个词语为"父职参与"，随着学者们开始通过直接和间接相结合的角度深入、全面、多维度地来理解和拓展父职参与的内涵，这二者的内涵不断接近，因此在很多文献中也将二者进行等同。

《辞海》一书中把实践定义为一种社会实践，指人们改造自然世界和社会世界的有意识的活动，同时也包含实现自己的观念，履行自己的诺言的行动。③而社会学往往把实践作为一种社会行动加以考察。社会行动是指人们根据自己的主观意志展开行动，并同时影响周围其他人的行动。

本书把父职实践的过程当作一个社会行动过程来加以考察，并且除了父职参与行为本身还关注影响父职参与的资源、观念和情感体验方面，因此本书认为用父职实践更为妥当。本书将父职实践界定为父亲们在一定的父职观念指引下，有意识地展开履行父职角色的行动过程，既包括对于父职角色的认知，又包含在实践这一角色过程中的具体行为、意识观念和情感体验。

（二）高校教师

在教师的定义上，《中华人民共和国教师法》对教师进行了界定，"教

---

① 王向贤：《社会政策如何构建父职？——对瑞典、美国和中国的比较》，《妇女研究论丛》，2014 年第 2 期，第 49-54 页。

② 王向贤：《承前启后：1929—1933 年间劳动法对现代母职和父职的建构》，《社会学研究》，2017 年第 32 卷第 6 期，第 165-188+245 页。

③ 夏征农，陈至立：《辞海》（第六版缩印本），上海：上海辞书出版社，2010 年。

师是履行教育教学职责的专业人员，承担教书育人，培养社会主义事业建设者和接班人、提高民族素质的使命"。《中华人民共和国高等教育法》关于高等学校教师资格规定："遵守宪法和法律，热爱教育事业，具有良好的思想品德，具备研究生或者大学本科毕业学历，有相应的教育教学能力"。根据规定，高等学校实行教师职务制度，教师职务共设置了四个级别，分别是助教、讲师、副教授、教授这四个级别。在高校里所有从事教学、科研、管理的人员都被统称为"高校教师"。但本书中所指的高校教师是具有高等学校任职资格的在普通高等学校从事教学和科研学术工作的专业人员，他们的特点表现为学术性和专业性，不包括从事非教学和非科研的管理人员。

二、有关家庭抚育分工及育儿压力的研究

（一）有关家庭抚育分工的研究

从古至今，抚育孩子都是家庭中的头等大事，过去很长一段时间，学界在研究抚育孩子这个问题上更多是从母职角度出发，母亲主要承担着抚育孩子的重任，父亲更多的被认为是照料、教育孩子的局外人，在育儿活动方面父职实践仍有较大的缺失。一些学者的研究表明父亲们经常会以"工作忙"和"妈妈了解孩子"为由而逃避履行父职。[1]还有学者的调查表明大部分父亲认为母亲更适合教养孩子。[2]可见，传统的观念和父亲的工作压力成为阻碍他们参与儿童教养的主要因素。另有一些研究表明，许多父母都面临着工作与家庭之间的冲突，尤其以女性的工作家庭冲突问题更为突出。[3]女性进入职场的同时依然承担着大部分的家庭事务和婴幼儿照料责任，她们在平衡工作和家庭冲突中存在诸多困难。在我国，随着育儿市场化发展和人们工作压力的增加，很多夫妻都无力完全承担子女照顾的重任，

---

① 吴航，朱嫚嫚，刘雯：《幼儿父亲参与父职教育的意愿及其阻碍因素》，《学前教育研究》，2012年第11期，第34-40页。

② 蔡春燕：《城镇儿童成长中父职参与的现状及思考——以河南信阳市为例》，《内蒙古师范大学学报（教育科学版）》，2014年第27卷第4期，第62-63+77页。

③ Nordenmark, Mikael. "Multiple Social Roles and Well-Being A Longitudinal Test of the Role Stress Theory and the Role Expansion Theory", Acta Sociologica, 2004, vol（47），No.2, pp115-126.

隔代照料成为很多家庭育儿方式之一，相关研究表明，虽然祖辈能够帮助缓解一部分亲职压力，但代际矛盾、育儿理念的不同也带来许多问题。[①]同时，也有研究指出当前0—3岁婴幼儿照料主要责任依然由母亲承担，其次是祖辈，公共托育服务使用率很低。[②]

在西方国家，第二次世界大战之前，父亲角色长期被定位为"养家者"的角色。战争导致许多父亲牺牲，第二次世界大战以后至20世纪70年代，单亲家庭的数量增加导致"父亲缺位"问题更为突出，也是在这一时期父职问题开始引起部分学者的关注。20世纪七八十年代至20世纪90年代中期，学者们从生态系统和社会互动的视角出发，进一步展开对父亲角色的研究。20世纪90年代末至今，关于父职角色的研究不断深入，父亲角色早已不限于"养家糊口者"，很多研究都通过对父亲角色的分类来拓展对于父亲角色的认识和理解。科尔曼也将父亲划分为三类：（1）只参与处理家庭外部的、重大的、客观的问题，不处理家庭内部的、较小的、主观事务的父亲；（2）同时参与社会性工作与家庭内工作的父亲；（3）更加注重家庭内部事务的父亲。[③]而瓦西里沃斯·费纳克斯又将参与家庭事务的父亲分为养家型的父亲和教育型的父亲。[④]

在中国传统的家庭制度的影响下，父亲往往扮演着枢纽型角色，是家庭与社会的纽带。在政治方面，父亲的政治地位直接决定着家庭甚至整个家族的生存和发展；在经济方面，父亲的收入是家庭的主要甚至是唯一的收入来源；在文化方面，父亲是知识的主要传递者。因此，在传统家庭之中，父亲是家族的核心人物，是家庭秩序的缔造者和维护者。但是，阎云翔的研究揭示了两个变化：第一，子代相对于父代的权力在提升，子代对家庭和生活的支配能力日益扩大；第二，夫妻之间的关系得到凸显，夫妻之间花费在彼此身上的时间都在增加，同时父亲的权威在下降，子女逐渐

---

① 陶涛，刘雯莉，孙铭涛：《代际交换、责任内化还是利他主义——隔代照料对老年人养老意愿的影响》，《人口研究》，2018年第5期，第56-67页。

② 郑杨，张艳君：《中瑞两国家庭政策对家庭育儿策略的影响》，《知与行》，2016年第3期，第121-128页。

③〔美〕阿瑟·科尔曼：《父亲：神话与角色的变换》，北京：东方出版社，1998年。

④〔德〕瓦西里沃斯·费纳克斯，郭良菁：《重新界定父亲的角色及其对教育和家庭政策的含义》，《华东师范大学学报（教育科学版）》，2003年第2期，第42-52+60页。

成为家庭的中心。①研究者指出，虽然"父亲"一词被提及的频次逐渐上升，但人们对父亲的角色形象依旧被定位为"缺位"的负面形象，相关实证研究也证实了父职实践时间少、责任意识淡薄、亲子交流内容单一、教育行为与观念存在差距等问题的存在。②近些年具有情感性支持和去性别化的新父职形象逐渐产生，一些父亲以课业辅导为主，家庭亲子互动为辅的父亲角色投入家庭教育中。③

可见，在中西方文化传统中，人们都将"养家糊口"视为做父亲的第一要务，经济支柱的角色也奠定了父亲在家庭中的权威地位。但随着社会的不断发展，对于父亲角色的研究更加深入，对父亲形象的定位也更加立体丰富，人们不再将父亲角色局限于"养家糊口"，父亲不仅要为家庭提供经济支持，也要更多地参与到子女的成长和教育中，成为孩子的"重要他人"，在儿童成长过程中扮演孩子的玩伴、教育者、指导者等不同角色。

（二）有关亲职压力的研究

亲职压力（parenting stress），又被称为"育儿压力""教养压力"，其基本内涵就是由于为人父母而面临的压力，即父母在履行其养育子女的职责时感受到的压力。亲职压力通常表现为感到惶恐不安、担心忧郁以及无法轻松快乐地生活。孩子的出生给父母带来欣喜与希望的同时也给他们带来新的挑战，所有的父母都经受着不同程度的压力，一般可分为亲职压力与一般生活压力。一般生活压力倾向于包括环境的压力源，诸如伴侣或朋友关系、健康问题、收入等因素；而亲职压力更多的是由于养育的困难带来的压力。过去研究者们研究的多为抚育困难，但亲职压力的表述其实更符合正常儿童的父母在抚育过程中的感受。④基思·克尼奇（Keith Crinic）和马克·格林伯格（Mark Greenberg）将父母日常养育儿童的压力分为两种

① 阎云翔：《私人生活的变革：一个中国村庄里的爱情、家庭与亲密关系（1949—1999）》，龚晓夏译，上海：上海人民出版社，2017年。
② 赵连伟：《家庭教育中父亲缺失现象调查及其对策研究——以山东省为例》，华东师范大学2010年硕士学位论文，第46-50页。
③ 黄枫岚：《21世纪后中国父亲角色与职能演进——基于2000—2017年〈中国教育报〉中关于父亲参与亲子教育的报道》，《武夷学院学报》，2018年第37卷第7期，第73-79页。
④ 张明浩：《婴儿气质相关的遗传和环境因素研究》，东南大学2010年博士学位论文。

类型：第一种与满足孩子日常生活所需有关，如给孩子准备衣服、照顾孩子起居等；第二种与儿童的不快行为有关，如儿童哭闹，很难管教。①

关于亲职压力来源研究认为，亲职压力的来源主要可归为父母角色负担过重、养育能力不足、亲子关系或子女的表现未达预期，或是家庭、健康、经济等方面原因间接地造成育儿执行障碍等。还有一种观点认为，亲职压力是一种角色压力，除满足感之外没有物质报酬，所以其只能从亲子关系或子女的成功发展中获得满足感，如果这种满足感没有达成就会出现失职的焦虑、困惑或自责等负面情绪。②此外，生育和抚育的成本增加也是亲职压力的重要来源，主要包括从怀孕、子女出生到生活自立期间内衣食住行费用、教育费用、医疗费用及其他支出；同时父母为抚养和培育一个孩子所损失的受教育和带来收入的机会也被看作一种间接成本。③关于亲职压力影响的研究指出，父母的亲职压力水平会对儿童幸福感、生活质量产生影响，进而导致儿童更多问题行为的出现。④同时，亲职压力对父母自身也带来一定的影响。较高的压力水平可能会影响父母的心理健康状况、安全感、幸福感、个人事业发展等方面，父母的教养压力可能会受到父母自身、儿童特点和家庭等诸多因素影响。⑤

三、有关父职实践的研究

（一）有关父职实践内容和维度的研究

从现有的研究看，很多学者都围绕父职实践的内容和维度问题展开了一系列研究。美国心理学家迈克尔·E.兰姆（Michael E. Lamb）是较早研究

---

① Crnic K., Greenberg M. "Minor Parenting Stresses with young children". Child Development, 1990, Vol（61）, No.5, pp1628-1637.

② 徐怀冰：《母亲育儿压力、教养态度与儿童问题行为的关系》，哈尔滨工程大学 2014 年硕士学位论文。

③ 宋健，周宇香：《全面两孩政策执行中生育成本的分担——基于国家、家庭和用人单位三方视角》，《中国人民大学学报》，2016 年第 6 期，第 107-117 页。

④ 方荟，王美芳，邢晓沛：《学前儿童父母的教养压力与严厉管教的关系》，《中国临床心理学杂志》，2012 年第 6 期，第 835-838 页。

⑤ 罗娟，杨彩霞，朱晓宇等：《社会支持对家庭育儿压力的缓解作用——基于儿童早期发展社区家庭支持服务项目的分析》，《学前教育研究》，2020 年第 7 期，第 39-49 页。

父职问题的学者之一，兰姆在 1986 年提出了父职参与的三因素模型，他认为父职参与的三个层面表现在易接近、参与和责任感。[①]兰姆提出的三因素模型虽然在学界被广泛使用，但也有一些学者认为该模型对父亲参与只进行了简单的概念化和操作化，缺少对父职参与的其他重要形式深刻、详细的探索，需要从多维度的结构视角来看待父职参与的行为，后来许多学者开始注意到要从多角度和多维度来界定父亲参与概念。艾伦·J.霍金斯（Alan J. Hawkins）继兰姆之后对父职参与进行了重构和丰富，将父亲参与分为关注孩子学业、管教、培养责任感、经济支持、对妻子的支持、对孩子的肯定和情感支持等 9 个方面。[②]罗布·帕尔科维茨（Rob Palkovitz）重新界定了父职参与，强调了父职参与所包含的情感、认知、能力行为等多方面因素，突出了父职参与的多维性，进一步完善了兰姆的模型，他对父职参与的概念进行了扩展，描述了情感支持、可接近性、共同活动等十五类主要参与类型。[③]为了反映孩子不断变化的现实需要和实际情况，艾伦·J.霍金斯和大卫·C.多拉海特（David C. Dollahite）提出了亲人工作、娱乐工作、服务性工作、指导性工作、精神性工作、发展性工作及伦理道德工作这七种"父亲工作职责"。[④]也有学者指出教育、日常照看、社会情感和执行是构成父职参与的基本成分。[⑤]

张亮、徐安琪等学者对父职参与研究贡献较大，他们认为父职参与是一个随着孩子的成长内涵不断丰富、多样化及复杂的过程。他们阐述了对父职参与的内容，包括日常生活照料、教导和沟通、关怀陪伴、有关智力开发和学业辅导等多个侧面的测量体系。[⑥]在此基础上，我国学者又从父亲在孩子学校相关活动、情绪行为问题的处理、人际关系的指导、日常生活、学业鼓励、规则约束、间接支持、情感表达、互动监督等方面进一步扩展

---

① Lamb M. E., *The fathers' role: Applied Perspectives*, New York: Wiley, 1986.

② 许岩，张文新：《父亲参与儿童教养研究综述》，《江西教育科研》，2006 年第 1 期，第 12-14 页。

③ Palkovitz R. *Reconstructing involvement: Expanding conceptualizations of men's caring in contemporary families*. Sage Publications, Inc, 1997..

④ Hawkins A. J., Dollahite D. C, *Generative fathering: beyond deficit perspectives*, Sage Publications, 1997.

⑤ 许岩，张文新：《父亲参与儿童教养研究综述》，《江西教育科研》，2006 年第 1 期，第 12-14 页。

⑥ 张亮，徐安琪：《父亲参与研究：态度、贡献与效用》，上海：上海社会科学院出版社，2008 年，第 7 页。

了父职参与的内涵。我国台湾学者王丛桂从认知和行为来理解父职参与，并将父职参与分为提供经济支持、规划子女前途发展、对子女的生活照顾、和谐关爱及教育子女等五个向度。[①]

（二）有关父职实践影响因素的研究

通过对文献进行梳理，笔者发现父职实践是由一系列因素所影响的，这些因素既包括个体的微观层面，比如父亲的气质、育儿态度，母亲的支持、文化程度以及孩子的个性特征等，还包括社会的宏观层面，如社会政策的支持、社会文化观念等。

从微观层面而言，父亲的育儿态度、技能及儿童特征、母亲对父职实践的鼓励支持、夫妻关系、婚姻质量等会影响父职实践。父亲对性别角色的理解和看法会影响其对待孩子的态度。与秉承传统的"大男子主义"观念的父亲相比，那些拥有一些女性化气质的父亲更愿意接近孩子，对孩子更有兴趣。对自身父亲身份和角色的认同程度是父亲参与育儿活动关键的因素。於嘉的研究揭示了性别角色态度与父亲参与育儿工作之间的关系，丈夫外出工作挣钱，妻子在家里负责照顾孩子做家务是传统性别观念下的夫妻家庭角色分工，具有传统性别角色意识的父亲在陪伴孩子的时间上会较少。[②]许岩等通过实证调查显示，儿童性别和年龄对父职实践的影响并不明显，女性化气质的父亲在情感表达、互动监督、规则约束、学业鼓励及间接支持这 5 个方面的父职参与更多，进一步揭示了性别气质特征对父职参与的影响[③]。有的学者也发现具有双性化倾向的父亲相较于传统性别角色倾向的父亲而言，他们更多地参与对孩子的教养。[④]一些学者的研究发现了父亲角色认同对父职实践的影响，父职角色认同可以理解为对亲职角色与地位的认知与自我意义化，父亲角色的重要性在特定的时间里会超过其他

---

① 王丛桂：《促进参与父职因素的探讨》，《应用心理学（台北）》，2008 年第 6 期，第 2 页。

② 於嘉：《性别观念、现代化与女性的家务劳动时间》，《社会》，2014 年第 34 卷第 2 期，第 166–192 页。

③ 许岩，纪林芹，张文新：《城市父亲参与儿童教养的特点及其与性别角色的关系》，《心理发展与教育》，2006 年第 22 卷第 3 期，第 35–40 页。

④ Jang-AeYang, "*An exploratory study of Korean fathering of adolescent children*", The Journal of Genetic Psychology, vol. 160, no.1, 1999, pp. 55-69.

角色。①也有研究指出，父亲越认同父职角色，那么他们更愿意投入育儿活动，而且当父亲角色与其他社会角色产生冲突时会优先以父亲角色为主。②父亲对角色身份认同，则会把更多的时间、资源和精力放在扮演父亲角色上。③同时，多项研究发现配偶因素也是影响父职实践的因素之一。杰伊·贝尔斯基（Jay Belsky）阐述了配偶支持是影响亲职的关键因素。④有调查发现，母亲的特征和夫妻关系与父亲的参与度相关，妻子对丈夫父职参与的态度和其评价会影响父亲的父职实践。⑤有的学者研究发现，父亲如果有较高的婚姻满意度，那么在妻子怀孕的前期，他们就会在育儿工作中花费心思和精力。⑥还有的学者指出，良好的夫妻关系对父亲参与到父职实践中发挥着重要的作用。⑦我国徐安琪、张亮的研究发现，母亲支持和鼓励与父职的参与水平呈正相关，夫妻经常因子女抚养、教育发生冲突则对父亲父职实践能力培养有负面影响。⑧

在宏观角度层面，社会支持、社会文化影响着对父亲角色的定义与期待，也进而影响着父职实践。⑨通过向社会成员提供物质帮助和服务支持，社会政策不仅在微观层次上影响了个人和家庭，在中观的层次上影响了各种不同的群体，而且在宏观层次上影响了整个社会的结构。⑩目前西方国家

① Ihinger-Tallman M., Pasley K., Buehler C. "Developing a Middle-Range Theory of Father Involvement Postdivorce," Journal of Family Issues, vol 14, No 4, （1993）, pp.550-571.

② Marsiglio. W., "Contemporary scholarship on fatherhood: Culture, identity, and conduct," Journal of Family Issues, Vol 14,1993, pp484-509.

③ Minton, C. & Pasley, K., *"Fathers' parenting role identity and father involvement,A comparison of nondivorced and divorced, nonresident fathers,"* Journal of Family Issues, Vol 17, 1996, pp.26-45.

④ Belsky J., "The determinants of parenting: a process model," Child Development, Vol. 55, No.1 （1984）, PP83-96.

⑤〔德〕瓦西里沃斯·费纳克斯，郭良菁：《重新界定父亲的角色及其对教育和家庭政策的含义》，《华东师范大学学报（教育科学版）》，2003 年第 2 期，第 42-52+60 页。

⑥ Park R. D., *Fatherhood, MA,*: Harvard University, 1996.

⑦ 吴航，朱嫚嫚，刘雯：《幼儿父亲参与父职教育的意愿及其阻碍因素》，《学前教育研究》，2012 年第 11 期，第 34-40 页。

⑧ 徐安琪，张亮：《父亲育儿投入的影响因素：本土经验资料的解释》，《中国青年研究》，2009 年第 4 期，第 57-63 页。

⑨ Belsky J., Rovine G. M., "The Pennsylvania Infant and Family Development Project, I: Stability and Change in Mother-Infant and Father-Infant Interaction in a Family Setting at One, Three, and Nine Months.", Child Development, Vol 55, No.3 （1984）, pp692-705.

⑩ 程胜利：《社会政策概论》，济南：山东人民出版社，2012 年第 95 页。

实行的育儿假政策，不仅使更多的父亲有更多的时间和精力来照料和陪伴子女，更有利于推动新型父职角色和实践的形成。①随着全面二孩政策的实施，相关部门和地区也做出了一些尝试，但有学者提出，即使父亲有 4 周或更多的带薪休假，由于工作场所的性别期望等社会文化因素的影响会缩短休假。②年轻父亲在新生儿阶段因休假时间缺失使他们无法融入新生儿的早期生活。③因此，现实生活中还是存在着"影子爸爸"，应增强对于陪护假宣传，注重政策的贯彻落实。④罗斯·D.帕克（Ross D. Parke）认为正式支持和非正式支持会影响父职实践，具体涉及文化、机构的影响、家庭外影响、家庭影响和个体影响 5 个影响因素，这些影响因素是综合对父亲的实践能力产生影响的。⑤有学者从个人、文化和社会三要素来探讨其对父母教养行为的影响，并对这三方面之间的相互作用进行了论述，他认为父亲自身特征、孩子特征和社会背景特征对父母的育儿发挥了重要作用。⑥从个人、文化和社会层面入手探讨影响父职实践因素以及相互作用的机制受到了普遍认可。宏观因素的影响也导致了父职实践在区域上呈现出一定的差异化特点。伍新春等人认为地域特征影响了父亲教养投入，城镇和农村父亲低于城市父亲教养投入水平，父亲的互动性投入水平随着儿童年龄增长而下降，以及受教育水平也影响了其教养投入。⑦

　　在以上研究的基础上，有些学者将宏观和微观视角进行了整合。保罗·R.阿马托（Pual R. Amato）提出了以经济资本、人力资本、社会资本为

---

① 徐安琪，张亮：《父亲育儿假：国际经验的启示和借鉴》，《当代青年研究》，2009 年第 3 期，第 12-16 页。

② Kuo P. X., Volling B. L., Gonzalez R., "Gender role beliefs, work-family conflict, and father involvement after the birth of a second child," Psychology of Men & Masculinity, Vol 19, No 2, 2018, pp.243-256.

③ 徐安琪，张亮：《父亲育儿假：国际经验的启示和借鉴》，《当代青年研究》，2009 年第 3 期，第 12-16 页。

④ 何绍辉：《撑起儿童照顾的"半边天"——对父职实践的社会学考察》，《中国青年研究》，2020 年第 2 期，第 85-91 页。

⑤ Park R. D. Fatherhood. MA: Harvard University, 1996.

⑥ Belsky J., Rovine G. M., "The Pennsylvania Infant and Family Development Project, I: Stability and Change in Mother-Infant and Father-Infant Interaction in a Family Setting at One, Three, and Nine Months.", Child Development, Vol 55, No.3 (1984), pp692-705.

⑦ 伍新春，陈玲玲，刘畅等：《中国父亲教养投入的特点及其相关影响因素》，《华南师范大学学报（社会科学版）》，2014 年第 6 期，第 88-95+163 页。

基础的家长身份的资源定向模式，以阐释父职实践的意义和作用，既适用于母亲也适用于父亲。这些资源之间存在一定的联系，父母受教育程度决定家庭收入，反过来又影响着父母间的感情或关系以及亲子间的关系。[①]社会文化对父职参与也有重要作用，父亲过多参与子女照顾会遭遇来自熟人、亲戚、邻居以及同事们的偏见[②]。克里斯·诺伊斯特（Chris Knoester）等学者在探讨父职实践的影响因素时还提到了社会交往的因素[③]。我国学者徐安琪等结合中国实际情况建立了综合分析模型，指出父亲的社会经济特征、育儿技能和回馈、性别文化和态度、母亲角色以及家庭内外环境会对父职实践造成实际的影响。[④]

四、有关高校教师工作生活的研究

高校教师的工作生活不是单一维度的，是由多维度的生活构成的。有学者提出大学教师的工作生活主要涉及日常生活、社会生活、学术生活和道德社会生活。[⑤]而从研究角度来看，高校教师的工作生活研究更多地是从高校教师的职业生活和日常生活角度展开的，主要以职业生活为主。

在对高校教师职业生活的考察方面，专业生活和职业压力成为学者们普遍关注的焦点。研究发现，目前高校教师工作的压力主要来自教学工作负担、科研要求、岗位评估考核制度、职称晋升要求、工资收入以及工作与生活的失衡等方面。例如，阎光才通过对我国高水平大学的教师工作压力的研究发现，他们的工作压力总体处于较高水平，并认为过高的工作压力会影响到教师的工作活力与创造性[⑥]。还有一些学者在指出社会支持在大

---

① Amato P. R., *"More than money? Mens' contributions to their children's lives,"* In A. Booth & J. Dunn (Eds.), *Men in families: When do they get involved? What difference does it make?*, N.J:Lawrence Erlbaum, 1998.

② Yeung, W. J., Sandberg, J. F., Davis-Kean, P. E, & Hofferth, S. L.," Children's time with fathers in intact families," Journal of marriage & Family, vol 63,（2001). pp.136-154.

③ Knoester C., Eggebeen D. J., "The Effects of the Transition to Parenthood and Subsequent Children on Men's Well-Being and Social Participation," Journal of Family Issues, Vol.27, No.11（2006), pp.1532-1560.

④ 徐安琪，张亮：《父亲育儿假：国际经验的启示和借鉴》，《当代青年研究》，2009 年第 3 期，第 12-16 页。

⑤ 叶文梓：《论大学教师生活方式的特殊性》，《高等教育研究》，2006 年第 5 期，第 54-58 页。

⑥ 阎光才：《学术职业压力与教师行动取向的制度效应》，《高等教育研究》，2018 年第 11 期，第 45-55 页。

学教师工作压力和工作生活质量之间发挥调节作用的同时，也倡导从教师"自助"与学校"他助"层面缓释压力。①

在对高校教师日常生活的考察方面，学者们的研究普遍集中于高校教师的生活状态和与职业角色冲突方面，指出高校教师的生活压力主要来自家庭生活、人际关系、工作家庭冲突、个人兴趣和满意感等方面，工作家庭平衡理论成为这一研究的主要理论视角。工作家庭平衡视角，后期又进一步发展为工作生活平衡视角，可以简单地描述为个体工作与个人家庭及生活之间的一种平衡，反映了个体协调工作家庭时间、情感和行为水平的程度，既关注二者之间的相互冲突，也关注二者之间的相互促进，在方向上呈现双向性。杰弗里·H.格林豪斯（Jeffrey H. Greenhaus）将工作家庭冲突定义为"个体工作角色产生的压力与家庭角色产生的压力互不相容，出现难以调和的矛盾时所产生的一种角色冲突，具体表现为时间冲突、紧张或过劳冲突和行为冲突三种形式"。②王晓梅认为工作家庭冲突主要表现为时间冲突和压力冲突，对高校教师的过高要求和学校管理制度上的不完善是导致工作家庭冲突的重要原因。③我国学者李晔通过实证研究发现影响工作—家庭冲突的因素主要有工作时间、加班和轮班、工作卷入和照顾老幼等，影响家庭—工作冲突的因素主要有家庭卷入、来自家庭的支持和工作时间。④陈丹丹等通过对高校教师收入分配制度的研究，认为其呈现出"锦标赛制"的特点。⑤陈春平通过对202名高校青年教师的问卷调查发现核心自我评价在高校青年教师工作家庭互动与生活满意度之间的调节效应。⑥王松国指出在政策、学校和同伴等因素交互作用的影响之下，大学教师的学术化生存状态成为他们最主要的生存方式，这最终割裂其生活世界，造成责

① 刘芳丽，苏日娜：《大学教师工作压力对工作生活质量的影响：社会支持与工作投入的多重中介效应》，《现代教育科学》，2020年第4期，第89-96页。

② Greenhaus, J. H., Beutell, N. J., "Sources of conflict between work and family roles," Academy of Management Review, Vol10, No.1, （1985), pp76-88.

③ 王晓梅，苗丽：《高校女教师工作家庭冲突及平衡策略》，《科技创业月刊》，2014年第27卷第2期，第128-130页。

④ 李晔：《工作—家庭冲突的影响因素研究》，《人类工效学》，2003年第4期，第14-17页。

⑤ 陈丹丹，熊进：《高校教师收入分配的"锦标赛制"：形成及反思》，《当代教育论坛》，2021年第4期，第49-59页。

⑥ 陈春平：《高校青年教师工作家庭互动与生活满意度的关系研究——核心自我评价的调节作用》，《中国农业教育》，2021年第5期，第85-93页。

任的丧失。①

此外，一些学者从性别的视角对高校教师工作生活问题进行了一些研究，其中大部分研究是以女教师为研究对象展开的。高耀明等人通过对上海高校女教师的调查，虽然发现女教师的人数比例已接近男教师。但女教师的年龄分布、学历、高级专业技术职务和担任高校重要领导岗位所占比例方面仍然处于不利地位。②余秀兰等人以期刊发表状况为切入点的研究发现，在论文发表数量、引用率和研究层次上，女性教师的表现都明显低于男性教师，而且随着教师年龄增长，成果发表的性别差距会越来越大。③徐鹏、周长城研究发现，女性青年教师收入水平在控制了个人背景、工作努力程度等变量后依旧明显低于男性。④沈红、熊俊峰的研究发现高校男教师和高校女教师存在着学科性别隔离和职称性别隔离，其中职称性别隔离更为明显，也成为造成高校教师收入性别差异的主要根源。⑤张伶的研究发现高校教师中工作干涉家庭的严重程度明显高于家庭干涉工作，男教师的工作超负荷高，女教师的家庭超负荷高于男性，所以男教师体验到的家庭干涉工作程度显著高于女性。⑥张莉莉研究表明高校女教师在事业与生活的冲突、职业发展和性别障碍三个方面比高校男教师遇到的压力和挑战更大。⑦学者刘玲提出了社会支持是调节高校女教师工作家庭冲突的重要变量，可以通过建立、巩固、更新及重组社会支持、串联社会支持网络等社会工作介入策略有效提升高校女教师利用社会支持的能力。⑧朱依娜等的研究发现"结婚但不养育孩子"不但不会加剧反而会降低高校教师家务劳动时间的

---

① 王松国：《高校教师学术化生存下责任的丧失》，《当代教育科学》，2009 年第 15 期，第 33-35 页。

② 高耀明，黄思平，夏君：《高校女教师的生存状态分析——以上海市为例》，《高等教育研究》，2008 年第 8 期，第 75-80 页。

③ 余秀兰，牟宗鑫，叶章娟等：《高等教育研究领域中的女性——基于对〈高等教育研究〉2001—2010 年的载文分析》，《高等教育研究》，2012 年第 33 卷第 6 期，第 52-58 页。

④ 徐鹏，周长城：《性别、学术职业与高校青年教师收入不平等》，《青年研究》，2015 年第 1 期，第 20-29+94 页。

⑤ 沈红，熊俊峰：《职业性别隔离与高校教师收入的性别差异》，《高等教育研究》，2014 年第 3 期，第 25-33 页。

⑥ 张伶：《中国高校教师工作—家庭冲突研究》，北京：中国社会科学出版社，2007 年。

⑦ 张莉莉：《女大学教师与工作相关的压力源研究》，《清华大学教育研究》，2003 年第 4 期，第 44-50 页。

⑧ 刘玲：《高校女教师的工作家庭冲突和社会支持——一项高校女教师利用社会支持缓解工作家庭冲突的定性研究》，《四川理工学院学报（社会科学版）》，2013 年第 28 卷第 4 期，第 26-29 页。

性别差异，养育子女才是导致家务劳动时间性别差异加大的主要因素。婚姻家庭对男性高校教师的休闲时间几乎没有影响，但却使高校女教师的休闲时间减少，其中的重要影响因素就是养育子女。①

五、研究述评

通过对现有研究的回顾可以发现，目前的研究还存在以下不足，主要表现在以下几方面。

首先，我国关于亲职实践研究方面，当前的研究在研究内容上多以母职研究为主，父职现状的呈现更多地是以为了凸显母亲亲职压力而进行，以父亲为主要研究对象的研究相对较少；在研究视角和方法上，多是以定量研究为基础的亲职实践现状及影响因素的描述性研究，缺少以质性研究为基础的，对于亲职实践内容和形式的"深描"以及对影响因素具体作用机制的解释性研究；在研究重点上，更关注亲职压力对父母的影响，而缺少父母在亲职过程中应对策略的呈现。这些都为今后的亲职压力研究指明了方向。

其次，在父职实践研究方面，当前已有的父职研究在数量上还相对偏少，更多地关注父亲行为上参与子女生活照料的状况，而对于父亲在父职实践中的言语、情感和意识层面的其他父职实践形式关注较少。不同阶层、不同受教育程度的父亲之间会有区别吗？有哪些共性又有哪些不同？是什么因素影响着父亲的父职实践？这种影响又是如何发生的？各种影响要素之间的关系又是怎样的？这些都是目前研究还没有回答的问题。

最后，从对高校教师生活的研究看，目前对高校教师生活的研究主要聚焦于其职业生活部分，关注其教学方法、专业发展以及职业压力等问题而忽视了对高校教师日常生活问题的考察。在已有的关于高校教师日常生活的研究中，多以定量研究为主，集中于其总体生存状态的呈现，而缺少对高校教师日常生活的"深描"。而且从性别角度对高校教师进行的研究也多集中于女性教师的研究，而针对男性高校教师的研究则相对较少。

总之，现有研究的父职研究作为家庭社会学研究的重要内容在我国近

① 朱依娜，卢阳旭：《性别、家庭与高校教师的时间分配——基于 2011 年全国科技工作者时间利用调查》，《妇女研究论丛》，2014 年第 5 期，第 24-32 页。

几年的家庭社会学研究中一直被忽视。而已有的亲职研究通常以母职研究为主，对于儿童照顾中的父职实践明显未给予足够的重视。同样，在高校教师的相关研究中也更多地关注高校教师的职业生活，缺少对高校教师亲职角色的考察，更少有对男性高校教师亲职角色的考察。然而，随着社会思想观念的变迁，父职角色正在发生变化，父职参与实践也正在发生新的变化并呈现出新的图景，值得进一步的研究和探索。因此，本书将从高校教师的父职实践出发，通过对其父职实践的考察探索父职建构的要素和建构机制。

第三节　理论视角与分析思路

一、理论视角

（一）社会行动分析视角

自 20 世纪中期以来，对社会行动的研究从心理学、社会学、哲学、经济学等角度都进行了详细的阐述。经济学以人的经济行动为着眼点，心理学重视个体心理层面对行动动机的影响，而社会学往往从个人与社会的关系出发对社会行动进行研究。

围绕着个体与社会关系问题，社会学理论研究形成了社会唯实论和社会唯名论两大取向。社会唯实论强调社会结构是一种客观实体的存在，不以个人意志为转移，并且对行动个体具有外在制约性。这一视角认为要通过从整体社会事实出发寻找社会现象和问题的根源，反对心理还原论倾向。涂尔干把社会事实比作自然世界，社会事实像自然界的事物一样，不可能凭直觉为人所知，也不以个人的意志为转移，他在方法论上倡导实证主义[①]。帕森斯通过构建由行动者、目的、处境、规范性取向构成的"目的—手段"

[①]〔英〕安东尼·吉登斯：《资本主义与现代社会理论——对马克思、涂尔干和韦伯著作的分析》，上海：上海译文出版社，2013 年，第 116 页。

概念框架来试图回答社会秩序是怎么可能存在的这一问题。①他认为，行动取决于社会结构，不取决于行动者的选择。②与之相对，社会唯名论则强调个体的理性、意志等主观能动性对于社会行动和社会结构的决定性作用。在韦伯看来，社会学是一门通过理解对社会行动的过程和影响做出因果说明的科学，它的任务就是研究行动者在行动过程中赋予行动的主观意义③。韦伯强调行动是人们"有意识"为之的特点，认为行动者是具有主观意识的，是以他人行动为取向的，重视对社会行动的解释和理解。他认为可以通过观察理解和解释性理解两种方式来理解社会行动，后者指通过把握行动的动机来理解行动者赋予行动的意义。韦伯依据社会行动的合理性程度将社会行动划分为四种类型，分别是工具理性行为、价值理性行为，情感理性行为与传统行为。④舒茨在胡塞尔的基础上通过对主体间性、生活世界等概念的阐述形成了现象学社会学，方法论上偏理解社会学的取向，倡导解释取向。20 世纪 80 年代之后，社会学呈现出一定的整合趋势。这个时期的社会学理论家们大都强调结构与行动的同等重要性，既反对结构功能主义过分强调社会结构的制约性，又反对解释社会学、常人方法论、现象学等流派过分凸显个人的主观能动性。他们在更认同个体行动与社会结构之间是一种"双向互构"辩证统一的关系，相互生成、相互依赖、相互建构，而不是决定与被决定的单向关系。⑤对于行动与结构之间的双向建构关系的强调在吉登斯和布迪厄的理论中的体现尤为明显。吉登斯用二重性取代了二元论，认为"行动者和结构二者的构成过程并不是彼此独立的，而是体现着一种二重性"⑥，布迪厄则用场域和惯习来对这种互构视角进行阐释。他们都认为结构与行动不是割裂和对立的关系，而是相互构成的关系，二者是共生共存的。⑦

综上，我们可以发现，在个体与社会关系方面，从在主客观二元视角

① 文军：《西方社会学理论：经典传统与当代转向》，上海：上海人民出版社，2006 年，第 125 页。
② 侯钧生：《西方社会学理论教程》，天津：南开大学出版社，2006 年，第 171 页。
③〔美〕赖特·米尔斯：《社会学的想象力》，北京：生活·读书·新知三联书店，2012 年，第 40 页。
④〔美〕乔治·瑞泽尔：《古典社会学理论》，北京：世界图书出版公司北京公司，2014 年，第 69 页。
⑤ 刘军，杨辉：《从"实体论"到"关系论"——兼谈"关系研究"的认识论原则》，《北方论丛》，2012 年第 6 期。
⑥〔英〕安东尼·吉登斯：《社会的构成》，北京：生活·读书·新知三联书店，1998 年，第 89 页。
⑦ 刘少杰：《后现代西方社会学理论》，北京：北京大学出版社，2014 年，第 265-267 页。

下的强调二者的分立到强调二者的交融与共生，体现了人们对行动—结构关系认识的不断深入。这一结论固然正确，但是社会学理论还应进一步探讨什么样的分析框架能够帮助我们更好地发现二者内部的交互作用过程和机制以及在不同个体、不同实践中的建构机制是否会有所不同？这些都是值得进一步探讨的问题。

（二）社会性别分析视角

目前社会学中的性别研究主要是从社会性别这一维度上展开的，性别角色成为社会性别研究的焦点。性别通常可以从"生理性别"（sex）和"社会性别"（gender）两个层面进行理解，生理性别指男性和女性的生理差别，社会性别指男女两性被社会文化所建构的属于男性或女性的特征和行为方式。[①]社会性别更强调的是个体在生理性别基础上，对社会文化所认可和推崇的性别理想行为模式的认可。有一些学者做了更为细化的分类，将性别分为了指认性别、生理性别、心理性别及社会性别。[②]

社会性别研究关注于社会文化在性别角色方面的建构作用，认为人们的性别意识是一种被社会文化所认可的观念，重点关注男性和女性的行为方式和态度是否符合社会期望的文化集合。当个体的性别角色行为被社会性别观念和规范所认可时，他或她就会对自己的性别角色行为认同，从而性别意识就会得到一种强化。如果个体的性别角色行为与社会文化相悖，个体就会受到社会的压力。学者杨雪燕、李树茁指出早期社会性别研究的形成主要集中于以平等权为核心的女性主义概念的倡导和以男性气质和女性气质为核心的性别角色的研究。[③]林崇德认为，社会文化影响着人们的性别角色认同，从而影响着对男性和女性的行动动机、态度、价值观和行为，进而影响着性格方面的男子气质和女子气质。[④]

社会性别研究一直是社会学研究中的一个重要视角，20 世纪 70 年

① 郑新蓉、杜芳琴：《社会性别与妇女发展》，西安：陕西人民教育出版社，2000 年。

② 李六珍：《企业女性经理人性别角色认同和领导效能感之实证研究》，上海：华东师范大学博士论文，2011 年。

③ 杨雪燕、李树茁：《西方社会性别概念及其测量的回顾与评述》，《国外社会科学》，2006 年第 4 期，第 60-66 页。

④ 林崇德：《发展心理学》，杭州：浙江教育出版社，2002 年。

代，在妇女解放运动的发展中男性研究逐渐发展起来，成为性别研究的重要分支。随着研究的深入，男性气质研究日渐增多。生理学、心理学、社会学等多个学科都对男性气质问题进行了研究并逐渐形成了生物主义取向、性别心理取向和社会建构取向三种研究取向。生物主义取向依托于生理学的研究，认为两性的生理差别和生理特质是影响两性行为的根本原因。男性气质中呈现出的竞争、好斗、进取、暴力等行为特征是由其生理上的特殊性所导致的，这种观点随后被后续的研究逐渐推翻。性别心理取向起源于心理学的精神分析研究。弗洛伊德、荣格、霍妮等都对男性气质的研究进行了推动。弗洛伊德的研究证明了性别经验的复杂性，以及男性气质与女性气质相交叉的特点。荣格强调了两性相互交往和共同生活在性别特征相互协调平衡中的作用。①霍妮研究指出贬损女性才是男性气质建构的必要手段。②前两种取向区分了男性气质与女性气质的不同，但是也因此将人们固定在男性气质和女性气质这两种性角色当中而没有考虑到社会文化的普遍性和差异性特点，忽视了男性气质的流动性。社会建构取向则呈现出了男性气质与社会环境互动性和流动性的一面。对于男性气质进行了较为系统研究的澳大利亚女性学者康奈尔，她提出的男性气质理论大大推进了男性气质问题的研究。康奈尔将男性气质主要划分为四大类，分别是支配性男性气质、从属性男性气质、边缘性男性气质、共谋性男性气质。在她看来，无论男性气质还是女性气质都并不是天生的，而是个体在实践中由社会或话语建构出来的，性别的观念和知识也不是恒定不变的，而是在不断变化的实践中的一种认知，性别是在日常实践中"形成"或"完成"的。她将性别看作一种动态的社会关系结构，与其他社会关系结构如种族、阶级、民族等相互作用。③

通过以上回顾，我们不难发现当前性别研究的学者们普遍认同"性别是被建构的"这一视角，个体在社会化过程中，被社会规范、社会文化所规定的性别角色特质，可能是并不符合其生理性别特征的。男性气质是一

① 〔美〕R.W.康奈尔：《男性气质》，柳莉等译，北京：社会科学文献出版社，2003 年。
② 〔美〕卡伦·霍妮：《女性心理学》，霍文智译，北京：北京理工大学出版社，2020 年。
③ 詹俊峰：《性别之路：瑞文·康奈尔的男性气质理论探索》，桂林：广西师范大学出版社，2015 年。

个复杂的概念，它是一种每个人身上所体现的品质，不受性别的约束，这种品质是在社会实践过程中逐渐被构建出来的，会随着情境的变化而变化，是一个动态的存在。

二、分析思路

本书认同社会学中主观和客观相统一、结构与行动相互影响的观点，并尝试构建一个打破二元分立、行动与结构相互生成的框架来对高校教师的父职实践的进行考察，通过父职建构的过程来呈现个体行动与社会结构之间的具体建构逻辑和过程。本书依托于吉登斯的"结构二重性"理论，在对其进一步丰富和融合的基础上从父职资源、父职观念和育儿胜任感三个要素对高校教师的父职实践进行考察。

本书依托于吉登斯描述结构性特征的两个关键概念"资源"和"规则"，并进行了一定的丰富和拓展。本书将对资源的考察放入个体社会关系网络之中，通过对社会关系网络中的资源的考察能够更好地看清不同结构给予个体在资源类型上的差异性以及资源对个体的可及性。在对社会规则的考察中本书着重于内化为个体意识之中的规则，即观念的维度来进行分析，借用知识社会学的视角对父职观念进行考察，更关注个体日常生活世界中知识的内容、获取途径和传承路径。这有助于主—客观视角的融合，也在一定程度上丰富了知识社会学的研究。

与此同时，本书认为父职实践在某种程度上也是一种个体的自我表达与呈现，因此，本书将育儿胜任感也纳入对高校教师父职实践的考察分析框架，有助于对行动主体的内在需求的考察，是研究行动动机的一个重要依据，既是对行动过程中主体性问题的关注，又符合打破二元分立，注重个体与社会双向建构的视角，能够更好地呈现出在父职实践中双向建构的动态特征。

综上，本书以父职资源、父职观念和育儿胜任感为核心搭建了分析高校教师父职实践行动的分析框架，并通过对父职实践这一性别实践过程的考察将社会行动分析视角与性别建构视角相结合，在呈现和解释当代高校教师的父职实践特点的同时，探索父职建构的过程和基本逻辑。研究思路如图 1-1 所示：

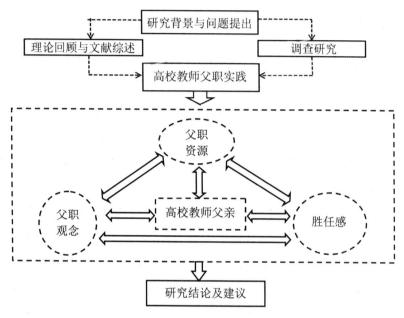

图 1-1　父职建构的逻辑框架

第四节　研究设计

一、研究取向

目前社会科学研究取向主要可以分为演绎取向和归纳取向两大类。其中，演绎取向的思考逻辑为从先建构理论概念入手，再通过调查逐步验证理论的过程。而归纳取向的研究逻辑通常是先对研究现象进行实地观察，通过对研究现象的解释观点的分析，逐步归纳，从而进行理论建构①。秉承

---

① 陈向明：《质性研究：反思与评论》，重庆：重庆大学出版社，2008 年。

归纳取向的研究者认为，社会现象是人们在日常生活互动中共同建构出来的一种主观经验，这种主观经验受到时空与情境因素的影响。此取向研究者所奉行的价值信念，在科学哲学上被称为解释论或建构论。他们认为知识的本体是相对的——本土的、特定的和共同建构的，应该用沟通或诠释的方法来创造或发现知识。

从方法论的层次看，解释学派的学者们更为重视个体主观层面对现象理解的意义化过程，认为知识是在个人与他人沟通中建构出来的，强调意义建构过程中"互为主体"式的理解和诠释活动。从本书的角度看，一位父亲或许有着过去生命所形塑的对父职实践的态度，并以此态度投身于父职实践，在日常生活中与妻儿及家人的互动过程中的认知和感受会解构或再建构过去对父职实践的态度，并影响其参与父职实践的主动性和具体的行为方式。可以说，父职实践既是一种客观呈现，也是一位父亲基于过去的生命经验互动过程和在当下日常生活中不断与子女及家人互动过程中建构出来的一种主观呈现。因此，本书既重视父亲对生命历程中父子互动事件的意义化过程，也重视研究者对父亲生命及父职历程的诠释过程。严格来说，本书最后能建构出来的父职实践行动逻辑，是研究者和高校教师父亲在文字和语言之间、通过彼此对父职的互为主体的理解而来的。研究者希望从高校教师父亲对过去和当下对自身父职实践的自述中，探究当代父职的内涵以及社会结构对个体父职实践行动的具体建构方式。因此，从方法论上看来，本书属于归纳取向的质性研究，通过高校教师父亲的叙说，逐步归纳出对其父职实践的特征及行动逻辑，从而对当代新型父职的建构有更为深入的认识。

综上所述，本书采用解释研究取向的主题式访谈分析法进行研究，注重对发生于高校教师父亲日常生活中父职实践的具体内容和形式的呈现和对高校教师父亲在叙事中隐含着的他们对父职实践的理解、动机、态度以及他们对自身的评价的分析，由此探寻父职实践行动的特点及其建构模式。

二、研究方法及过程

（一）研究对象与地点的选取

本书选择以高校教师父亲为研究对象探寻当代父职实践的特点及建构过程主要基于以下几点考虑：

第一，有助于弥补中间阶层父职研究的缺失。通常情况下，一个社会的中间阶层能够更好地代表社会的整体特点和未来发展方向。目前关于我国已经有一些关注于中产阶层母职特点的研究，以及有部分关于农民工男性参与家务劳动的研究，但是对于中间阶层父职实践的调查研究并不多见，以高校教师作为父职实践的考察对象更是少之又少。高校教师为了社会培养高级专门人才者，在社会发展中具有重要的社会地位。高校教师以固定的文化氛围、独特的职业条件和相似的日常生活，建立了一个城市中间阶层思维方式和思想气质比较接近的"群体圈子"，因此，高校教师符合作为中国社会中间阶层的特征。从已有研究看，大部分研究都呈现了父职缺席的问题，但是针对高校教师父亲父职实践的研究还很少见。高校男教师具有学历高、学习能力强、工作时间弹性和重视教育问题等特点，相对于其他群体而言，他们具备参与父职实践的时间和能力，在父职实践方面有更多的选择性，也给予本书更宽阔的空间。

第二，符合研究主题的需要。随着世界科技的快速发展和全球化市场经济体系的不断蔓延，知识和信息的重要性不断得到提升，人类进步和社会发展都更为依赖于知识与创新。新时代的特征表现为以知识为主导、信息为支柱、创新为灵魂、人才为核心。高校教师的学历普遍高，并且他们长期从事科研工作，在信息获取和知识创新方面都具有一定的比较优势。作为教师，他们更为重视教育的重要性，也具有一定的教育能力和方法，不满足于对孩子的养育和重视对孩子的交流和情感互动，他们在育儿的同时也对生活品质和情感互动有自我追求，希望以此来展现品位、个性。此外，高校教师拥有"不坐班"的特权，他们对日常生活拥有更多的自主安排权。由此可以看出，高校教师父亲在父职实践行动的抉择上拥有更多的弹性与自由，而这也为父职研究提供了更为广阔的研究空间。

第三，为研究提供一定的便利性和丰富性。一方面，研究者借助个体的社会关系资源，能够较为便利地寻找到符合条件的高校教师父亲，而且研究者对研究对象的工作和生活场域有较深入的了解和感受，能够更好地与研究对象建立关系，从而获取更为真实且丰富的资料；另一方面，本书通过访谈的方式考察个体的父职实践，在考察客观事实的同时也注重个体对于父职实践的态度和感受，高校教师具备较高的文化程度和良好的语言表达能力，该群体能够更好地进行自我探索及表达，能够为研究提供高质量的分析素材。

本书选取以北京市作为调研地是基于以下三个方面的考虑：首先，北京是我国的文化教育中心，截止到 2020 年，北京市本科教育层次及以上的院校有 106 所，办学层次较为广泛，部属及优质院校数量为全国最多，专任教师人数达 75495 人，其中博士学历 50900 人，专任教师的博士化比例全国领先，这些都为研究对象的选取提供了广阔的空间①。其次，北京是一个典型的特大城市，特大城市能够更为体现经济社会发展和城市化的成果，同时也能够凸显人口过度聚集和膨胀而带来一系列城市化问题，表现在交通、能源、住房、就业、公共安全和高额的生活成本等方面。其中，生活成本的提高必然导致育儿经济成本的提升，因此，考察北京家庭的育儿状况也增加了亲职压力研究的典型性。最后，研究者生活的地方也是北京，能够对研究对象所提及的相应生活情况更为了解，也方便与研究对象做更为深入的沟通。

（二）研究资料的收集方法及过程

本书主要采用半结构式访谈法进行资料的收集。半结构式深度访谈有两个重要的特征：第一个特征是半结构式访谈的问题是事先准备的，但问题是不断调整的，访谈过程是研究者与被访者的共同产物。研究者对访谈结构有一定的控制作用，可以根据事先准备的访谈提纲、研究需要和访谈的具体情况对访谈程序和内容进行灵活调整。因此，根据研究问题和研究设计，笔者事先设计了高校教师及其家庭成员的父职实践访谈提纲（具体

---

① 数据来自教育部网站公布的 2020 年高等教育统计数据。

见附录 2）。访谈提纲只是作为笔者访谈时的一个提示，在访谈时会根据研究问题和被访者的情况随时调整访谈提问。质性研究中的访谈不是固定不变的过程，它需要根据对象、情境、时间的不同而不断地变化。本书访谈内容的调整主要包括以下两种情况：第一，针对不同的被访者，我的访谈侧重点可能不同，比如针对父职参与的比较多的父亲，我会跟他更多地谈一些其父职实践的具体形式和感受，针对父职实践较少的父亲我会更多谈及他对父职实践的态度以及阻碍他进行父职实践的因素等内容，针对二孩父亲会关注他在第二个孩子出生后的父职实践变化等；第二，在收集资料的过程中，当发现有的话题还需要进一步深入地谈论或出现了一些新的研究关注点时，就会不断地修改访谈提纲，丰富访谈内容。在与高校教师的访谈中笔者逐渐发现了一些有趣的话题，比如他们在提及父职实践时常常提到对家庭、对工作的看法以及对一些民间流传的"育儿妙招"的体验与心得等，这些都被我逐步纳入访谈内容中。随着研究的进行，我将访谈聚焦于以下几个主要议题：高校教师父亲的工作生活状态、家庭关系、父职实践的实际参与状况，育儿实践中的成长变化与情感体验、对于家庭生活以及育儿的看法和心得等。这些主题有的来源于最开始的研究设计，也有的是在资料收集和分析过程中的"意外收获"。半结构式深度访谈的第二个特征是"要深入事实内部"。研究者要深度了解被访者的所提供的信息，了解简单表面事实背后更为复杂的深度事实，理解被访者赋予自己的话语的和情境的意义。深度访谈的实质是理解，一旦研究者能够明确这一点，便能够以一种积极能动的态度去进行探索研究。从这个意义上说，深度访谈既是收集资料的过程，也是研究的过程。

本书在访谈对象的选择阶段运用目的性抽样、异质性抽样和滚雪球式抽样相结合的方法，最终的研究对象数量取决于已获取的资料是否能为解答研究问题提供"饱和"信息。通过目的性抽样选取符合至少育有 1 名在上小学及以下阶段的子女，且与子女共同居住的北京高校教师父亲，按照研究目的选取研究对象能够保证研究对象可以为核心研究问题提供尽可能丰富、完整和准确的信息。考虑到访谈对象数量上的有限性，为增加研究资料的丰富性，笔者还通过异质性抽样来选择访谈对象，希望能够寻找到更多类型的访谈对象，以反映所研究对象的差异性。本书在选取时尽量覆盖访谈对象在学历、专业、所在高校类型、职称、子女数量、子女性别上的差异，使研究对象具有代表性。滚雪球式抽样作为前两种抽样方法的补充，通过受访者推荐他们知道的符合访谈要求的研究对象进一步开展访谈，以保证访谈样本的代表性、广泛性和深入性。遵循以上原则，笔者于 2019 年 5 月至 2021 年 10 月期间先后访谈了 40 位年龄在 30 岁至 47 岁之间，已经身为人父的高校教师，还从选取的 40 名高校男教师中选取了 6 个典型家庭，访谈了家庭中的重要育儿参与人，包括孩子妈妈、奶奶、姥姥等共 12 人（访谈人员列表见附录 1）。为了能够对高校教师父职实践的特征进行更好的探索，发现职业带给他们的父职实践的一些影响，笔者也访谈了若干位从事管理和技术类的父亲，有助于笔者在比较中更好地发掘影响高校教师的重要因素，以及对父职实践行动逻辑进行进一步的归纳提升。

根据研究对象的具体情况和当时的情境，访谈次数和方式也有所不同。访谈主要采用面对面、一对一的方式和一对多的方式，兼用 QQ 或微信等线上方式。有的访谈对象更喜欢跟自己的好朋友一起接受访谈，或者我判断两个人一起访谈效果更好时，也采取了一对多的访谈形式。这样的一对多访谈有时候效果更好，他们彼此熟悉，减少访谈的紧张感，访谈更像是好朋友之间聊天，我更多地充当倾听者、观察者的角色，看着他们彼此互动，听着他们对彼此回答的反应，或对我提出的同一个问题的不同回答。

访谈时间和地点选择以访谈对象同意和完整收集所需资料为标准。每位访谈对象单次的访谈时长 30 分钟到 2 个小时不等。访谈地点主要是校园内操场、教师办公室、校内外咖啡厅或简餐店等。访谈开始之前，为解除受访者的后顾之忧，我会向受访者承诺对访谈内容进行保密，对受访者提供的材料做匿名化处理，并提出对访谈进行录音的请求。访谈过程中，我会按照提前列好的访谈提纲进行访谈，但也会根据访谈情境进行及时调整，以社会学的专业想象力，在日常生活的世界中捕捉着那些个体命运与制度变迁之间的微妙关联，以期深度了解不同高校教师父亲的父职实践策略、动因和阻碍因素，探寻父职建构的内部逻辑。

（三）研究资料的分析

在质性研究中，对于访谈资料的分析是一个循环往复的过程，资料的整理、归纳、提炼与收集、展示和建立理论与获得结论相互结合，相互契合；对所获取资料的整理和分析是同步进行的，整理过程中就同步对资料进行一定的分析。①

质性研究包括类属分析和情境分析两类：类属分析指的是在资料中通过寻找反复出现的现象和可以解释这些现象的重要概念的过程，这个分析过程中强调找出类别的要素、内部的结构、形成类别的原因及发挥的作用等。情境分析是将资料放置于研究现象所处的情境中进行分析，按照行动发生的时间顺序对相关资料进行描述性的分析，强调对资料进行整体的和动态的呈现。由于本书通过访谈法重点关注高校教师父亲的父职实践现状、影响因素、情感体验以及对父职的理解等方面的内容，因此本书更适合采用类属分析方法对资料进行分析。

首先把访谈录音的音频转成的逐字稿，认真阅读原始资料，以熟悉资料，阅读原始资料的时候，既采取开放的心态，尽可能地让资料展现出它的生命活力，又重视自己与资料互动过程中产生的感觉，去寻找资料背后所隐藏的意义，然后再按照类属分析法对受访的父亲访谈资料展开分析。依据资料内容的相近性与相异性将其进行分类，进一步探讨其中的内在隐含意义，并进行适当的诠释。最后，本书将访谈对象进行了匿名化处理：学校类型分为985/211院校（H）、普通本科院校（U）和专科及职业院校（C）；职称分为教授（P）、副教授（A）和讲师（L）；子女性别分为男孩（M）和女孩（F）；受访父亲子女也进行了匿名化处理，受访者以孩子名字加上"爸""妈"或者"奶""爷"来表示；如果是多子女孩子的父亲，则优先取老大名字来表示。因此，受访高校教师父亲及家人的编码格式为"学校类型—职称—子女性别，孩子小名加爸爸字样"，例如北京某普通本科院校，职称为副教授的两个女孩的父亲，老大叫君君的父亲则标注为"U-L-F+F，君君爸"。

① 陈向明：《质的研究方法与社会科学研究》，北京：教育科学出版社，2000年：270-275页。

（四）研究的可靠性、研究者角色及伦理议题

已有的研究普遍认为，质性研究无完美的模式和诚实问题，研究者只能尽可能地交代，然后留给读者自己判断。研究者在研究伦理方面奉行自愿原则、保密原则、公正合理原则和公平回报原则。

在自愿原则方面，征求参与者的知情同意是必要的。研究者在访谈时会诚恳地表达研究者的立场与研究热忱，清楚告诉父亲及其家人们愿意受访所要付出的时间与会涉及的主要话题，并协调合适的场所与时间。在本书进行过程中，受访者的邀约及访谈的过程都相当顺利，访谈过程中，受访者也都相当乐意地表达自己内心所有的感受。研究者在访谈中也保持专注的倾听，适时的回应与追问，还有从头到尾真诚热心的眼光，有助于访谈的顺畅与深度的提问。

在保密原则方面，研究者在访谈之初，为取得参与父亲的信任，已经向受访父亲保证相关的研究文本与录音仅作为学术用途，完整的访谈记录，无论是录音或逐字稿，除非经由参与者的同意，不会予以公开。在撰写分析报告时，为保护个人隐私，将受访父亲及其家人的姓名都进行了匿名化处理。

在公正合理原则方面，研究者在建构父亲们的声音和事实时，也在考虑一些问题：例如，研究者的分析对受访的父亲是公平的吗？他们所做真如他们所说的那么好吗？按照苏珊·E.蔡斯（Susan E. Chase）的看法，研究者不必拘泥于父亲故事真实性的问题①。但在本研究中，研究者一方面注意父亲们的自我掩饰，通过重复同类问题加以印证。另外，部分家人的选取也在一定程度上弥补了这个问题。

在公平回报原则方面，研究者自认为所秉持一颗真诚的心来了解受访父亲的父职实践状况，在研究过程中也适时表现出对受访者感受的认同，保护受访者的隐私，建立彼此正向、分享、互信的研究关系。

---

① Chase, S. E., " Narrative inquiry: Multiple lenses, approaches, voices", in N. K. Denzin & Y. S. Lincoln (Eds.), The Sage Handbook of Qualitative Research (3rd ed.), London: Sage, 2005, pp: 651-679.

第五节　章节安排及主要内容

第一章是绪论。本章节主要探讨本书的研究背景、研究问题、研究意义，并通过对相关概念和文献的回顾，梳理了当前关于家庭亲职问题和高校教师家庭问题的主要研究内容和研究焦点，以此为依据，依托于社会行动和社会性别视角，提出了由父职资源、父职观念和育儿胜任感构成的关于父职实践建构的三维分析框架，同时对访谈对象的选取和具体研究实施过程进行了阐述。

第二章是从"养"到"育"：高校教师父职实践的现状。本章把父职实践作为高校教师的实践行动加以考察，一方面分别从身体、言语、情感和意识四个层面呈现了父职实践的多维特征，另一方面通过对父职实践行动类型的考察将高校教师父亲划分为主力型父亲、助力型父亲和替补型父亲，并在每个类型内部结合高校教师父亲父职实践的特点进行了进一步的类型划分，从而对高校教师父职实践的特点进行了概括总结。

第三章是父职资源：高校教师父职的基础性要素。本章节依托对高校教师父亲父职资源来源的考察，分析了不同来源和类型的父职资源对其父职实践的不同方面影响，探讨了父职资源作为父职实践的基础性要素的同时也关注了个体在父职资本建构中能动性的发挥。

第四章是父职观念：高校教师父职的丰富性要素。本章节主要通过对高校教师父亲们父职观念的考察，呈现了父职观念作为父职实践的丰富性要素对高校教师父职实践的影响。本书首先从家庭观念、工作观念和子女教育观念三方面呈现了高校教师父亲对父职实践的理解和态度，其次对于高校教师父职观念的特征进行了总结，并进而分析了父职观念对高校教师父职实践的影响，最后从现象学、社会学对于知识的建构角度出发对高校教师父亲的父职观念形成与更新进行了分析。

第五章主要通过高校教师父亲育儿胜任感的考察，呈现了育儿胜任感作为父职实践的持久性要素对高校教师父职实践的影响。一方面对高校教师父亲育儿胜任感的状况进行了分类分析，另一方面分析了高校教师父亲育儿胜任感对其父职实践的作用。

　　第六章是研究结论与建议。主要对本书的结论进行总结，对研究前景进行展望性讨论，并且对提升我国父职实践的参与度与参与质量提出了相应建议。

第二章 从"养"到"育"：高校教师父职实践的现状

第一节 高校教师父职实践的维度

在访谈中，研究者特别请父亲们说一说他们都履行了哪些父职行为和事项。针对这个问题，有的父亲讲起日常生活中与孩子在一起的琐事，有些父亲分享了他们在管教子女方面的一些小故事，有些父亲说到自己努力工作就是为了给孩子提供殷实的生活条件，尽到做父亲的责任。似乎凡是为孩子好的，能够表达父爱的行为都有所谈及。可以看出，他们自从做父亲以来，在不同的生命阶段、因为各种原因、在各种情境下，出于父爱而为家庭、为子女做了很多事。虽然每个父亲都呈现了各自生命历程中不同的父职实践过程，但是通过分析可以发现，各位父亲的父职实践又呈现出一定的共性，都是在身体、言语、情感和意识上的多维实践。

一、身体维度的父职实践

英国社会学家吉登斯认为，身体不仅仅是我们拥有的生理层面的实体存在，也是一种关于身体实践与行动的模式，身体是"实际嵌入"在社会实践之中的，是实践行动开展的重要凭借。父职实践是父亲通过在日常生活中与家人、子女的直接的、面对面的互动去展演父职角色的过程，因此父职实践是一种身体的实践。作为一种身体的父职实践主要集中于以下几种方式：

（一）生活照顾

在被访谈的父亲们看来，照顾孩子的吃、喝、拉、撒、睡既是母爱的表现，也是父爱的体现。当被问及"您如何看待父职与对孩子的日常照顾之间的关系？以及您在这方面都做过哪些时？"他们普遍认同照顾子女是作为父亲应尽的责任和义务，父母照顾自己的孩子是天经地义的事情。几乎所有被访谈的父亲都提到自己曾经为给孩子做饭、洗澡、哄睡等。

> 你生一个小孩就是会真心付出啊。照顾他是父母应该做的，是天经地义的。……照顾他们的吃喝拉撒，照顾所有的一切啊！（U-L-F+F，君君爸）
>
> 有孩子这一年多，我觉得自己都没睡好过，孩子尿了哭，夜里饿了要喝奶哭，生病时就更别提了……他妈自己搞不定，我就帮忙呗。（H-A-M，萌萌爸）
>
> 孩子小，用盆洗，老人腰不好，洗澡时我都帮忙接水、倒水，递东西什么的……（U-L-F，佳佳爸）
>
> 孩子她妈妈经常加班，经常十点多下班，一般都是我给孩子收拾收拾，弄她上床睡觉。（H-P-F，静静爸）

平时照顾孩子比较多的父亲们说起对孩子的照顾来总是侃侃而谈，给予孩子无微不至的照顾，对孩子的各方面都比较上心，也亲力亲为，诚诚爸和玲玲爸在家中就承担了包括育儿在内的一些家务，并且对于子女的照顾方面表现出了他们细心的一面。

> 我照顾孩子的时候比较多，家务我做得也比较多，根据天气凉热，给孩子穿衣服，出去玩让孩子多喝水。（H-A-M，诚诚爸）
>
> 日常生活、功课，所有的一切，都连早上梳头也是我……我能想到的我都做了。（H-A-F，玲玲爸）

参与相对比较少的父亲们说到此处时往往表现出一些愧疚之意，但是他们也表示在孩子成长的过程中都有过对孩子的照顾行为，如做饭、哄睡等，并尽力为家人和子女做些力所能及的事情，只是从事的频率比较少且不固定。

> 我平时比较忙，基本上就住学校了，周末回去的话我一般会多陪陪孩子，帮他妈干点活儿，给他们做做饭，反正就是找点活儿吧。（U-P-M+M，鹤鹤爸）
>
> 平时她妈妈管孩子多一些，偶尔她妈妈出差时我就带一带，给她读读她喜欢的故事书，读着读着也就睡着了。（U-A-F，翠翠爸）

总体来看，高校教师父亲们普遍参与过孩子的日常照顾，也具备给孩子做饭、洗澡、哄睡等能力。但是，有的爸爸会较多地承担这些事项，有的则是偶尔为之。对于一些照顾子女相对较少的父亲来说，谈到为孩子准备吃喝时往往刻意回避或跑题，更多地谈及他人对孩子的照顾或孩子生活习惯上的一些问题，对于照顾的细节部分也描述得不是十分清晰。

但是，当提到"孩子生病时你一般会做哪些？"和"请描述一次您印象深刻的孩子生病时的情景，您当时都做了些什么？"时，爸爸们多半能够清晰地描述孩子生病、自己担惊受怕、日夜照顾的那些日子，感觉对当时的情景记忆犹新、历历在目。

> 孩子小的时候，总有个头疼脑热的，经常跑医院，我别的也帮不上太多，就负责开车，不过后来总去，我也熟点儿了，一般排队拿药啥的就我来。（U-A-F+F，蕊蕊爸）
>
> 估计哪家孩子长这么大都有生病的时候，去医院挂号拿药多麻烦，除非我有课，没课我肯定得陪着。（H-L-F，悦悦爸）
>
> 把孩子拉扯大不容易，我家娃从小胃不好，总爱吐，现在虽然好点了，但平时给他做饭时还是要注意些，我带他出去也一般不给他买冷的吃，冰淇淋、饮料啥的都少喝……（U-L-M，亮亮爸）

父亲们普遍在孩子生病时都表现出更多的父职参与，即便是平时较少对孩子进行日常照顾的父亲也在孩子生病时做一些家务，分担一些孩子日常照顾中的琐碎事务。他们认为，作为父亲必须在关键时刻站出来，给孩子同时也是给家人以安全感，这是作为男人的责任。

> 孩子好的时候还行，一生病就不好带了，全家都没个闲人，都忙着，孩子他妈也顾不上两个，所以我不可能跟平时那样儿，平时干的少也就算了，在关键时刻得站出来啊，能分担的尽量分担。(U-L-M+M，峰峰爸)

> 孩子那次得肺炎住院了，她妈要上班，不可能天天守在医院，所以主要是我守在医院，她妈给我们送饭，医院里虽然可以请护工，但自己家孩子还是自己照顾感觉踏实。(C-A-F，尧尧爸)

可见，虽然各位父亲在日常生活过程中，对孩子的日常照顾方面的参与程度不尽相同，但是在孩子生病时都表现出很强的参与度，而且这种参与不仅仅是做具体的事情、完成相应的任务，而是同时有比较强的情感投入，"担心""心疼""着急"等词汇经常出现于他们的陈述中。

（二）陪伴

随着社会和时代的发展变化，社会大众对父亲角色和形象的认知也会有变化，在很多人看来，父亲不再是只管挣钱养家或在远方注视观望之人，还应该是陪伴孩子成长的亲密伙伴，越来越多的父亲都在力争告别"影子爸爸"。高校教师的父亲们都非常重视孩子的日常陪伴，在他们看来日常陪伴是父子关系的润滑剂，是引导孩子养成坚毅、勇敢、果断等品质的重要途径，也是对孩子进行性教育的有效途径。

> 咱们都知道，对孩子的日常陪伴是很重要的，这跟与学生相处是一样的，关系很重要，你得先跟孩子相处好关系才能教育他们啊！(H-A-F+M，丽丽爸)

> 陪伴就是陪小孩一起长大，陪孩子玩的同时与孩子一起成长。各种育儿书里都强调陪伴的重要性，尤其对孩子的心理发展是非常重要

的。（H-A-F，玲玲爸）

孩子也需要爸爸的陪伴，而且爸爸陪跟妈妈陪不一样。孩子说喜欢跟我玩，因为我不像他妈妈那样总说这危险，那不行的。（U-A-F+M，笑笑爸）

陪伴会增加父女感情，就是日常的相处才更亲近，一年到头不见面可不行，心就远了。（U-A-F+F，文文爸）

人与人之间的相处是非常关键的，见都见不着，怎么可能彼此信任。你别小看孩子，他们有自己的想法，如果他信任你，有些话才会跟你讲，你总陪着他，他就信任你，有时候还会很一本正经地跟我说他们班谁跟谁恋爱了。（U-A-M，团团爸）

在陪玩方面，父亲们除了会陪孩子下棋、打牌、画画外，父亲们更愿意带孩子从事一些体育运动和带有一些冒险和刺激的活动，也让我们看到了父职实践中呈现出的男性气质。

平时她妈做饭我就陪她，她爱玩啥就陪她玩会儿啥，走个迷宫、下个棋、打个扑克，有时还会拉着我陪她看动画片、玩过家家什么的。（U-A-F，木木爸）

我周末的时候比较忙，我自己爱健身，所以也经常带孩子们出去，经常带老大老二去打篮球或者踢足球，老二小所以主要是他妈陪，我们一家出一身汗挺舒服的。（U-L-M+M，峰峰爸）

疫情前我每年放暑假都搞个家庭游，全家一起出去，自由行不跟团那种，后来孩子大了，我还特别安排让他单独出去几天。（U-P-M，智智爸）

我周末经常带家人一起去郊野公园扎帐篷野营，你别看她是女孩，但胆子挺大的，我还教她爬树呢。（H-L-F，悦悦爸）

在陪伴的过程中，父亲与孩子会有很多肢体接触，而这种身体上的亲近也给父亲们带来了情感上的亲近。从访谈情况看，一些父亲与子女保持了较为频繁且比较亲密的肢体动作，具体包括爱抚、搂抱和亲吻等，少数父亲虽然有一定的肢体接触，但并不频繁，而只停留在摸头、牵手等。在学龄前阶段，子女的性别对肢体的影响较小；进入小学后，父亲们会有意识地与女儿保持适当的距离，但仍然会有爱抚和搂抱的身体接触；小学高年级到初中阶段，一般孩子会有意识地降低与父母过于亲密的肢体动作，但是如果前期一直保持良好关系，女儿与父亲会一直保持搂抱的动作。

　　每天我一回家，两个宝就过来抱我，那是我最开心的时刻了。（U-A-F+F，蕊蕊爸）

　　我闺女跟我可好了，没事儿就送给我吻，都是口水。（U-A-F，诗诗爸）

　　出去玩儿，基本都是我抱着，他妈那小胳膊小细腿的不行，去动物园看老虎就跟我说举高高，我就把他放在我肩膀上看。（H-L-M，鹏鹏爸）

　　现在孩子一天天长大了，我也适当注意点儿了，毕竟是女孩儿哈，小时候没怎么想，就直接嘴对嘴亲亲了。（H-A-F，玲玲爸）

　　现在孩子感觉是大了还是怎么了，感觉跟我没小时候那么亲了，不是小时候你想带他去那就去那，人家现在有自己的想法了。现在也就闺女还跟我近乎近乎，儿子啊，现在你想抱他他也躲了。（U-A-M+F，锦程爸）

　　我家孩子跟我不算太亲，感觉还是有点距离感，所以平时没有太亲密的动作，偶尔摸摸头、出去玩时会拉拉手。（H-P-F，芳芳爸）

依恋理论认为，依恋是个体与其他个体形成的持续的、强烈的情感联系。对于儿童而言，他会对其母亲、父亲和其他抚养者产生依恋感。依据弗洛伊德理论，3—4 岁的儿童出现了恋父情结或恋母情结，男孩在依恋母亲的同时排斥父亲，女孩在依恋父亲的同时排斥母亲。早期依恋理论具有较强的生物决定论倾向，一定程度上忽略了日常交往经验和抚养方式对儿童依恋的影响。20 世纪 60 年代，鲍尔比发展了依恋理论，将儿童依恋划分为四个阶段，分别是前依恋期（0—2 个月）、依恋关系建立期（2—7 个月）、依恋关系明确期（7—24 个月）和目标调节型伙伴关系（22 岁以后）。在第四阶段，儿童能够理解父亲和母亲需要，并建立双边人际关系，为了达到特定目的而采取行动，考虑他人情感①。可见，在儿童的成长过程中父子之间的依恋关系也是处于不断地调整与变动之中，而这种关系的维护是基于日常生活实际的互动经验。

（三）管束

管束，即管理和约束。父亲们通过日常管理和对于不良行为的约束来达到对子女教育和引导的目的。

在管理方面，父亲们的父职参与主要集中于对子女的生活管理和学业管理上。其中，在生活习惯方面，主要表现为对孩子卫生习惯、饮食习惯和作息习惯的管理上。在学业管理方面，很多父亲能够亲自督促孩子完成作业，协助孩子克服学习上的困难。

> 我带他出去玩的时候，一般不给他买冰淇淋吃，还有可乐、雪碧那种饮料也尽量少喝，实在渴了我就给他买杯鲜榨果汁。对了，还有像薯条那种膨化食品也少吃，那里含有激素，对孩子不好。（C-L-M，子天爸）
>
> 我现在比较头疼的是老大，总抱着 iPad 不放，他睡前必须把 iPad 拿走，要不他晚上偷着看。我现在规定他晚上十点前必须上床睡觉，作业写不完我跟老师说！（U-A-M+F，林林爸）
>
> 我会检查他的作业，有不会的给他讲一下。他现在上奥数班，那个他学起来有些困难，我数学还可以，那个班让旁听，我也跟着学。（U-A-M，团团爸）

如果说在管理方面，在有些家庭依然是母亲扮演主导角色的话，那么在对孩子不良行为和习惯的约束上，父亲的作用就显得较为突出。父亲往往相对于母亲而言还是比较威严的，有着不怒自威的威慑力。

---

① 崔亚娜：《城市学龄前儿童亲子关系纠缠的个案工作研究》，西北农林科技大学硕士学位论文，2018 年。

有时候他妈说话不管用，就还是得我来，跟他妈相比，他还是有点怕我的。我一般不出面，大事儿上我就出面好好管管。(U-P-M，智智爸)

现在孩子大了，你说什么他不听你的，嫌你唠叨，你打他吧，他比你还高，手比你还有劲儿，也就他爸还能镇镇他。(U-A-M+F，林林妈)

由于约束事项一般会是父亲们眼中的禁忌行为，如"撒谎、偷盗、抄袭、沉迷网游"等。因此，为了使孩子不再出现类似行为，父亲对子女除了采取严厉批评的方式外，偶尔也会采用打骂、惩罚等相对严厉的约束方式。

我这个人对孩子学习差点儿还能接受，但品行上必须严格要求，诚实就是我的底线。他可以犯错，但不能撒谎。所以那次他明明是没写，偏说是自己忘带了，还嘴硬，我一着急就给了他一巴掌。(U-A-M，梁梁爸)

我们不让他在游戏里花钱，他就自己偷偷拿抽屉里的钱到学校让同学帮他充值。我那次真是狠狠地打了他。这要是养成了习惯，还得了！(U-A-F+M，笑笑爸)

我平时还是不怎么凶她们的，但是在学习上糊弄可不行，老师本来是让她自己做练习题，她为了省事儿直接抄答案，被我发现了，我说这怎么行，你自己站着给我好好想想。(U-A-F+F，文文爸)

他头天晚上说没作业了，就玩起手机没完没了，结果第二天老师就找我们说没完成作业，我一听就急了，回家揍了他一顿，把他手机没收了。(U-A-M，景景爸)

但是，有些父亲也明确表示，他从不用打骂的方式对孩子进行管束，在他们看来，打骂不仅不能解决问题，而且会激化矛盾，伤害亲子关系。

在教育孩子问题上，我是觉得打骂不是个好办法，你看我一个朋友的孩子，他爸急了总打他，结果打多了就没用了，以后反而管不住

了。我印象中应该从来没有打过她吧。（U-A-F，双双爸）

千万不能打孩子，你跟孩子讲清楚，他能听明白。打多了，父亲跟孩子的关系就坏了，他跟你顶着来，还是不能达到教育的目的。（H-A-F+M，敏敏爸）

之所以把管束归类为身体层面的父职实践的一个重要原因，是在管束孩子的过程中实际上也是对父亲身体的规训过程。所谓以身作则，父亲们在管束孩子的同时，自身也要为孩子做榜样才更有说服力。访谈中很多父亲都会提到，自从有孩子之后他们就更加注意自己的言行了，因为在他们看来，父母是孩子的第一任教师，是重要的模仿对象，家长自己做好了，才能要求孩子做到。

都说父母是孩子的第一任教师，你啥样儿孩子就跟着学什么样，所以我以前其实不怎么注重自己外表的，有时胡子好几天不刮，衬衫领子脏了也穿，现在我这方面注意了，毕竟出去得有个精神，也让孩子觉得他爸爸是个爱干净的人！（U-A-F，翠翠爸）

有时候我们大人也得注意一点儿，你不让他玩手机，结果咱自己在那看个没完也不行，在这点上我自认还是做得比较好，我跟他妈说了，回家也少玩手机、看电视，所以我们家晚上一般挺安静的，他写作业，我们俩自己忙点工作、看看书。（U-P-M，苗苗爸）

很多父亲都提到，自己的身体力行是对孩子最好的一种教育方式，他们在孩子的监督之下也比之前更注重一些生活细节了。

幼儿园老师会教她们饭前便后要洗手，回到家你也要跟她强调，这样习惯就养成了。现在我要是不洗手吃饭，她都会说："爸爸，洗手。"（H-A-F+M，敏敏爸）

他有时候也说我："你看你不让我看手机，你自己怎么就能看呢，你看的时间比我还长呢！"所以我现在回家一般尽量少看手机，但是吧，现在很多学院通知、课题组的事、学生的事都是各种群里通知，你总

不看也不行。（U-A-M，景景爸）

二、言语维度的父职实践

言语实践简单来说，言语实践就是对语言的使用，使静态的、共性的、有规律的语言知识显示出动态的、个性的、变化的活生生的魅力。言语实践就是人们在日常生活中利用语言符号进行表达、交流、聆听、会意，以传递、共享信息，从而能够沟通交流共处的行为活动。在笔者看来，父职实践在某种程度上来看，也是一种言语实践，并且这种言语实践不仅包括在育儿中的语言使用，也包括他们对语言的态度。父亲们在照顾、陪伴和教育的过程中也同时进行着言语实践，他们要通过恰当地、创造性地运用语言符号与子女进行亲密互动，在这个过程中，孩子在学习语言的过程中也进行着家庭的社会化过程。语言不仅是父亲向子女传递信息和知识的有效途径，更是影响亲子互动质量的关键因素。

> 养个孩子可是不少说话，我感觉比在学校说得还多。没办法呀，她俩总是拉着你问东问西的，这一天下来说话多了也挺累的。（C-L-F+F，云汐爸）
> 我感觉孩子越小越废话，大的就是你正常说，他听，小的不行，一会儿问你这个一会儿问你那个，你不理他吧，他拉着你，过来对着你的脸问。（U-L-M+M，峰峰爸）
> 天天说不少话，尤其是学说话那会儿，他还特别爱说，说得不对你自然而然就想纠正，然后一天下来真是不少的话。（H-A-M，诚诚爸）

高校教师父亲们在父职实践过程中的言语实践主要发生在以下几个场景之中。

（一）语言学习

在语言学习方面，高校教师父亲们父职实践主要表现为文字语言学习、英语学习和语言表达三种形式。其中，对于孩子处于学龄期的孩子来说，父亲的言语实践主要表现为教孩子学说话、认字和英语学习方面。孩子进入学龄期后，高校教师父亲们则更为重视子女阅读习惯的培养，将英语学习与课业成绩相关联，同时在语言表达上更为注重语言的美感与自我表达能力的培养。

> 有时老家亲戚来说说老家话，平时在家基本都说普通话，否则会影响孩子，毕竟在这边班里同学都说普通话，一口老家话也没法沟通啊……你要说接触英语，那挺早的，动画片里她妈就给她放英语，老大三岁多上了易贝乐，感觉没学什么，还不如我教她认 26 个字母呢，所以后来老二就没上，我自己随便教教，上学以后我给他好好选择报合适的班……（U-A-F+M，笑笑爸）

> 孩子学说话那会儿，有点发音不清楚，他妈还给他报了个播音主持的培训班呢，我觉得应该是有点作用吧，现在上台说个话还可以，如今口头表达能力是很重要的，很多场合都需要，不能怯生生的……认字方面没有怎么教，但是那会我让他背古诗、背《论语》，我给他边讲边背，再大点我就给他买书，他读我也读，小学三年级基本就把几大名著都读了一遍，现在语文挺好的，应该跟那会儿打的底子有关系吧。（U-A-M，良良爸）

> 我爸妈他们还是经常会说老家话，小时候弄的孩子说话都带老家口音，后来我们就赶紧板了板，既然都在北京了，老家话基本也用不着，再说现在学校里都说普通话……说话是一个人的形象，还是要注意一下，即便你不一定出口成章吧，也尽量用好词儿，尤其是不能说脏话，我反正是这么要求他的。（C-P-M，小宝爸）

> 我们家从一岁就开始接触英语了，给她放点英文歌谣，磨磨耳朵，小时候培养语感很重要，对提升听力水平很重要，听懂了才能交流啊！因为今后英语是要用来交流的，不能仅为了考试。（U-L-F+F，君君爸）

> 英语我们其实也没有像人家报那么多班儿学，就是我平时在家教一教，让他接触接触绘本，他听说好一些，但是默写单词不行，所以这不是一上学就不行了吗，她妈说我，太理想化，必须要赶紧把成绩弄上去，我这也开始陪他背单词讲语法了。（C-L-M，子天爸）

> 他妈比较重视孩子英语，说我英语不行，有口音，得去专业地方

系统学习，我就是配合，有时接送一下。……我是培养她多读书，故事书、小说、一些经典著作都行，周末我经常带她去国家图书馆少儿馆，我觉得你不输入哪来输出啊，作文怎么可能好呢？现在语文越来越重要了，我也觉得你在中国，汉语是首先要掌握运用好的。（H-A-F，玲玲爸）

通过以上分析，我们发现被访父亲在语言学习方面的父职实践上有几个共同特点。第一，他们都希望孩子从小学习普通话，口齿发音尽量清晰；第二，他们都非常重视阅读习惯的培养，多读书不仅能够增进语言文字的掌握，而且能够开阔视野；第三，他们的孩子都在学龄前阶段就接触到了英语，只是对于掌握熟练的程度要求不一，并认为英语是一门工具，要能够运用英语去获取知识；第四，他们普遍认为语言使用要规范，语言美也是自我修养的一部分，同时语言表达能力是非常重要的一项能力，要给予足够关注。

（二）讲故事

讲故事是学龄前阶段子女父亲父职实践中的重要内容之一，它不仅具有提升孩子语言能力的功能，而更为重要的功能在于，它是父亲与学龄期子女一种重要且有效的沟通方式。在很多高校教师父亲看来童话故事是儿童发展语言的天然材料，童话对于发展儿童的语言具有许多优势。例如：童话语言与儿童的语言比较接近，童话故事性、情节性强，读起来朗朗上口，给孩子更多的想象空间，有助于改善言语表达。

> 童话啊，小故事啊，我觉得都挺好的，尤其是经典的一些故事，孩子爱听，而且还能明白一些道理。当然，还能消磨时间。（U-A-M，俊俊爸）
>
> 你不能天天让他看电视啊，把眼睛都看坏了，所以就给他读点故事，然后让他再给我讲，不是也能锻炼一下他的表达能力吗。（H-A-M，航航爸）
>
> 每天晚上都拉着我给他读故事，而且光读还不行，还得变换语气

地读，要是大灰狼就得用粗的声音，小白兔就要用细一点的声音。（U-A-F，木木爸）

（三）学业指导

在父职实践中，语言使用的一个重要情境就是学业指导，尤其是对于进入小学的孩子来说更是如此。随着近年来，父母对于子女学业的重视，学习指导就成为育儿实践中非常重要的一项内容。而作为高校教师的父亲们往往被安排或者他们也主动选择承担了部分学业指导的任务。教师父亲们深知清晰且准确的讲解方法对于知识学习的重要性，多年的教学经验在这方面给了他们一定的优势，他们懂得对知识进行系统化整理后，由浅入深、结合实例进行讲解。

> 她有不会的就问问我，好在小学知识不难，都应付得过来。题是不难，但你得用她听得懂的话跟她讲，不行多举几个例子，也就明白了。（C-L-F+F，云汐爸）
> 我们家孩子是没上学前班的，所以一进去，老师讲得太快，跟不上，所以我就提前看看，每天回来就给他补补课，现在基本自己学就行了，不会的再问我。（H-A-M，诚诚爸）
> 你还不能就自顾自地讲，你得观察，我一看她那眼神就知道她听明白了没有，而且她说明白了，你还得再给她出道类似的考一下才行。（H-A-F，玲玲爸）

可以看出，高校教师父亲们在进行学业指导方面的言语实践还是有一定优势的，只要他们想并实际进行学业指导都取得了不错的效果。只是其中有些父亲受工作条件和情绪的影响在学业指导方面也存在一定的困难。

> 我平时经常有点儿这事儿那事儿的，回来时间不确定，经常连着几天就住学校那边儿了，学习这事儿得有个人稳定地跟着才行，你这突然插进去也不行，因为你不知道他之前学过什么知识。我发现他们很多题不光是说解出来就行，你得按照老师教的那个方法一步一步解

出来才行，所以，还是他妈跟得多。（U-P-M+M，鹤鹤爸）

> 你说那点知识吧我也会讲，可是我真是受不了他那个磨蹭劲儿，管学生我还有点耐心，一到他们这儿，我就从心里爱着急，所以干脆让他妈跟着，我宁可做饭去。（U-A-M+F，锦程爸）

（四）鼓励与批评

在访谈中，很多父亲都提到，在对子女进行教育和管束的过程中，除了管教的内容和方式很重要以外，语言的使用也是一门艺术。对孩子适当的鼓励与批评能够有效地支持和配合父亲对孩子的管教，使教育效果翻倍。

> 这管孩子也讲究方法，不能总是跟她板着脸，你得适当地鼓励。我就愿意鼓励孩子，总说"真棒""做得好"，她可美了，小孩子就吃这套。（U-A-F，翠翠爸）

> 他做得好，我会表扬，但是做错了，我也会批评。比如那次他单元测验考得一塌糊涂，我就狠狠地批评了他，不是因为分数，我要让他意识到，是他自己的松懈和偷懒导致的必然结果。种豆得豆，种多少得多少，种得少还想多收获是不可能的。（U-P-M+M，鹤鹤爸）

> 最近我也不知道是跟哪儿学的，我发现有个不好的地方是总说些乱七八糟的语言，搞得我有时候也听不太明白。但是那次我听他竟然嘴里冒出句脏话，我跟他严肃地谈了半天，我跟他说，别管别人怎么着，咱家的家风就不允许他说脏话。（U-P-M，苗苗爸）

众所周知，美国心理学家斯金纳提出的强化理论中，有正面强化和负面强化两个方面。他认为，在学习的过程中，强化对该行为的巩固和消退起决定性作用。通过肯定（奖励/报酬）或否定（惩罚/批评）的办法对个体行为的后果产生影响，如果后果有利，这种行为可能在以后会得到加强、重复出现，反之则减弱甚至消失，前者可称为正强化，后者称为负强化。由此我们可以看出，父亲们的言语鼓励及批评正是对子女的期待行为起到了正强化或负强化的作用。

（五）聊天

高校教师父亲们在言语层面上的父职实践还有一个使用场合就是与子女聊天，与家人聊天的情景之中。受之前的独生子女政策的影响，很多家庭中都只有一个孩子，即便是近几年来二孩家庭的数量有所增长，但家庭成员多半还是以大人为主，孩子们很难在家里找到同龄的玩伴。所以，孩子们对父母的需求除了提供衣食住行外，还需要父母能够成为他们的知心朋友。父亲陪伴孩子的方式主要有陪聊和陪玩。

聊天的主题一般比较广泛，比较常见的是子女内心情感的表达和疑问的解答。

> 我跟孩子经常聊天，也没有什么特别的主题，就是随便聊聊这一天发生的事情。有啥高兴的，有啥委屈的……（U-A-F+M，笑笑爸）
> 现在孩子正是学习的时候，每天有各种问题问我，感觉自己就像是个人工智能版的《十万个为什么》。（H-L-F，悦悦爸）

有的时候子女并不需要父母为他们具体做什么，更希望他们成为认真倾听自己心事的人。很多爸爸经常扮演倾听者的角色，倾听也成为父职实践的一种方式，而这也成为父亲了解孩子心理状况的有效途径。父亲们也会在倾听的同时，也及时给予孩子相应的鼓励与安慰，这种鼓励与安慰除了运用语言外，还会使用拥抱、摸脸、拍肩膀等一些肢体语言。

> 我家娃每天回来都拉着我给我讲她学校里发生的事情，谁跟谁好，谁跟谁吵。我就得在那听着，还不能不耐烦。要不她不高兴。（U-A-F+F，文文爸）
> 她妈一说她，她就跑过来跟我念叨，说自己如何如何委屈，说着说着眼泪就下来了，我这边就赶紧安慰着，抱抱她。（C-A-F，尧尧爸）
> 他有时在学校跟人打架受欺负了就会告诉我，他一般这事儿不告诉他妈，可能他觉得我话少。我觉得这两年孩子大了，还挺愿意跟我聊的。（U-P-M，智智爸）

他没考好不敢告诉他妈就跟我说，我会拍拍他的肩膀鼓励他，给他加油。（U-A-M，良良爸）

从上面的分析可以看出，言语实践是高校教师父亲们父职实践中一个重要的维度，并且在这个维度上，他们的高学历和工作经验使得他们能够较好地驾驭言语实践。可以发现，很多父亲在语言的使用上不仅注意了规范用语的问题，也注意到了语气的转换，这样能够达到更为有效的表达和沟通。

三、情感维度的父职实践

家庭是情感互动的重要载体，父母对子女的爱就是通过情感互动从而实现情感的转让，而子女则会在互动过程中汲取这种情感并维持这种高度的情感能量。反之，则会使家庭的情感互动仪式链断裂，导致青少年的人格异化。在父职实践中，情感互动是一个非常重要的部分，高校教师的父职实践除了是一种身体实践和言语实践之外，还是一种情感实践，因为在父职实践过程中，一直贯穿着他们丰富的情感体验、表达和情绪控制。从某种意义上来说，父职实践也是一种情感劳动，只是他是在家庭中的、私领域中的、基于血缘的情感劳动。

从访谈看，父亲们的情感父职实践主要表现在责任感、亲密感、成就感三个方面，并杂糅了多重的情绪体验和表达。

（一）责任感

从心理学角度讲，责任感主要指个体在道德活动中因对自己完成道德任务的情况持积极主动、认真负责的态度而产生情感体验，反映个体对承担任务负责的积极情绪体验和明确归因，决定道德任务的完成程度以及在没有完成时个体感觉到有过错或罪过的程度。责任感包含有个人责任感、家庭责任感、集体责任感、社会责任感等几个方面。在教育学中，责任感则强调个体在对自己、他人、社会的行为中，个人对自己、他人和社会须承担责任的意识，这种意识的具备对个体自我认同、感恩父母、社会交往和社会适应具有重要意义。从心理健康的角度讲，不管是作为情感体验还是责任意识，责任感都发挥着促进个人适应群体和社会的重要作用，是个体健全人格的重要组成部分。

在谈到做父亲前后感觉有什么不一样时，很多父亲都提到了"责任感"，他们觉得成为父亲对他们而言，意味着更多的责任，而这份责任让自己更加认真工作、规划未来，比之前更为成熟。在照顾孩子的过程中，也感受到了父母和妻子的付出和不易，非常感恩。

> 我真是从孩子出生那一刻，就突然一下子感觉自己身上责任更重了，你感觉他那么小、那么弱，只能靠你，所以你要强大起来。(U-A-M，俊俊爸)

> 人家都说不养儿不知父母恩，这句话真是，我有时就觉得我爸妈拉扯我们几个长大真是不容易。(U-L-F+F，君君爸)

> 说实话我觉得女性挺伟大的，我老婆从怀孕到生产我都在旁边，快生那会儿，那腿肿的，后面也是又要工作又要带孩子，真不容易，我觉得我对家也有责任。(U-A-F+M，笑笑爸)

> 我觉得自己挺对不起老大的，他小的时候，我年轻，也忙，感觉也没怎么陪他就长大了，说实话我确实在老二身上花的时间多。(U-A-M+F，林林爸)

> 我有时也会想，要是再在意点，要是直接去儿童医院，可能孩子还会在，还是没有尽到责任，不敢想……(U-A-F，翠翠爸)

（二）亲密感

亲密感是人类重要的情感需求之一。健康的情感关系，最重要的功能之一就是提供亲密感。亲密感既包括肢体层面的亲近，又包括情感层面的亲近，此处重点探讨的是后者。提到心理上的亲密感，不得不提到依恋理论。依恋这一概念最初由英国心理学家约翰·鲍尔比提出，是指婴幼儿与其主要抚养者之间通过长期稳定的沟通交流形成了一种牢固持久的情感关系。[1]我国学者何珊珊等指出,依恋是个体对特定他人持久而强烈的情感联结。[2]张文新指出,依恋是个体对某一特定个体的长久持续的情感联系。[3]王英芊认为依恋关系是指个体从依恋对象那里获得的一种情感来源,以及由此而产生的亲密感、安全感。[4]但是,目前的研究还主要集中于儿童对父母的依恋研究,而正如鲍尔比所强调,亲子依恋往往是双向的,人们不能仅仅关注子女依恋父母,还要注意到父母对儿童的依恋。[5]在本书中,我们也发现父亲对子女也有依恋感,尤其是对那些经常与子女保持亲密互动的父亲而言,这种依恋感就显得更为强烈一些,这种依恋感使他们会体验到担心、心疼、想念的情绪。

> 有了孩子之后就感觉有牵挂了,心里总想着,尤其是他紧紧抱着你的时候,你就感觉他就是世界上跟你最亲的人。(H-A-M,诚诚爸)

> 孩子两岁那会儿得了哮喘,这个病特别不好恢复,带着她看了好多医院。后来经朋友介绍,找了个中医给调了调,每周都要去……孩子也受罪,一犯病就睡不好觉,有时候她睡着了我看她的样子真是心疼!(H-L-F,悦悦爸)

> 有一次孩子一连烧了好几天,高烧不退,吃药也不管用,去医院连着打了好几天吊针才好,那小手不好找血管,扎得青紫,我差点想跟那个护士急。最后从脑袋上输进去的,心疼着急也没办法!(U-A-F,诗诗爸)

> 你别说平时他们在身边的时候,真是有点烦,总想着什么时候能清净清净,可要真是几天不见他们,还真是想。(H-A-F+M,敏敏爸)

① Bowlby J., *Separation: Anxiety and Anger*. London: Pimlico, 1973.

② 何珊珊,杨萍:《依恋理论视角下家庭暴力受害儿童的个案研究》,《社会工作》,2015 年第 1 期,第 66-73 页。

③ 张姿:《成人创造性问题解决的依恋安全启动效应》,辽宁师范大学硕士学位论文,2013 年。

④ 王英芊,邹泓,侯珂,等:《亲子依恋、同伴依恋与青少年消极情感的关系:有调节的中介模型》,《心理发展与教育》,2016 年第 2 期,第 226-235 页。

⑤ 崔亚娜:《城市学龄前儿童亲子关系纠缠的个案工作研究》,西北农林科技大学硕士学位论文,2018 年。

（三）成就感

《心理学大辞典》认为成就感是个体在完成某项学习或活动任务后产生的一种自我满足的积极的情绪体验；它促使个体的身心与客观环境保持平衡和增进健康，使个体认识到自己的力量和能力，增强自信，提高动机水平，同时为以后学习新知识解决新问题提供条件。①

成就需要是指通过自己的努力完成某些有价值或重要事情的欲望。成就感是根据一定的成就标准在评价自己的成就时所产生的情感体验。不同的人有不同的成就评价标准。

> 我之前就知道一门心思地往前，虽然累还是不得不向前走，有了他之后，我忽然感觉轻松一点了，因为我以前就觉得自己一个人扛着全家的希望，现在觉得多一个人一起了，就算我失败了也还有希望。（U-L-M，亮亮爸）

> 孩子就是父母的希望，他好我感觉脸上有光，他不好就会多少有点失望。（U-A-M，国国爸）

> 你看我一个中学同学，后来都没上大学，家里条件也一般，但是人家孩子特别争气，这不考到清华来了，还托我帮忙照顾呢。（U-A-M，景景爸）

> 我现在都不知道该怎么办了，人家说老师会教育，可是我觉得我带学生行，到我们家孩子身上就完了，很多地方我都管不好，就拿手机来说吧，都不知道为这个吵过几次了。（U-A-M+F，林林爸）

可见，父亲们普遍把孩子看作自己生命的一部分，他们的表现会带给父亲们不同的情感体验。如果使他们满足了成就需要，就会产生积极的成就感，如自豪感、胜任感等，并感觉自己有价值、有能力；如果自己的成就没有达到这一标准，也就是没有满足成就需要，就会产生消极的体验，如羞辱感、内疚感等，并感到自己没用、没价值，自信心降低。

通过情感维度的考察，我们发现，父职实践中除了身体和语言等外在

---

① 林崇德，杨治良，黄希庭：《心理学大辞典》，上海：上海教育出版社，2003 年。

的表现，还有很多丰富的内心情感层面的父职实践，之前的研究中太过关注于父亲外在行为层面的父职参与，而忽视了情感层面。然而，情感层面的父职实践无论对于亲子关系的发展还是父亲个人的成长来说都是十分重要的。尤为重要的是父职情感中的那些正向情绪的体验，增强了父职实践的黏性，让父亲在身体层面也更多地投入父职实践之中。

四、意识维度的父职实践

实践的意识维度考察是聚焦于人们在实践活动之前建立起来的、关于实践的理想蓝图，是理性认识向实践转化的中间环节。人们在由感性认识上升为理性认识之后便开始向实践转化，中间必须结合特定的需要使理性认识具体化，形成一定的实践意识。人们在理性认识的基础上形成的改造客观对象的构思、规划、方案等都属于实践意识。实践意识不是简单地揭示对象"是什么"，而是具有指向未来的特征，它以"是什么"为基础进一步提出"应如此"的方向和途径。研究发现在高校教师的父职实践中，他们的很多行为呈现较为鲜明的目标指引性和意图性，他们在身体、语言、情感实践的同时也不断地思考和反思。他们的父职实践是"做"的过程，也是"想"的过程，主要表现为规划和期待两方面。

（一）规划

《战国策》中有言："父母之爱子，则为之计深远。"因此，虽然有些父亲在对孩子的生活照顾方面参与较少，但是提到对孩子发展的规划时都有所思考。很多父亲都认为规划在生活中是非常重要的，有目标才有努力的方向，良好的规划有时能达到事半功倍的效果。有的父亲会为了孩子的校内外学习项目的选择，投入精力，进行各种信息的搜集和比较后进行精心的设计和规划。

> 我承认我在孩子照顾方面参与的比较少，但是我对孩子的成长还是很重视的。尤其是对于孩子的培养方向上，我经常跟他妈妈聊，希望她能跟我目标一致，父母的想法不一样，孩子就容易盲从。（U-P-M，伟伟爸）

我之前看过这方面的书，孩子学习音乐是很好的，不仅可以有一门才艺在手，而且是一个自我宣泄的出口。（U-A-M，俊俊爸）

他现在上的那个英语班是我跑了好几个班，问了好几个人，比较后选择的，尤其他现在的那个老师是很不错的，他们走的是剑桥体系，还是比较适合国内需求的。（U-A-F+M，笑笑爸）

凡事预则立，规划可大可小，但有规划还是比没有规划好。我每学期一开学就让学生做个学期规划，最后虽然列的不一定都实现，但不列估计更什么都不做了。（H-P-F，静静爸）

值得注意的是，父亲普遍更强调对孩子大方向培养和品德、性格养成上的规划，而对当下具体的学习事项选择上，更为尊重母亲的意见。在谈到制定规划的原则时，父亲们强调最多的是符合社会发展需要和注重因材施教的原则。他们倡导在尊重孩子的意愿的前提下加以适当引导，给孩子较大自由的选择空间，并强调自己在适当的时候会行使否决权。

现在跟以前不一样了，以前的小孩学习好就行，现在你看这些孩子都有自己的一技之长，所以她妈给她报些才艺培训班我是同意的。以后孩子无论干啥有点才艺挺好的。（U-L-F+F，君君爸）

孩子将来怎么样谁能说得准啊，我们做家长的就适当引导吧，不过这事儿必须先大人们意见统一，如果大人们还不统一，孩子就更迷糊了。（U-A-M，良良爸）

我内心是希望他能继承我的衣钵，但还是看孩子自己意思吧，从目前看数学成绩还可以。（U-A-M+F，林林爸）

他未来做什么都得先把学上好吧，现在学习上的竞争一点不比我们当初少啊，所以无论将来如何，现在成绩不能太差。（U-A-M+F，锦程爸）

在对规划的执行方面，有的父亲交由妻子或老人来进行，有的父亲则自己亲力亲为。但是，在他们看来，一旦制定了规划，就要坚持。

规划是需要时间的，不能朝令夕改，定了就要坚持，总变来变去的是不可能有效果的。（U-A-M，梁梁爸）

我跟他妈说，报班可以，他愿意就去学，但不能学得太杂，学就要坚持，要不就白花钱。（U-L-M+M，峰峰爸）

如果我正好有时间的话，我也会送，但我的时间不确定，所以还是他姥姥和他妈带他去的时候多。（H-A-M，航航爸）

我一般还是能有空的时间，一般他上课的时候我尽量不安排事情，我自己带他去，完事儿还能跟老师聊两句。（U-A-F+M，笑笑爸）

（二）期待

从实践层面看，父亲们在子女教育方面普遍参与其中，由于比较重视，所以在这方面也是花费很大的精力和时间的。父亲们非常重视子女意志品质方面的培养，其中独立、坚强、勇敢、果断、有责任感是父亲对孩子的主要期望，因此，父亲们在日常互动中会有意识地向子女灌输这些意识，在众多品质中培养孩子的独立意识是最多被强调的方面。

我会跟他讲，人活在这世上必须要能独立，你不能靠别人活着，如果你什么都不会，以后怎么生活。不能独立，就会失去尊严。（U-P-M，智智爸）

父亲们会利用多种生活场景对孩子进行独立品质的培养。首先，日常生活场景。在平时生活、学习中，父亲们会充分利用看电视、讲故事的过程，结合合适的事例对孩子进行教育。

她睡前，我给她讲故事的时候，看到小猪不让妈妈帮忙自己独立完成，我就会说："你看你应该向小猪学习，自己的事情自己做。"（U-A-F，翠翠爸）

有时候我们看电视，碰到电视上讲有些农村孩子，爸妈在外打工，就自己照顾自己，还得给爷爷做饭，我就会把他叫过来看看。（U-A-M，

良良爸）

同时，还会非常注重通过训练孩子自己睡觉、自己吃饭、自己洗澡等生活琐事来培养孩子独立的人格。

> 我会在孩子成长过程中有意识地训练他，比如说他开始读中班、读大班的时候，能做的事情，包括书包、帽子、鞋子，能自己洗的，我都让他自己去做。大一点，我就让他负责洗碗、筷。他妈妈有时会干，我就说你应该尽量让孩子干，至少让他把自己的碗筷洗好。（C-P-M，小宝爸）
>
> 我跟孩子说，你这么大了，怎么也要会做饭，哪怕只是炒个鸡蛋、煮个面，这样至少饿不死。（C-A-F，尧尧爸）

此外，在日常聊天中，父亲也会结合自身的经历给孩子灌输独立意识。

> 我是从农村出来的，早早就离开父母上县城读书了，那时候我就知道必须靠自己，我告诉他们，你爸爸就是一路靠自己走过来的。（U-L-M+M，峰峰爸）

其次，学业辅导场景。教育是目前很多父母都非常关心的事情，因此，作为父亲，又同时本身就有较好的教育背景，因此，他们深知学习的重要性。他们会在孩子完成学业任务的过程中对其进行独立意识的培养。

> 我要让她知道，学习是她自己的事情，自己的事情自己完成，要培养她的责任感。（H-P-F，芳芳爸）
>
> 从上小学开始，我就让她回来必须先写作业，写完再玩儿。（H-P-F，静静爸）
>
> 我爸妈没什么文化，小时候不都是自己学吗，所以学习还得靠自己，要自己用心琢磨才行。（U-A-F，双双爸）
>
> 你必须要让他先自己想，想过了你再讲，要不他会依赖你。

（U-A-M+F，林林爸）

最后，外出游玩场景。当前，很多父亲都会陪着孩子出去玩，他们会有意识地在出行过程中通过让孩子自己准备行李或办理一些入住、购物等事宜来培养他们的独立性。

> 我每年暑假会带孩子出去骑行，出发前所有他的行李物品都是他自己准备，少了路上就没有用的，就得忍着。之前因为这个他受过罪，现在我看都准备得挺好，比我想得还周到。（U-P-M+M，鹤鹤爸）

> 之前我们出国玩，我就让他自己提前上网查攻略，让他带着我跟他妈，给我们当导游。连入住也是我们把证件给他，他来办。孩子就是要多给他机会。（U-A-F，双双爸）

由此可以看出，每一个高校教师父亲都对自己的孩子有一定的期待，虽然他们对于孩子的学习方面非常重视，甚至也进行了规划，但是在对孩子的成长期待方面则更重视品质养成。

第二节　高校教师父职实践角色类型

被调查的高校教师父亲们虽然在父职实践的维度和实践内容上有高度的相似性，但是每个父亲在父职实践参与的具体事项、方式、规律性和稳定性等方面还是存在较大差异的。根据高校教师父亲在父职实践中相对于妻子而言的参与程度可以将他们划分为主力型父亲、助力型父亲和替补型父亲，而在每一种类型之下每个父亲的父职实践又呈现出一些个性化的特征。

一、主力型父亲

主力型父亲是指那些由于种种原因成为孩子抚育主要负责人的父亲们，他们在育儿方面投入的时间和精力相当多，是相对于母亲而言的子女照顾的主要负责人，承担了大部分子女照顾事项。这类父亲平均每周与孩子互动时间在 30 小时以上，在参与的事项方面，他们会承担做饭、收拾房间、给孩子洗澡等家务劳动，并且很多时候是自己独立完成的。

（一）绝对主力型

绝对主力型父亲是指那些在子女抚育任务承担总量上是共同居住的成年人中最多的父亲，他成为家庭子女抚育的主力。君君爸就属于典型的绝对主力型父亲。他是某市属高校的一位英语教师，40 岁，有两个女儿，老大 12 岁，老二 5 岁，他的妻子是一名医生，由于家中没有老人帮忙，而且妻子经常加班，所以他就承担了大部分的子女照顾任务。

> 我每天都陪着她啊，陪她的时间比她妈还长呢。她妈不在只能我干啊!……现在小的上幼儿园了，感觉好多了，白天就是上学的上学、上幼儿园的上幼儿园。老大放学一般都自己回家，我就是去接老二回家。老二一般在幼儿园吃过饭了，我主要就是给老大做饭，然后看她写作业，她妈有时能早回家的话就她来做，她看作业啥的……一般是每周二我要送老大去学数学，每周六要送老二去学跳舞。周二的话一般是我去送，周末她妈没事儿就她去……每周日我会分别给她俩上一节英语课……这些都是常态。（U-L-F+F，君君爸）

诚诚爸爸也属于绝对主力型父亲，他是某 985 高校人文社科类专业的副教授，有一个 8 岁的男孩，他妻子是一名公司职员，偶尔需要出差。他母亲在老家帮弟弟家带孩子，所以没有老人可以帮忙照顾，也没有太多钱请阿姨，所以孩子从小就是夫妻两人分担。由于妻子的工作需要时不时出差，所以照顾孩子的责任从小就落到他的肩上，时间长了也就固化了这样的分工，即便是妻子不出差的日子，他也稳定地参与到子女抚育中。

> 我老婆那个工作需要到处跑，也就是现在疫情，出差少了。……平时接孩子放学、给他做饭、检查作业、洗漱，这些都我干。到了周末还得想着带他去哪转转。……从小孩子就跟着我，基本是走到哪里

带到哪里，现在孩子大了，也没觉得累了（H-A-M，诚诚爸）

可以看出，绝对主力型父亲是家庭中与子女互动时间最长，承担了大量的子女抚育工作，而且在参与事项上也呈现出全面均衡的特点。

（二）相对主力型

所谓相对主力型父亲，在父职实践的内容和方式上与绝对主力型父亲有很多相似之处，他们在与子女互动时间和数量上也并不比主力型父亲少太多。与绝对主力型父亲不同的是，相对主力型父亲并不是家庭中承担子女生活照顾任务唯一的人，家庭中有其他的稳定承担子女抚育部分事项的人帮忙分担一定的育儿责任，但是相对于妻子而言，他们陪孩子的时间更长，而且往往具备独立完成照顾子女的能力，特别是在一些特殊且紧急的情况发生需要父母进行处理时，往往父亲出现的频率会更高。

玲玲爸就属于这种相对主力型父亲，他是某 985 院校的理工科的副教授，今年 42 岁，有一个 8 岁的女儿，他的妻子在互联网公司工作，收入比较高，年薪 50 万以上，但是工作时间长、压力大，周末也经常加班。丈母娘住在家里帮忙带孩子，给他们打扫打扫卫生、做做饭。

> 我老公还是非常好的，一直很支持我的工作……现在想想找个高校老师还是挺好的，幸亏他不坐班，要不我们俩就难办了……。我可不是什么都不干，给孩子买东西、去哪玩、报什么课都是我来，他不操心，就是执行，我让他做啥能帮忙做啥。……家里有个人在总是放心点，要不我上班也不踏实。周末不加班的话我会在。（H-A-F，玲玲妈）

> 怎么办呢？！孩子她妈就这工作性质，所以孩子方方面面我都要操心。自己的事儿好多时候都没时间干，有时候也感觉挺累的，但孩子小，家里晚上总得有人吧，她经常是晚上九十点钟回来，周末我能好点儿……（H-A-F，玲玲爸）

> 我这个女婿心细，孩子从小他就带得多，对孩子各方面都熟悉，现在孩子大了，基本也用不到我了……（H-A-F，玲玲姥）

可见，玲玲爸虽然不是家庭中承担孩子生活照顾责任最多的人，但是相对于妻子而言能够较长时间稳定地陪在孩子身边，而且也能够独立完成带孩子的任务，具备给孩子做饭的能力，往往会得到配偶的感谢和家人的肯定。

笑笑爸也属于这种相对主力型父亲，只是他是依托于商业途径来分担部分子女抚育责任的。笑笑爸是某普通高校思政教师，今年 42 岁，他有一个女孩一个男孩，女孩 11 岁，男孩 5 岁，他的妻子是某出版社的部门负责人，收入比笑笑爸高，平时经常要参加一些社交活动，不能随时应对处理家庭事务，因此，他们雇了一个住家阿姨。所以笑笑爸虽然在子女生活照顾方面有阿姨帮忙分担，但是他相对于妻子要把更多的精力和时间放在家里。

> 我基本除了上课和外面必要的应酬，基本都在家里，没课时基本都是我去接，我也尽量让学校别给我排早晚的课，偶尔让她妈接，实在不行阿姨搭把手，阿姨主要负责家里卫生和做饭，我备课写东西时她带着孩子玩儿，阿姨带跟自己家人带能一样吗？孩子们也不太爱吃阿姨做的饭，她会的也少，一般都是她收拾好我炒。家长不可能长时间不在家吧，就是不干什么具体活儿，家长也要在家，而且孩子学习也要有人管啊！（U-A-F+M，笑笑爸）

可见，主力型父亲往往具有以下特征：一是他们的父职实践在参与事项上较为全面，会广泛地参与育儿的方方面面，既包括一些生活照顾事项及家务劳动，又包括孩子的陪伴和教育方面。在父职实践中，父亲们往往与孩子有密切的互动，不仅会与孩子进行情感交流和习惯监督工作，还会具体负责孩子的衣食住行和学习等事项，他们所具备的能力也较为全面。二是相对于其他父亲而言，确实在子女养育上承担了更多生活照顾方面的责任。三是他们在父职参与的稳定性上比较凸显。照顾孩子是一件虽然不难但却对参与时间的稳定性和规律性有比较高的要求，主力型父亲能够更稳定地参与到子女照顾事务中。

二、助力型父亲

助力型父亲是一些居家时间较多，可以经常陪伴在家人和孩子身边的父亲们，他们也会在育儿过程中协助妻子完成一些力所能及的任务，其中也会涉及对孩子照料方面的工作，如做饭、洗澡、打扫卫生等。但是助力型父亲与主力型父亲相比，他们的特点表现在以下两方面：一是家庭中承担照顾子女的主要责任人是孩子的母亲，他的父职参与数量相对较少；二是他们在子女的生活照顾方面上往往并不是自己独立完成所有事项，而是作为妻子协助者的角色参与到育儿实践中。根据高校教师父亲们在助力方面的侧重程度不同，主力型高校教师父亲又可以进一步划分为：生活助力型父亲、教育助力型父亲和情感助力型父亲。

（一）生活助力型

生活助力型父亲是指那些在孩子生活照顾方面能够给予妻子必要支持和帮助的父亲，在实践中一些父亲主动承担了一些子女生活照顾的事项。被访的很多父亲在父职实践中都会参与日常家务劳动方面，他们都能够在子女生活照顾方面分担一些工作，但是他们往往负责一些生活方面的特定任务或相对比较轻松的环节。比如，在进行做饭工作时，他会承担洗菜和刷碗工作，给孩子洗澡时帮忙打水、递毛巾等。

云汐爸就属于这种生活助力型父亲，他是某市属高校金融学专业的讲师，42岁，目前在职攻读博士学位，家里有两个女儿，老大14岁，老二5岁，妻子在保险公司工作。他家的子女抚育模式属于丈母娘负责做饭、洗衣服、打扫卫生等事项，爸爸负责接送孩子上下学、上辅导班看管学习、陪玩、陪聊和偶尔完成一些做饭、收拾碗筷和做卫生的生活照顾任务，妈妈全面参与上述事项。

> 家里还是姥姥和妈妈干得多，她妈妈收入是跟业绩相关的，偶尔也需要出差或者去见客户，我反正是不坐班，有什么事儿她让我干，能干的也就顺手做了。……接孩子、送孩子上课、带孩子出去转转，反正她妈有事做不了的我尽量顶上……感觉还好吧，偶尔我也做做饭，

陪孩子，不能什么都不干啊。（C-L-F+F，云汐爸）

锦程爸爸也属于生活助力型父亲，但是与云汐爸爸相比，他在子女生活照顾方面助力的程度相对比较低，而且事项也比较集中。他是某高校电气工程专业的教师，42 岁，职称是副教授，他家老大是男孩，已经上初一，老二是个 8 岁的女孩，妻子是公司职员，两边老人轮流与他们同住，便于照顾孩子。虽然老人和妻子都可以负责做饭，但是锦程爸爸还是把炒菜的事情包了。一般只要是他在家，都会负责炒菜。

平时我在家的时间也挺多的，但是吧，说实话，也没干太多具体的事情，还是老人管得多，不过我喜欢做饭，尤其是没人打扰，我自己在厨房里做做饭，感觉也挺好的，但我不喜欢刷碗。（U-A-M+F，锦程爸）

（二）教育助力型

随着近年来人们对于子女学习能力和心理素质方面的关注，教育成为子女抚育的重中之重，因此如果有人能够在这方面担负起一定的工作，那么这部分工作的价值和意义就会被放大数倍。具备高校教师和父亲双重身份的高校教师父亲们由于自身具备教育资质的天然优势，也就自然而然地在家庭分工中承担了更多具有教育功能的事务。在笔者所访谈的父亲中，属于此类型的父亲不在少数，即便是还同时参与其他抚育事项的父亲，在对子女的教育功能上也发挥着重要的作用。

团团爸属于较为典型的教育助力型代表，他是某市属高校电子信息工程专业的副教授，41 岁，孩子今年 10 岁，妻子是某部委的公务员，经常需要在节假日加班，双方父母轮流来帮忙，他们给老人在附近单独租了一间房，老人过来就住在那里。团团爸平时在家基本什么都不干，但是对于孩子学习方面的事情非常上心，从孩子上学开始就基本包揽了给他检查作业的任务。

从孩子一上小学开始我就负责这块儿了……他们总说你从小学习就好,你教教吧,所以我就教教呗,不过确实是不难。(U-A-M,团团爸)

现在谁家不重视孩子教育,他的作业得有个人盯,我老公反正别的也不爱干,正好他从小就学习好,让他辅导辅导我也省心,我说了,你只要把这事儿做好,别的我也不指望你。(U-A-M,团团妈)

可见,在育儿方面投入的时间和精力看,教育助力型父亲也能够稳定地参与到父职实践中,只是他们在父职实践的具体事项方面,往往集中于子女学习、行为习惯等子女教育方面,而较少参与对子女生活照料方面的事务。教育助力型父亲的父职实践主要集中于子女的学业指导方面和行为管束方面。

在学业指导方面,父亲们普遍重视孩子知识技巧的学习和掌握等方面,他们往往会在这方面搜集很多相关资料,并有意识地去发掘和利用资源。教育助力型父亲非常注重知识的筛选和整理,为孩子选择合适的学习内容和形式。子女处于学龄前阶段的父亲们往往会注重社会知识的学习,而进入学龄阶段后,父亲们会更为关注课程知识的学习,他们会持续关注孩子在学习方面的成长与变化。当然各位教育助力型父亲之间也会有些许的差别,比如有的父亲是属于答疑式教学方式,有的父亲是属于亲自授课式教学,有的侧重学习习惯培养,有的侧重学习内容及方式的筛选。总之,对子女学习方面的参与和关注成为教师型父亲们父职实践的亮点,他们都稳定地对子女进行知识的传授、学习品质和学习习惯的培养。此类父亲的父职实践特色突出表现在"教孩子"上。

文文爸爸是北京某高校教授大学英语的副教授,42 岁,他有两个女儿,老大 10 岁,老二 5 岁,他的妻子是公司里的普通职员,工作压力不是很大,能够做到按时上下班。孩子小的时候有老人帮忙,也曾经雇过阿姨,老二上幼儿园之后就由夫妻俩负责带孩子。

我们家的分工就是她管孩子吃喝我负责孩子教育……我的优势就是英语,所以我还挺注重她们语言方面学习的,现在我主要盯一下老大的英语，毕竟她大了，是要开始加强学习了……我家老二还小，所以就每天让他看点英文的动画片和科普片，边看边磨耳朵。（U-A-F+F，文文爸）

教育助力型父亲除了重视孩子的学业指导外，也非常注重孩子除知识学习以外的行为习惯和品质培养方面。在很多高校教师父亲看来，孩子的品质是跟随孩子一生的，作为父亲一定要关注孩子的身心健康和品德培养，这是不可推卸的责任。与大多数高校教师父亲一样，他们的"在场"率较高，因此他们有较多机会观察孩子的言行，同时由于他们在职场练就的敏锐观察力也让他们善于从生活的点滴中发现孩子的问题，有针对性地进行潜移默化的影响和教育。同时，他们也有意识地运用奖惩方式循序渐进地培养相应的习惯。此类父亲的父职实践特色突出表现在"管孩子"上。

林林爸是某市属高校土木工程专业的副教授，46 岁，他有两个孩子，老大 14 岁，是男孩，老二是女孩，5 岁。他的妻子也是一位职业院校的专业教师。他在与老大的相处中一直保持着相对权威和严格的父亲形象，属于教育助力型中的严父。

咱当教师的，孩子学习不能太差吧，太差面子上也过不去。……他是从小姥姥带大的，老人嘛，多少总是有点宠，所以有好多的坏毛病。……现在就是太爱玩手机了，一天天的手机不离手，反正只要是我在家，我就把他手机收了。（U-A-M+F，林林爸）

（三）情感助力型

情感助力型父亲也是会长时间陪伴在孩子身边，并且较少参与对子女的生活照顾。但与他们不一样的地方在于，前两种类型的父亲在与子女互动过程中的父亲与子女的关系都表现为"教与学"的关系，父亲更多展现其威严的一面。情感助力型父亲更多地是作为伙伴、玩伴的角色出现在互动过程中，陪着孩子一起进行一些娱乐性比较强的活动。值得注意的是几乎所有访谈的父亲都会在父职实践中扮演孩子"伙伴"的角色，但是情感助力型父亲在子女生活照顾方面的参与较少。虽然替补型父亲一样也会偶尔参与到子女生活照顾事务中，但是情感助力型父亲在陪伴子女的时间和稳定性上都要高于替补型父亲。在被访的父亲中，很多都可以归属为此类父亲。其中，悦悦爸就属于这一类的典型代表。他43岁，是某高校心理学专业的教师，妻子是某事业单位的工作人员，工作时间比较规律，他们要孩子的时间比较晚，目前有一个5岁的女儿。孩子小的时候请过月嫂和住家阿姨。孩子上幼儿园之后就请小时工，每周一次来家负责打扫卫生。妻子承担了大部分的子女照顾工作，他平时主要负责陪孩子，没课的时候他也会去接送一下孩子。

> 我的观点是要么不要孩子，要了就要好好地养育他。孩子的心灵很脆弱，要注意……不要什么话都对孩子说，会伤到她……我跟她关系挺好的，有时候晚上我给她讲故事，睡觉前她给我讲讲幼儿园的事情，还不让我告诉她妈。（H-L-F，悦悦爸）

可见，情感助力型父亲是那些既不是生活照顾的主要责任人，也不是子女学习和习惯监督的主要责任人，但长期陪在孩子身边，一起进行一些娱乐休闲活动的父亲。这类父亲往往较少与子女有摩擦，扮演孩子好友的角色，给予孩子很多情感性支持，他们父职实践的最大亮点在于"陪孩子"上。

在情感助力型父亲中，除了"陪孩子"是对妻子的情感助力外，给予他们赞美、肯定和认可也是在子女抚育方面的情感助力。一些父亲虽然并不在子女抚育方面出太多力，但是因为他们能够通过各种方式表达对妻子的关心、安慰、认可，以及通过协调家人关心，营造一种家庭的愉悦氛围也在一定程度上发挥着助力作用。峰峰爸就是这样父亲的典型代表，他是某市属高校车辆工程专业的一名讲师，38岁，平时热爱运动，性格开朗。有两个男孩，一个9岁，另一个2岁，丈母娘和妻子承担了大部分的抚育责任，他也主要承担陪孩子的责任。但是，与此同时，他非常注重与妻子的沟通、交流，以及通过言语和礼物来表达对妻子的赞美与肯定，还会调和家人之间的冲突，从这个意义上来说，也是妻子育儿的好帮手。

现在体育很重要，而且他体能不好也不行，我让他跟我打羽毛球。每周末我俩都去，我也喜欢打球，把他培养起来以后就有人陪我了……不干活不就要嘴甜点吗，多夸夸她呗，经常给她买点好吃的。……丈母娘、老丈人帮我们带孩子也挺辛苦，她有时还会跟她妈两人闹别扭，我跟丈母娘关系不错，经常做和事佬……老丈人那边吧，就是经常买点下酒菜回家，喝一点小酒，大家都开开心心挺好。（U-L-M+M，峰峰爸）

类似这样的父亲还比较多，他们都很重视与家人关系的维护，从某种程度上看，父职实践也是一种对家人情感表达的过程。

干活儿少点就嘴甜点儿，多夸夸他们呗，你自己不干啥，还好意思指责人家吗？（U-A-M，俊俊爸）

人家干了不少活，咱也别闲着，要不人家在那儿都忙着，你在那看电视也不合适呀!……有时候就是站在旁边陪着说话。（U-L-F，佳佳爸）

三、替补型父亲

与主力和助力型父亲相比，替补型父亲虽然具备与孩子共处的时间以及承担相关育儿工作的能力，但是他们往往出于种种原因，对父职参与并不是很多，将一些方面的育儿责任让渡给孩子母亲或其他家庭成员。这类父亲往往是在家人需要或者紧急情况时才会参与其中。不是稳定地参与某方面育儿工作，而在家庭的育儿过程中，他们往往扮演替补队员的角色，其父职实践往往具有应急性、暂时性的特点。替补型父亲除了必要的行为参与外，会有意识地注重与子女及子女照顾者的情感互动，他们在行动和语言上对子女照顾者的助力给予了子女照顾者很大的情感和精神上的支持。被访的很多父亲都属于这类"替补"角色，他们属于关键时候，没有人了我就来顶一顶的状态。

我们家主要还是她妈妈管孩子多，我就是协助，需要我干什么我就干什么。（H-L-M，鹏鹏爸）

其实我也不是说不想干，但是具体该干点什么我也不清楚，反正只要有空，让干什么就干点什么吧。（H-A-M，萌萌爸）

但是，同属于替补队员，他们成为替补的原因也有所不同，可以分为主动替补型和被动替补型。

（一）主动替补型

主动替补型父亲，顾名思义是自愿选择或努力促成自身在子女抚育中扮演"替补"这个角色，在他们看来，妻子更适合从事子女抚育工作，把子女抚育的权利和义务都大部分让渡给了妻子，相对而言能够自由地安排自己的时间去做自己喜欢的事情，为此他们宁愿适当降低对于生活品质的要求或者努力想办法提高收入以便能够"理所当然"地成为替补型父亲。由于替补型父亲的父职实践通常表现为临时性、不确定性，因此时间长了，家人在子女照顾方面也不会给予他们太多的指望。

在访谈中，很多父亲都表示如果家庭条件允许、有比较丰富的人力、物力资源，并且妻子能够给予孩子更好的照顾时，他们都更愿意成为替补型父亲。

如果有条件，我也想啥都不干，跟朋友出去聚聚，在家安静地看会儿书、看看手机，这不是没办法吗，自己的孩子，你不带谁带。（U-A-M，良良爸）

雪雪爸过着很多父亲理想的生活状态，他是一名高职院校会计专业的教师，39岁，有两个女儿，一个10岁，另一个3岁，妻子是一名自由职业者，他们两个都是北京本地人，双方老人也都健在，而且都在他家附近有住房。所以平时两个孩子的生活照顾主要是由双方父母分担，妻子更多负责孩子的教育。他没有被安排太多的事情，所以相对比较自由。他可以根据自己的意愿随时参与到抚育子女之中，也可以什么都不干，所以这样的父亲往往爱好较为广泛。

> 我们家四个老人管两个娃，有事还有她妈在，基本都不指望我，我属于想干啥干啥，同事都挺羡慕我的，我觉得也挺好。反正我就注重跟孩子们搞好关系，多带她们出去玩玩。你别看我不具体干啥，她们跟我关系挺好。（C-L-F+F，雪雪爸）

除了像雪雪爸这样在经济条件和劳动力资源都比较丰富的父亲，可以根据自己的心愿成为这类替补型父亲外，还有一些父亲属于主动要求或通过各种方式创造自己成为替补型父亲。斌斌爸就是一个典型的个案，他是某高职院校社会工作专业的副教授，43 岁，他收入每月仅有一万出头，有两个孩子，老大男孩 11 岁，老二女孩 5 岁，他是家中独子，所以父母从老家过来跟他一起住，他早几年不仅在五环外贷款以每平方米 5000 多元的价格买了一所 100 平方米的三居室，目前老少三代住在一起，夫妻俩一间，老大老二一间上下床，爷爷奶奶一间。妻子之前在一个民营企业任职，老二出生后斌斌爸就跟妻子商量后让她辞职在家带孩子了。

> 我觉得一家人在一起开开心心就挺好，要有个人管家里的事儿，把孩子老人都照顾好，我虽然挣的不多吧，但是我们房子贷款也还完了，吃喝也用不了太多钱，养孩子方面没上限，你想花再多都行，我就觉得平平淡淡的挺好，家里有我老婆操持着我就安心，我回来有热饭吃，看着老人孩子都健健康康我就幸福。老人能多少帮忙做点事儿，我老婆也还行。我这边有时候外面请我讲讲课我也去。（C-A-M+F，斌斌爸）

（二）被动替补型

被访父亲中的很多替补型父亲是由于工作比较忙导致的，这种被动替补型父亲往往大多是事业型男人。这种父亲是指那些虽然主观上不排斥履行父亲的责任与义务，但由于工作或家庭原因不能够长时间稳定地陪伴在子女身边，有很多时候处于"不在场"的父职实践中。这些父亲往往将更多的精力投入工作之中，而花在陪伴家人方面的时间本来就少，因此在陪伴子女方面也经常会有些力不从心。这类父亲中，有的是属于真心热爱所学专业，因此花大量时间投入科研中，忙起来经常就"住"在学校，即便在家里也经常沉浸式学习，而不受周围的干扰，经常会忘记时间。因此家人一般不敢把重要事宜交予他。有一些高校教师是"双肩挑"，不仅是专业教师，而且还要管理学校和学院的一些公共事务，因此在时间上就没有那么弹性和自由。还有一些父亲在教学之余还承担了很多校企合作性的课题，因此他们会经常去企业"兼职"，甚至有些教师将自己的技术与市场相结合，自己创业，当了"老板"，他们都身兼多职，非常忙碌。由于这类父亲父职参与的时间都不规律、不稳定，长此以往，家人也就自然而然地把他们排除在"可指望"的行列之外。

鹤鹤爸今年45岁，有两个儿子，分别是11岁和7岁，他是从韩国留学回来的博士，是某所市属高校测绘工程专业的教授，同时他还兼任他们学院的副院长职务，平时既要教学，也要承担一定的行政工作，所以工作比较忙，经常不回家住，所以大部分的育儿责任就由他妻子和丈母娘承担。

> 我是既要上课又要干很多杂事儿，下班经常没点儿，所以我现在一般周一到周四就住学校硕博公寓，周五回家。家庭主要是他妈他姥姥管。（U-P-M+M，鹤鹤爸）

伟伟爸，41岁，有一个7岁的儿子，是某市属高校文科类专业的一名教授，他曾经在外地任职，由于科研能力突出特别被现在的这所高校作为高级人才引进，享受学校特殊津贴，同时还帮助其配偶解决了工作和户口。他平时把大部分时间都放在了科研上，家里的责任基本都由妻子来承担。

> 申请课题时，我写本子，在家里根本不行，所以我就住学校办公室，住了一个月吧，写完回家过年。（U-P-M，伟伟爸）

小宝爸，42 岁，是某高职院校材料工程专业的教授，妻子是大学里的行政人员，他有一个姐姐，在老家。父母一直跟着他一起生活。他是这个行业中比较有名的"技术能手"，拥有一些专利技术，所以后来他自己成立了公司，生产相关材料。所以他在收入上是比较高的，他在完成学校内教学和科研任务的同时还要关心生产，所以也相对比较忙。

> 我们教学任务不少，所以上课为主，那边生产负责技术……我那次在家写东西，他妈说有事让我带孩子去上个课，结果我写着写着就忘记时间了，结果孩子自己回来的，后来被我老婆说了半天。……他们现在一般也不指望我干啥。（C-P-M，小宝爸）

这类父亲虽然在高校教师父亲中属于父职参与最少的一类父亲，但是他们也发挥着重要的父职功能。这些父亲往往有一个共同特点那就是在职称评定、科研获奖、行政职务等级和技术转化等事业方面都取得了不俗的成绩，能够稳定地承担和发挥着"养家者"的父职角色，而且相对更高的报酬使他们在一定程度上弥补了对子女照顾和陪伴上的不足。此外，他们自身的学识和事业成就也往往使得他们在家庭中具有较高的"威望"，能够得到家人的理解。虽然这类父亲不能长时间亲自对孩子进行管教，但是家庭照顾者经常会用父亲身上所具备的优秀品质来教育和引导孩子。他们对于孩子教育管教方面提出的意见和建议也往往更容易得到家人的认可和贯彻。

> 你别看我在家里管孩子时间少，但是他们还是挺尊重我，会听我的意见。孩子觉得爸爸是教授，还挺厉害的。（U-P-M，伟伟爸）
> 我跟朋友一起开了个公司，用我的技术，自己家的买卖，肯定得盯着啊。但一年多挣的钱，也够雇保姆了，就当是替我干吧。（C-P-M，小宝爸）

这类被动替补型父亲虽然在孩子的日常抚育中参与较少，但是都关注孩子的成长，并认为自己有教导和陪伴孩子的义务，对于自己的部分"缺席"是有愧疚的。但有一些父亲会在条件允许的情况下有意识地积极为家人做一些力所能及和有特色的事情。而有一些父亲虽然思想上认为自己应该承担部分育儿责任，但在实际的生活中则显现出"事不关己高高挂起"的特点。

> 我周末回家会让老婆歇着，我来做饭，打扫卫生，也要表现一下啊！而且我每年暑假都会带儿子出去旅行，就我们两个人，平时没时间接触，旅行中是一个很好的沟通方式。（U-P-M+M，鹤鹤爸）

> 我算挣的比一般同事多的，有时候想就再辛苦几年，等过了这阵子我也歇歇，等以后退休我多干点。（C-P-M，小宝爸）

> 他就是说的好听，总说以后如何如何，可是现在呢？忙的时候没办法，我都理解，可闲着的时候也没见他干多少，你都不知道，人家在家就跟自己没孩子似的，该看电视看电视、该看手机看手机、该出去锻炼出去锻炼，孩子学习啥样都不关心，偶尔陪孩子聊聊天，家里着火了可能会帮着灭灭火……（C-P-M，小宝妈）

第三节 高校教师父职实践的特点

一、参与性

研究发现高校教师父职实践呈现的总体特征就是参与性，他们认为育儿是夫妻两个人共同的责任，而且在父职实践方面大多是采取积极主动的态度。从被访者情况看，没有发现完全"缺失"的爸爸，他们大多都参与到子女成长中，以自己的实际行动践行父亲的责任。

通过对父职实践参与维度的分析我们可以发现，高校教师父亲的父职实践是在身体、语言、情感和意识等多层面展开的，一些父亲能够在身体、言语、情感和意识等多个维度上都呈现出良好的表现。如果有一些维度缺失，则会影响父职实践的质量。以往研究中对父职实践考察更多地关注"外显"性的父职实践，而忽视了对于"内隐"的父职实践的关注。而在笔者看来，每个父亲正是在不同维度上呈现出的不同行动特点才建构了属于他们自己的、个性化的父职实践。

从被访高校教师父亲的父职实践可以看出，高校教师父亲们普遍在学业指导和行为管束上参与较多，而在子女的生活照顾方面普遍还是以母亲承担为主，因此高校教师父亲们在言语维度上更多的投入使他们的父职实践呈现出更多教育性特征。

> 我老婆总说，你大学生都能教，小孩子还搞不定吗，孩子教育你来！（U-A-F+F，文文爸）
>
> 学习习惯挺重要的，从一上学起我就陪着他做好预习和复习。（U-A-M，梁梁爸）
>
> 你看咱们学校招收的这些北京生源就会发现，还是有差别的，你还是得让孩子进入相对好的中学，进去了就成功了一半。（U-A-M+F，锦程爸）
>
> 孩子惯啥有啥，之前老人太宠了，我就告诉他你站就有个站样儿，坐得有个坐样儿。那次我急了，罚他站了一下午，中午饭基本没吃。（U-P-M，智智爸）
>
> 小孩子最重要的就是诚实，那天幼儿园回来说老师讲了匹诺曹的故事，我就晚上给她再讲一遍，告诉她撒谎鼻子就会长长。（U-A-F，诗诗爸）
>
> 他之前就是挑食，爱吃零食，好吃的多吃，不好吃的就少吃，这对身体也不好，我跟他姥姥说，以后做啥吃啥，那段时间每天吃完饭陪他出去走走跑跑，反正运动运动。（U-A-M，良良爸）

与此同时，越来越多的父亲在父职实践中也比较重视情感沟通和互动的作用，重视子女的心理健康，呈现出"陪伴"的特色。与传统父亲的权威形象不同，很多父亲与子女保持着较为亲密的关系。同时，他们也非常重视与妻子和老人的关系，他们的父职实践也呈现出一定的情感表达的特征。

现在心理问题挺重要的，以前没觉得，你看现在光我带的班里就有好几个小孩在服药呢，所以也不敢给他太大压力。我经常跟他说人要学会控制自己的情绪，不能说急就急，要找到一个适合自己的减压方式。（U-A-F+M，笑笑爸）

我俩都喜欢看电影，所以一有好电影我就说你赶紧写完作业咱看电影去，这样他妈也觉得我带孩子了，挺好。（U-A-M，团团爸）

童年经历对孩子一生的人格发展都是非常重要的，弗洛伊德有点绝对化，但是 3 岁之前确实很重要，包括荣格关于人格发展的观点也是这样的。（H-L-F，悦悦爸）

家务我也干呀，比如老婆做饭，我刷碗，我做饭就她刷碗，分工合作嘛。（U-A-F，木木爸）

对于父职实践不同维度的考察还让我们发现他们的父职实践既有"在场"实践又有"不在场"实践。英国社会学家安东尼·吉登斯在研究现代化问题时提出将"脱域"（disembeding）这个概念，用来描述现代时空转换组合中社会关系的重构以及社会变迁的特征，并把这个概念作为现代化的社会发展的重要特征之一。他认为，在现代化变迁的过程中，社会关系从彼此互动的地域性关联中的脱离也为它们与社会活动有关的再结合提供了相应的基础。之前我们对父职实践的理解过于强调其"在场"性，但是从访谈看，很多主力型父亲即便不在孩子身边也时时牵挂着孩子或为照顾孩子进行相应的准备，并且一些因工作忙而无法时时陪在孩子身边的父亲，也通过微信、电话和有质量的沟通履行一定的父亲教育职责，并对孩子的发展教育有相应的规划。随着现代社会的发展，便捷的外卖、闪送和保洁服务也在影响着父职实践的方式。因此，我们会发现现代社会的父职实践将随着现代化的发展呈现更多的形式。

我有时候临时有事儿回不去，就叫个外卖到家里。偶尔没时间做饭，晚上也会叫个外卖，现在真是方便。（H-A-M，诚诚爸）

有时候我出去开会也得晚上打个微信视频，我们俩聊聊天，心里

想。（H-L-F，悦悦爸）

二、选择性

调查中笔者发现高校教师父亲虽然在父职实践的事项类型上呈现更多的相似性，但是在不同事项上的参与度上有明显差异，而且一些父亲表现出对一些父职实践内容的排斥性，例如，很多父亲比较拒绝承担类似打扫房间卫生、给孩子洗衣服的工作，但对于打洗澡水、外出抱孩子、做饭、陪孩子等工作并不排斥，甚至有父亲非常乐意为之。因此，高校教师的父职实践呈现出选择性的特点，前面提到的锦程爸爸就是个典型的例子。俊俊爸是一个 5 岁男孩的父亲，他对自己父职实践描述较多的是陪孩子玩以及帮老婆干些体力活。亮亮爸是某市属高校教哲学的一位讲师，有一个 5 岁的男孩，他表达了自己对于带孩子的无奈。

> 家里力气活儿肯定是男的来呀，反正需要我帮忙搬个重东西，抱孩子出去玩这些事情我是不排斥的。（U-A-M，俊俊爸）
> 有的选我也不想带孩子，累人累心的，这不是没办法吗。（U-L-M，亮亮爸）
> 我收拾房间做饭这些不行，给孩子检查检查作业，讲讲题还可以。（U-A-M，团团爸）

从访谈看，具有选择性特征的爸爸不在少数，如果给他们自由的选择权，他们往往愿意选择自由轻松的生活和一些类似用到力量和知识的，更符合男性气质的工作。当前，父亲们被倡导在育儿方面有更多的参与，但在参与方向上仍被鼓励扮演智慧、理性、粗线条的带有传统性别分化特点的父职角色。作为高校教师的父亲，往往被寄希望做孩子的智力开发者、道德规训者和未来发展的引路人。这种现象让我们看到了父职实践中存在的"性别隔离"。受到性别角色或社会模式、习俗等传统观念的影响，抚育孩子过程中的事项被人为地划分成具有男性气质的抚育工作和具有女性气质的抚育工作。研究发现，失业的丈夫虽然时间充裕，但为了维持男性尊严和男性气质，他们即使有时间也较少参与到"看孩子"这种被视为具有更多女性气质的事项中。①

三、交叉性

如上所述，一些父亲在父职实践中呈现出选择型的特点，他们往往会根据个人偏好而在子女照顾中有选择地参与到一些需要技术、力量和知识的事项中，而使得自己的父职实践呈现出一些典型男性特色。笔者根据高校教师父职主要呈现出的特点或对他们进行了一定的实践角色类型划分。现实中的父亲其实更多时候是兼具多重特色，根据情境的需要在多方面给予母亲助力，而且这种特色的展现也并不仅存在于助力型父亲之中，主力型父亲往往呈现的是多方面的助力。例如团团爸就属于这种情况，他比较排斥洗衣服做饭这些事项，同时因为妻子下班时间不确定，还总加班，所以孩子功课辅导的任务就落在了他的身上，是名副其实的"教师型"父亲，但同时因为他脾气比较好，不容易着急，也经常在家，儿子跟他的关系更为亲近些，反而比较怕他妈妈，所以团团爸可谓是身兼"教师型"父亲和"知心朋友"型父亲。

> 我不太爱做饭、洗衣服，一般这些家里老人也就做了，我一般就是给孩子辅导一下作业，从小学一年级开始就这样，有什么不会的问问我，现在都习惯了，好像学习成了我的事了。（U-A-M，团团爸）

锦程爸就更是在选择型父亲中身兼数职，他既是"大厨"又是"修理能手"，而且还对孩子的学习和习惯培养十分关注。即便是不经常参与到子女照顾中的小宝爸爸，也跟孩子保持着良好的关系，孩子也会跟他分享一些小秘密。

> 你别看我管孩子时间少，我跟孩子的关系还是很好的，我自认也算是他的知心朋友吧，我们两个聊天彼此都挺开心的。（C-P-M，小宝爸）

---

① 刘爱玉，庄家炽，周扬：《什么样的男人做家务——情感表达、经济依赖或平等性别观念？》，《妇女研究论丛》，2015年第3期，第20-28页。

主力型的爸爸们就更不必说了，他们几乎参与到子女照顾的各个方面，像一些主力型父亲，他们在力量、技术、管束上的表现更是可圈可点。可见，父职实践在参与内容上是一体的，因子女需求而变，并不是割裂的和固定的。

四、变化性

值得注意的是，上述的分类并不是一成不变的，一些因素在发挥着对父职实践类型的调节作用。孩子的成长阶段直接影响着父亲的类型归属。例如学龄前阶段的孩子需要更多的生活照料方面的精力投入，而学业压力相对较少。而学龄期的孩子往往不需要父母在生活细节上更多的投入，随之而来的是学业和行为管束方面的更多投入，因此，父亲也在不同类型的转换之中。

> 现在还没上学，趁着这几年好好玩玩，我就多陪她玩，上了学就要好好学了。（H-L-F，悦悦爸）
> 现在大了，能送幼儿园了，感觉我们俩也能应付，就让姥姥回去了。（U-A-F，木木爸）

从访谈看，高校教师父职实践变化性还具有季候性特点。所谓季候，就是季节交替的意思，这个方面的变化往往是由于高校教师规律性的寒暑假时间引起的。通常来说，他们每年都有大约 3 个月的假期，基本与子女的放假时间是同步的。这段时间高校教师的工作强度相对会小一些，而且时间安排上就更为自由。而他们的配偶往往在那 3 个月中依然处于原来的工作状态下。因此，在双薪家庭中，高校教师父亲们往往在假期之中，比平时更多从事一些关于孩子生活照顾和学业指导方面的事务，从而会在父亲类型上发生一些变化。相对于学期之中而言，几乎每一个父亲都会在假期投入更多的时间和精力放在家庭生活方面。而对于配偶也是教师的父亲而言，他们的父职实践类型变化就不太明显。

放假时间相对自由些,我的工作也少一些,当然就干得多一些。
(U-L-M+M,峰峰爸)

他妈上班,我在家,肯定我要比平时干得多一些。(U-A-M,俊俊爸)

只要放假,家里人就觉得他们要歇歇了,都盼着我放假呢。
(U-A-M+F,锦程爸)

我老婆也是大学老师,平时也不坐班,她也放假,所以我俩基本
还按平时的分工来。(U-A-M+F,林林爸)

引起父亲在父职实践类型上变化的另一个重要因素就是看护人状态的
调整。从访谈中我们可以发现,在一些夫妻双方老人交换进行儿童照顾的
家庭中,父职实践的类型也随之呈现交替性变化。一般情况下,姥姥家看
护时,父职参与时间相对会降低,参与的内容会偏向教育和管理方面,而
奶奶家看护时,父职参与时间会相对升高,参与的内容除了教育和管理外,
也会分担更多的家务劳动。

姥姥在时,我一般参与得少,就让她和她妈管吧,说多了不好,
婆媳之间不好相处,姑爷女婿之间也最好有点空间。(U-A-M+F,锦
程爸)

我妈身体不好,总腰疼,所以我没课时就尽量在家帮她干点,谁
妈谁心疼。(H-A-M,萌萌爸)

总之,高校教师的父职实践既呈现出趋同性的一面,又具有相异性的
一面。其趋同性主要表现在以下几个方面:首先,高校教师的父职实践总
体的参与度和积极性较高;其次,高校教师的父职实践涵盖了身体、言语、
情感和观念多个层面,整体参与质量较高;再次,高校教师的父职实践除
了具有"教育性"特征外,还具有多重特点;高校教师的父职实践不是固
定不变的,具有情境性,并会呈现出阶段性、季候性的变化。高校教师父
职实践的相异性主要表现在父职实践维度和事项上的投入程度不同、在亲
职实践中所承担的角色不同、父职实践的风格不同以及投入父职实践的持
续性和稳定性不同。

本章小结

本章从父职实践的维度和父职实践角色两个角度对高校教师的父职实践的现状进行了考察。通过对父职实践维度的研究发现，父职实践是一个涉及身体、言语、情感和意识等多个维度的行动过程，在各个维度上参与的内容和程度既影响了其父职实践的质量，也建构了个性化的父职实践。具体而言，身体维度的父职实践包括生活照顾、陪伴和管束；言语维度的父职实践包括语言学习、讲故事、学业指导、鼓励与批评、聊天；情感维度的父职实践包括责任感、亲密感、成就感；意识维度的父职实践包括规划和期待。通过对父职实践角色的考察发现高校教师父亲存在着主力型、助力型和替补型的差异，并在不同类型中呈现一定的特色。例如主力型父亲中分为绝对主力和相对主力，助力型父亲中又呈现了生活助力、教育助力和情感助力的不同特色，替补型父亲也分为了主动替补和被动替补等不同情况分别进行分析，展现了高校教师父职实践样态的丰富性。

从总体上看，高校教师的父职实践具有以下特征：第一，高校教师的父职实践具有参与性。他们的育儿实践更多呈现的"夫妻共担"的样态，而且他们的父职实践涵盖身体、言语、情感和意识多个维度，父职实践的整体质量较高。在言语维度上更多的参与使他们的父职实践呈现更多的教育性特征；对子女和家人情感方面的关注使他们的父职实践呈现一定的情感表达性特征；对于父职实践不同维度的考察还让我们发现现代化社会对父职实践的影响。第二，高校教师的父职实践呈现出选择性的特点。他们往往愿意选择自由轻松的生活和一些类似用到力量和知识的，更符合男性气质的工作。这种现象让我们看到了父职实践中存在的"性别隔离"。第三，高校教师父职实践在类型上具有多重交叉性，而非完全割裂的，很多选择型父亲，往往所选择承担的子女照顾任务可能既涉及教学又涉及知心朋友或技术力量，而且全面主力型父职中也是身兼数职的。第四，高校教师父职实践的类型具有变化性，子女的年龄阶段、寒暑假、父亲自身的职业发展阶段、其他子女照顾人的情况等因素都发挥着对父职实践类型的调节作用。以上因素也使得高校教师的父职实践既具有趋同性又具有相异性。

第三章　父职资源：高校教师父职的基础性要素

　　社会资本是在研究人的社会关系和社会资源方面的一个概念和理论视角，皮埃尔·布尔迪厄（Pierre Bourdien）、詹姆斯·S.科尔曼（James S. Coleman）和林南等许多学者都先后对这一概念进行界定。社会资本有个体和群体两种取向，本书主要从个体社会资本出发加以研究。皮埃尔布迪厄将社会资本界定为实际或潜在资源的集合，这些资源与人的社会关系网络有关，而且这些关系或多或少呈现制度化的特征，具有提高不同领域中行动者的社会地位的作用。[①]詹姆斯·S.科尔曼（James S. Coleman）从社会结构的意义上将社会资本定义为隐藏于社会结构之中、为行动者提供便利的资源。[②]林南认为，社会资本是一种镶嵌在社会结构之中并且可以通过有目的的行动来获得或流动的资源。[③]本书所指的父职资源是指嵌入高校教师父亲社会关系网之中的、能够从中获取并用于自身父职实践的资源。

　　研究发现，社会关系在父职资源的获取中发挥着重要作用，实际上，对大部分高校教师父亲个体而言，他们的个人资源是非常有限的，更多的资源是个体通过社会关系来获取的。可以这样说，高校教师父亲的父职资源就根植于其社会关系网络，因此，对其社会关系的考察尤为重要。在本书看来，父职资源是社会关系对父职实践影响的媒介，既关注这种社会关系带来的父职资源的类型又关注这种社会关系带给父职实践的正向影响和负向影响。学者梅尔文·西曼（Melvin Seeman）等在进行社会支持研究时将社会支持分为：能够为个体提供财物或服务支援的工具类支持；能够为个体提供建议、策略或忠告以帮助个体脱离困境的信息类支持；能够让个

　　① 〔法〕皮埃尔·布尔迪厄：《布尔迪厄访谈录——文化资本与社会炼金术》，包亚明译，上海：上海人民出版社，1997年第202页。

　　② James S. Coleman. Foundation of Social Theory, Cambridge: The Belknap Press of Harvard University, 1994. 307.

　　③ 〔美〕林南：《社会资源与社会流动：一种地位获得的结构理论》，《社会学论文集》，昆明：云南人民出版社，1989年第169页。

体感受到关心与慰藉的情感类支持。①在笔者看来，父职资源在高校教师的父职实践中就发挥着社会支持的作用，因此本书认为对高校教师父亲的父职资源的考察可以从以下三类父职资源的考察展开。第一类是工具类父职资源，如经济类资源、劳动力资源、抚育服务和公共服务设施等资源，这类资源往往能够为父亲的父职实践提供直接性的支持与帮助，属于有形的物质资源；第二类是信息类父职资源，包括指导、建议、忠告、知识、机会、声望、制度支持等，这类资源的特点在于它们往往为无形资源，并对父职实践发挥着间接支持的作用；第三类是情感类父职资源，包括亲密感、幸福感、认同感、成就感、焦虑感、压力感，这类资源较为特殊，其作用主要体现在对人们情感需求的满足上，通过影响父亲的情感需求而对其父职实践产生影响。

社会学家费孝通提出的"差序格局"是中国人人际关系研究中最具解释力和影响力的理论，让我们看到中国社会网络的以个体为中心，逐步推广出去的同心圆式的社会关系网络，这种社会关系以信任、互惠和合作为基本特征。受此启发，本书对于高校教师的父职资源的考察也以高校教师父亲为中心，根据他们在父职实践中社会互动的亲密度和紧密度来依次考察父职资源对高校教师父职实践的影响。

第一节　嵌入高校教师社会关系中的父职资源

一、家庭层面的父职资源

（一）来自子女的资源

与子女之间的关系可以说是高校教师父职实践的核心，因为父职实践就是围绕着这个关系展开的，父职实践的核心任务就是处理好这个关系。

---

① Seeman T. E., Lusignolo T. M., Albert M, et al. Social relationships, social support, and patterns of cognitive aging in healthy, high-functioning older adults: MacArthur studies of successful aging.[J]. Health Psychology Official Journal of the Division of Health Psychology American Psychological Association, 2001, 20（4）: 243-55.

从父职资源的角度看，父与子之间的关系对父职资源的影响既有正功能又有负功能，具体表现在两个方面：

一方面，子女会消耗父亲拥有的各种社会资源。突出表现在对父亲经济类资源、时间类资源、服务类资源和情感类资源的消耗方面。很多父亲都在访谈中感叹各种育儿压力，认为养孩子是一件"不容易"的事情，是一件既需要物力又需要体力还需要脑力的事情。文文爸是一位高校的大学英语教师，副教授，有两个女儿，分别是 10 岁和 5 岁，他就描述了自己的育儿压力，也大体算了一下抚育孩子的基本开销。

> 养孩子不是一件容易的事儿，现在养个孩子花销太大，要不我看放开政策也没那么多人生呢……孩子吃饭、穿衣这些其实不花什么钱，关键是请人照顾和教育这些方面花销大……生老大那会儿她妈帮忙伺候的，后来老太太身体不好了，生老二时我们请的月嫂，一个月一万多呢……上幼儿园也不少花钱，我们也没选太好的，一个月也 5000多……老大语文和数学都报了课外补习班，老大从小就学了画画，现在还在上，老二报了围棋、舞蹈，这一年下来没个十几万都下不来……小时候老二隔三岔五地生病，总往医院跑，不说花钱，你得花时间和精力吧……还有就是周末或者节假日还要安排出去玩，这孩子跟小狗似的，不能总在家里，你还得带她出去，要不说遛娃呢……现在受疫情影响，之前寒暑假至少都要出去玩一趟，也不少花钱。……平时就不用说了，基本他们只要在家，我跟她妈都算上，都别闲着，各种伺候、陪聊、陪写作业，现在小孩的题目你也得琢磨琢磨……老二那边还时不时地留点手工制作的作业，这哪是给她留的，就是给家长留的……最磨人的还是你看她学习，看她磨蹭那劲你就着急，说得严肃点吧，她一会儿就抹眼泪了，真是难受……对了，还有一个养孩子的开销是买房，北京这房价都不便宜，为了孩子上学，你还要往市中心买，一平方米十几万呢。（U-A-F+F，文文爸）

由此可以看出，养育子女是需要消耗父亲所拥有的大量社会资源的，既表现在对其经济资源、服务资源等工具类资源的消耗上，也表现在信息类和情感类资源的消耗方面，可以说育儿是一种综合性的资源消耗过程。

另一方面，养育子女对父亲而言也发挥着一定的正向功能。在经济和服务类资源方面，由于子女还都处于未成年阶段，因此，对父亲的工具性支持不明显。即便是已经具备一定劳动能力的孩子也往往在家里并不从事太多的家务劳动，或者说父母也不指望他们提供服务。对于自己老了之后子女的经济供养，父亲们普遍也没有太多期待。双双爸是一位工程造价专业的高校教师，45 岁，教授，有一位 12 岁的女孩，他就提到了上述观点。

> 还让她给我们服务？能管好自己就行……我和她妈我们没想从孩子那里获得过什么，就希望她平平安安地长大，将来能独立就行。（U-A-F，双双爸）

子女给父亲提供的社会资源突出表现为情感类资源，主要表现在以下两个方面：第一，子女是婚姻的稳固剂和润滑剂，夫妻感情的调节剂，也是个体亲密关系体验的重要来源。第二，子女满足了父亲家庭传承的夙愿，也带给生活的希望与期待。

> 孩子还是要生的，感觉这是个使命，中国人不是有句老话吗，"不孝有三，无后为大"。（U-A-M+F，林林爸）
> 孩子还是会带来很多乐趣的，我们家孩子爱笑，每次回家就跑过来抱着你笑，什么烦心事都忘了。（H-A-M，航航爸）

值得注意的是子女在成长的过程中，在信息类资源方面对父亲的支持在逐渐增强，一些父亲提到他们会从与孩子的聊天中获得一些新的词语，也会在使用一些新技术上让孩子帮忙。

> 疫情期间，我们有个招生宣传说是要上抖音，我之前手机里都没有这个也不太会弄，结果一问，他会，还真帮了我。（U-A-M+F，林林爸）

（二）来自妻子的资源

所谓夫妻关系是指男女双方在履行了合法婚姻手续后共同生活而产生的两性在家庭领域的角色关系。夫妻关系是一种姻亲关系，涉及双方的情感、权利和义务的关系。在访谈中发现，被访教师在谈到夫妻关系时都认为这于他们而言是一个非常重要的社会关系。他们认为在现代社会，配偶是自己生命中非常重要的人，并且一旦成了家有了孩子，两个人的利益是共同的，应该同舟共济、休戚与共。

> 孩子是我们俩的，家也是我们俩的，夫妻就是伙伴，彼此要尊重。（U-A-F+F，文文爸）
> 夫妻应该是现代社会彼此最为亲近的没有血缘的人了吧。（H-A-F，慧慧爸）
> 我跟我老婆都是外地的，在北京就没啥亲人，所以感觉最近的人就是她了。（C-A-F，尧尧爸）

在谈到妻子对自己父职实践的支持时，父亲们提到了很多方面，可见，妻子是高校教师父职资源的主要来源，而且涵盖各种类型的资源。我们可以把妻子提供的父职资源梳理为以下几类。

第一，经济类资源。由于家庭中女性加入劳动力市场的人数越来越多所导致家庭中女性的收入高于男性的收入。很多高校教师的妻子由于同样拥有良好的教育背景，因此妻子的收入往往与他们相当，甚至高于他们的收入。以云汐爸为例，他的妻子是保险公司的一个部门经理，她的工资与业绩挂钩，年收入就高于云汐爸爸。

> 我老婆比我挣得多，你看我一年到头就是死工资，偶尔有点小外快也不过就 30 万，人家业绩好了一年能挣 80 万呢。（C-L-F+F，云汐爸）

此外，在一些家庭中，妻子娘家经济条件较好，她作为独生女也获得了一定的房产和其他财富支持，婚后也成为二人可以共同享有的资源，很多教师都提到了妻子的"养家"功能。

> 我们除了后来买的房子外，婚前她妈给她买过一个小房子，虽然小但地点好，每月也能租个 8000 多，够日常花销了。(U-A-F，诗诗爸)

第二，情感类资源。良好的夫妻关系对于高校教师父亲们而言是非常重要的，他们经常提到的话就是"家和万事兴"。夫妻之间良好的沟通方式、妻子的关心肯定能够缓解他们的精神压力，带来幸福感和愉悦感。反之，如果夫妻之间经常发生冲突，将影响他们父职实践的参与度。妻子提供的情感类父职资源既有正向情感资源，也有负向情感资源。其中正向情感资源具体包括爱、关心、陪伴、赞赏、肯定、感谢、包容、体谅等，负向情感资源包括争吵、埋怨、批评等。

> 我老婆有时候会夸我，小嘴跟抹了蜜似的……有时候叨叨我，有时候我也烦她，我觉得我已经做得比很多爸爸好了，她为这个家付出了许多，也很辛苦。(H-A-F，玲玲爸)

我们发现越是孩子小的时候，夫妻之间就越容易因为一些孩子照顾方面的事情产生摩擦。萌萌爸是某 985 院校社会学专业的一名副教授，妻子是外企的一名普通职员，他结婚比较晚，所以被访时他的孩子才 1 岁多，他就提到自己这一年多以来感觉婚姻质量在下降，夫妻两个总因为一些事情有摩擦。

> 没孩子之前吧感觉还挺好的，也基本没什么冲突，她看我干啥都不行，换个纸尿裤说不对，洗澡也说不对，……总是叨叨我，有时候我就急了。(H-A-M，萌萌爸)

在妻子给予高校教师父亲负向情感资源方面，父亲们普遍表示反感的是妻子将他们与其他父亲进行比较，从而使他们产生反感和不悦，对他们的父职实践往往产生消极作用。

　　我也知道，人家那种又能挣钱，又有时间的爸爸是好，但那样的能有几个？（C-L-F+F，云汐爸）

　　我最讨厌我老婆没事儿就你看谁谁家老公咋样咋样，我说我就这样，你爱咋样咋样！（U-L-M+M，峰峰爸）

　　我们有我们的样子，他们有他们的生活，都是爱孩子，但每个家庭都不一样，不用比来比去的，说白了，这带孩子各家有各家的办法，谁也管不着谁，我就这样。（H-P-F，静静爸）

　　从访谈中了解到，大部分高校男教师都是自己在上学期间或是后来经人介绍、谈了一段恋爱之后才步入婚姻殿堂的，感情基础比较好，从言谈中能够感受到他们彼此之间的包容与体谅。高校教师都拥有较好的婚姻关系，言语间流露出对自己配偶的关心、感谢和认可，并且在生活中也注意维持良好的夫妻关系，夫妻之间的关系以平等协商为主流。随着现代化的发展，家庭的组成往往基于"纯粹之爱"，吉登斯在《亲密关系的变革》中认为，"在纯粹之爱"的情境下，一种社会关系的建立并不依赖于外在原因，而是因为个体能够从与另一个人的紧密联系中获得满足。这种关系的维持需要双方都对关系感到满意，才能持续下去。[①]

　　我跟我老婆感情挺好的，我们是大学同学，当年我们什么都没有就结婚了，有点像他们说的那种"裸婚"吧，所以我觉得互相帮忙是应该的。（H-L-F，悦悦爸）

　　现在跟过去不一样了，家里也不是谁的"一言堂"，否则这家也过不好。夫妻两人互相商量着呗。（U-A-F，木木爸）

　　我们感情这么多年都一直挺好的，基本没怎么吵过架。（U-A-M，国国爸）

　　有时想想人家又挣钱，又要照顾家，也挺不容易的。（U-A-F+M，笑笑爸）

---

　　① 〔英〕安东尼·吉登斯：《亲密关系的变革——现代社会中的性、爱和爱欲》，陈永国、汪民安译，北京：社会科学文献出版社，2001 年第 63-84 页。

我们虽然也算老夫老妻了，但也经常出去过过二人世界，一起吃个饭，看看电影啥的。（U-A-M，国国爸）

第三，服务类资源。很多父亲也都提到，在大部分情况下，妻子都是家务劳动的主要承担者，自己和孩子的衣食住行都是妻子在主要负责。作为助力型父亲的苗苗爸42岁，是某985高校的副教授，他就提到虽然他也偶尔会给家里人做做饭，但是更多时候是妻子来做，同时家里的柴米油盐很多东西都是妻子买回来，自己的衣服孩子的衣服也都是妻子来负责的。

我们家还是老婆做饭比我多……而且她要操心的事情也不少，你看家里这些大大小小的东西都是她买的，孩子衣服基本都是她来负责，连我的也基本都是她来管。（U-P-M，苗苗爸）

第四，信息类资源。由于高校教师的妻子基本都是知识女性，因此她们在母职实践中学习和积累了大量的育儿经验，父亲在父职实践中的行动操作导引往往是来自妻子的，从妻子那里学习了不少知识和技巧。平时很多社会事件也会在和妻子的交谈中获取一些相关信息。

上面提到的萌萌爸，他就提到了妻子的育儿指导功能，他说自己很多育儿技巧就是他老婆教出来的。

要说带孩子还主要是我老婆比较在行，尤其小时候基本全家都听她的，她说咋弄我们就跟着学，她从怀孕就开始抱着本书学。（H-A-M，萌萌爸）

由于夫妻基于家庭而形成了利益共同体，妻子在社会关系网络中的资源也就成了丈夫能够调用的资源。在第二章提到过的教育助力型父亲林林爸之所以能有现在的工作机会，就是他的妻子当年从她朋友那里获知了这所学校的招聘信息才到现在这所高校来工作的。

其实我来这学校多少还沾我老婆光了呢，她正好有个师兄在这儿，

当时我博士毕业她师兄说这边招人，我就来了。（U-A-M+F，林林爸）

（三）来自父辈的资源

一直以来，成年子女与父辈之间关系一直是社会学理解和认识家庭和社会变迁的重要维度，学者们通常以代际关系为切入点考察家庭结构和功能方面的变迁。从研究看，育儿实践不仅是年轻夫妻组成的核心家庭中的重要任务，他们双方父母为了减轻他们的后顾之忧也纷纷参与到育儿实践之中，夫妻双方父母的生活方式也在育儿实践中发生了一定的调整与改变，育儿实践在一定程度上具有增强代际互动的功能。访谈中，很多父亲在描述自己父职实践的过程中也多次提到了来自父辈支持的重要性，这里的父辈既包括父亲的父母，也包括妻子的父母，因为在现实抚育实践中，他们对于抚育的效用呈现一定的相似性。

> 在养孩子这件事情上，双方老人可是帮了我们大忙了，要是就我们俩可搞不定。（C-L-F+F，雪雪爸）
> 可能好多家里孩子小的都有老人帮忙吧，要么姥姥，要么奶奶，不行的话只能请人帮忙，反正我周围基本是这样的。（U-L-M+M，峰峰爸）
> 我们家是姥姥家和奶奶家老人轮着看，差不多一人半年吧，两个孩子长这么大，老人们功不可没！（U-A-M+F，锦程爸）

双方父母能够提供的资源类型主要表现为以下几类。

首先，经济类资源。很多父亲提到了双方老人对他们这个核心家庭的经济贡献，对他和妻子的育儿方面是非常重要的，关系到他们在经济上的养老负担。

> 我老婆家条件好，给了我们不少帮助，现在住的房子就是他娘家给的。（C-L-F+F，云汐爸）
> 我爸妈都有退休工资，医保什么的，经济上一般不用我操心，有

时候还总给我们买东西，挺不好意思的。（U-A-M，团团爸）

　　我是农村出来的，家里条件一般，不可能给我们什么支持，现在有的都是我自己拼搏挣来的……我爸去世得早，就我妈和我哥他们，我每年都给我哥和老人生活费，医疗费我拿大头，毕竟我条件比他们好点。（U-P-M+M，鹤鹤爸）

　　其次，服务类资源。老人提供的抚育子女的劳动力资源对高校教师父亲而言是一笔巨大的财富和资源。从访谈情况看，老人参与孙子女的抚育是很多家庭的常态。凡是老人能够帮忙"搭把手"的父亲，都感觉是对自己父职实践的莫大支持。

　　现在主要是我爸妈跟我们一起住，也帮忙带孩子。（C-A-M+F，斌斌爸）

　　我丈母娘就一个闺女，所以为了方便就把原来的房子卖了，在我们附近小区买了一套。（U-A-M+F，锦程爸）

　　从现实情况看，很多老人为了帮子女照顾孩子，而成为"老漂族"。这与人口的流动性增加、家庭规模的缩小以及城市工作压力和抚育成本的不断攀升都有一定的关系。玲玲姥姥就属于这种"老漂族"，她65岁了，是另外一个城市的退休人员，她就玲玲妈一个女儿，外孙女出生时她57岁，刚刚退休没两年，身体也还算不错，因为考虑到女儿工作忙、生活开销大等原因就把老伴扔在家里，自己一个人过来住在女儿家里帮忙看孩子，一个月回一次自己家看看老伴。

　　你说我不来怎么办呢，孩子工作那么忙，总要有个人，孩子那么小，就算是请人也得有人看着才行，她奶奶那边身体不好，只能是我了呗……再说了，他们房子的贷款还没还完呢，也不能总请人……我那两年身体还行。（H-A-F，玲玲姥）

　　可见，在我国托幼服务并不完善的今天，很多老人不得不填补家庭抚育劳动力的缺乏，甚至成为除了劳动辅助外，一些自身经济条件好的老人还会给予年轻夫妻一定的经济支持，形成了逆反馈模式。

最后，父辈也提供了一定的情感资源和信息类资源。情感资源主要表现在对子女的关心、认可和肯定上。因为抚育孩子需要很多家庭都从原来的"二人世界"转变为与老人共同居住的状态，在增进两代人物理距离的同时也增加了彼此的交往，其间也传递这情感与信息。

> 我感觉我小时候我父亲都没怎么夸我，现在倒经常表现出对我的欣赏与肯定，我心里有莫大的满足。（C-P-M，小宝爸）
>
> 我觉得父母在身边，自己有时候就感觉还像小时候在家一样的感觉，这种感受让我觉得踏实。（C-A-M+F，斌斌爸）

在信息类资源方面，老人给予高校教师父亲的指导往往是一些由以往经验得出的一些关于子女生活照顾方面的操作性技巧，在子女教育方式上往往还是以夫妻选择为主要依据。

> 你别说有时候老人的办法也挺管用的，那次孩子嗓子疼发烧，本来想带她去医院的，结果姥姥说，没事儿就是食烧，就拿硬币沾着香油刮嗓子、刮后背，然后又熬了一大壶梨汤让孩子一直喝，你还别说到下午就好多了。（H-A-F，玲玲爸）
>
> 现在带孩子跟以前不一样了，父母文化程度不高，也没法盯孩子学习，所以主要还是听我老婆的多，老人基本就是帮我们分担一些家务，做做饭，收拾房间什么的。（U-L-M，亮亮爸）
>
> 都说隔辈儿亲，老人就是爱宠孩子，在一起就这点不好，有时候你刚要管他，老人就上来打马虎眼。（U-P-M，苗苗爸）
>
> 我也知道现在教育孩子跟过去不一样了，吃饱穿暖的事情我们做老人的多干些，孩子该补点啥、学点啥，这些都是他们父母说了算。（U-A-M+F，锦程奶）

（四）来自其他亲属的资源

从访谈情况看，很多高校教师及其妻子并非本地人，他们大多是从外地考入大学后，毕业之后就留在北京工作安家了。很多出生在农村的高校教师父亲，为了求学，从中学起就基本处于离家在外的状态了，后来又到离家很远的地方求学多年，现在跟老家的亲戚普遍联系得比较少。

> 我从中学起就去县城上中学了，后来也就是寒暑假回去看看，其实在家里也没待多长时间。（U-A-M+F，林林爸）
>
> 现在老家就一个比我大很多岁的姐姐平时还联系联系，其他人说实话没什么联系了。（U-P-M，智智爸）
>
> 我们家就我一个儿子，爷爷奶奶从我爱人怀孕就从老家搬过来了，这么多年一直跟着我们过，现在孩子大了，也要来西城上学，我就让他们住大兴了，老家那边基本没人了。（C-P-M，小宝爸）

核心家庭不受强制性的扩大亲属群体及其权利和义务等关系的制约，有益于工业化社会所需的职业流动和地域流动。但是，由于双方父母种种原因无法协助照顾孩子，面对市场鱼龙混杂且费用高昂的育儿劳动力市场，很多高校教师父亲和他们的妻子开始动用亲属资源，有的甚至直接把自己的七大姑八大姨请到家里来，支付一定费用，请他们帮忙照看孩子。良良爸是某高校一位法学副教授，由于种种原因他和妻子的父母都不能帮忙照顾子女，因此，他们不得不依靠劳动力市场来解决。出于安全和经济方面的考虑，他们选择在老家找一个了解其情况的阿姨，而这就是通过老家亲戚帮忙解决的。静静爸也在孩子小的时候请老家亲戚来帮忙。

> 我爸妈去世早，我丈母娘身体不好，我俩都要工作，尤其她妈还那么忙，孩子小的时候只能请人，阿姨是我老婆托亲戚从老家找的。（U-A-M，良良爸）
>
> 我妈身体不好，来不了，我表姑孙子大了，能过来帮把手，我们也得给人家钱，毕竟是亲戚，不能对孩子咋样，这点让我们放心。

（H-P-F，*静静爸*）

类似丽丽爸这种出生在北京的高校教师父亲，或者是类似俊俊爸、峰峰爸这样有自己的亲属也在北京安家落户的高校教师父亲，在亲属资源方面拥有一定的优势，一些平时走动比较多的亲戚也就自然成为他们育儿实践的重要服务支持资源。

> 我老婆姐姐孩子比我们家大两岁，能玩到一起，所以周末我们两家总在一块儿！（H-A-F+M，*丽丽爸*）
>
> 我姐也在北京，所以有时候，我们忙不开时就把孩子放他家待两天，至少能多个帮手。（U-A-M，*俊俊爸*）
>
> 有时候实在忙不过来，就让我老婆的一个表姨过来帮忙几天。（U-L-M+M，*峰峰爸*）

二、来自朋友的父职资源

朋友是高校教师父亲重要的社群关系，是个体社会网络异质化的重要影响因素。从访谈看，高校教师的朋友圈主要由三类人组成，第一类朋友来源于高校教师个人的成长和教育经历，例如同学、发小儿、儿时玩伴等一直保持多年亲密关系的人；第二类朋友来源于高校教师个人的生活圈子，如邻居、社团成员以及孩子同学父母等；第三类是来源于工作场域中同事或同行。

高校教师与这些无血缘关系的朋友保持持久、稳定、亲密的互动方式与互动频率。朋友能够给予父亲们的资源是多种类型的，具体表现在以下几个方面：第一，工具类父职资源的提供。朋友可以为高校教师父亲提供物资支持和提供看管服务等。例如，一些父亲会为了孩子入学而买房时向朋友借款，必要时请朋友帮忙看护照顾孩子。

> 我们之前为了孩子上学，我们中间换过房，先买后卖的，所以中间找几个亲戚朋友帮忙借了一下。（U-L-F+F，*君君爸*）

之前买房，我找我同学借过钱，过了两年还他的，上学时都是好哥们，有事互相帮忙呗。（U-A-M，国国爸）

有几次我实在是没办法了，我这边要赶着上课，只能把孩子带到学校来，我上课时把他放办公室，让学院里关系不错的老师帮忙看一下。（H-A-M，诚诚爸）

我在学校还是有几个不错的朋友的，我们大家互相帮忙，××老师课题多，有时出岗分差点儿科研分，我就请他们帮忙分点儿，家里谁家有点事儿就帮忙替个监考、代个课啥的。（U-A-M+F，林林爸）

第二是信息类资源。高校教师在父职实践中会在需要一些信息或服务时求助于朋友，而这些朋友所提供的信息资源往往会给他们的父职实践带来较大的支持和便利。

我有个高中同学在儿童医院工作，关系挺好的，孩子生病时偶尔麻烦他帮忙。（U-A-F，木木爸）

我这人爱交朋友，关系不错的同事是朋友，我们楼下的邻居是朋友，有的学生还是我朋友呢，上次给孩子找家教，还是他帮忙介绍的呢。（U-A-M+F，锦程爸）

第三是情感类父职资源。朋友可以为高校教师父亲提供交流、沟通、欣赏、归属和认同等情感资源。

我的朋友主要是两类，单位里的和单位外的，我跟系里好多老师关系都不错，孩子差不多大的还总一块儿玩呢。单位外就是我那些球友了，周末玩完了还一起吃点饭喝点酒，挺好的。（U-L-M+M，峰峰爸）

学校里带孩子的爸爸很多，也不是我一个，所以我也不算什么个例，我们还经常约在一起，孩子们玩，我们在旁边聊聊天，也挺好的。（U-L-F，佳佳爸）

由上可以看出关系好的同事在父亲的父职实践中扮演着重要的角色。

访谈中发现一些松散的、自发性的自组织越来越成为高校教师朋友的重要来源，高校教师会与其中的部分人员进行频繁的互动，在互动过程中会与经历相似、兴趣相投的成员建立稳定的互助合作、彼此信任的关系，部分成员从其公领域关系网进入私领域关系网，逐渐成为生活中的朋友。这类关系的维护主要依赖于相似的生活状态、共同的价值观和兴趣爱好。这些组织往往没有外部力量的强行驱使，是基于个体在交友、休闲、娱乐上的需求基础上发展起来的，多属于非正式组织，但是成员之间的交往非常频繁，彼此都扩展着对方的社会关系网络，在长期互动的基础上，成员逐渐在时间上、空间上或功能上进行联合行动，出现有序的结构。①这种自组织在一定程度上能够满足高校教师父亲在精神文化层面多样化需求，增强其主体意识和归属感。

> 我们小区里有个遛娃群，周末大家就一起出去爬爬山、逛逛公园，我经常参加，跟里面几个爸爸成好朋友了。……我们几个爸爸带孩子都带出感情了。（U-A-F+M，笑笑爸）

> 我爱打羽毛球，我们有个微信群，经常在群里报名打球，既便宜还能认识朋友，挺好的。我看有爸爸打球把孩子也带去上旁边场地的羽毛球班，我觉得这个办法不错，所以现在周末也带他去学学。（C-P-M，小宝爸）

> 我们小区好几个孩子跟我们孩子一个学校，我们几家倒着接送孩子，我早上没课时候多，一般我开车送得多，他们有的下班早就去接，我们关系一直挺好的。（U-A-M，团团爸）

> 我的朋友就是同事、同学啥的，平时经常联系着，我最经常联系的是依依（孩子同学）的妈妈，没办法，每天问作业啊！（H-A-M，诚诚爸）

可见，这些自发形成的朋友圈往往更加贴近现实、贴近社会、贴近个体，具有成本低、效率高的优势，在育儿领域中也实现了对政府和市场的

---

① 王春业：《自组织理论视角下的区域立法协作》，《法商研究》，2015 年第 32 卷第 6 期，第 3-12 页。

有益补充，为父职实践提供了一定的工具性、信息性和情感性支持。但是，来自自组织的朋友所提供的资源往往具有相对不稳定性的特征。

三、组织和社区层面的父职资源

（一）来自工作单位的资源

在改革开放以前，在城市社区中，大部分社会成员都要隶属于一定的社会单位，单位不仅具备其自身的生产和管理功能，更承担着向单位成员提供从摇篮到墓地的社会福利功能，在单位里人与人之间是在工作中甚至是在日常生活中朝夕相处，是一个"没有陌生人的社会"。随着市场经济的发展，"单位人"向"社会人"转型，单位的福利功能在减弱，但仍然是人们收入的重要来源，也影响着人们的社会地位，对其成员发挥着一定的社会化功能。一个人从进入单位开始就不可避免地、自觉或不自觉地受到单位制度和文化的影响，在单位中扮演着特定社会角色。

对于高校教师父亲而言，他们的工作单位是大学，而大学这个组织本身就承担着教书育人、科学研究和服务社会的功能。大学教师是一个长期稳定的职业，一旦进入大学任教，很多人终其一生都投入到教学与科研工作之中。他们在其中扮演的角色是科研人员和教师的双重身份，这也对他们的父职实践发挥着影响。

在父职实践方面，工作单位能够提供给高校教师父亲的父职资源在类型上也是比较丰富的，包括工具类父职资源、信息类父职资源和情感类父职资源等多种类型。

1. 工具类父职资源

第一，差异化的收入。大学发放的工资是教师收入的来源，也是高校教师进行父职实践的基本物质保障。在访谈中，被访高校教师父亲在经济收入方面呈现出差异化的特点，即便是完全依靠大学工资收入为生的大学教师在收入上差异也比较明显。目前各高校普遍进行的改革聘任中，大学中的薪酬工资主要由基本工资和绩效工资两大部分构成。其中，基本工资差异并不大，收入的差距主要来自绩效津贴部分。而绩效津贴就与其职称和所聘的岗位密切相关。

调查发现，高校教师收入存在差异的原因很多，主要有以下几个方面：

首先是职称差异的影响。众所周知，高校教师的职称从高到低依次为教授、副教授、讲师、助教，在此基础上各高校还在每个职称级别里设置不同级别的岗位，实行岗位聘任制，要求教师在满足教学和科研工作量的基础上领取相应的绩效工资。高校教师的正常工资收入主要由职务工资和绩效工资组成，其中绩效工资又分为基础绩效工资和奖励绩效工资，这三部分虽然基于教师完成的工作量，但往往都与教师的职称密切相关。鹏鹏爸是一位博士毕业后进入一所高校建筑系工作的讲师，今年 32 岁，有一个 2 岁的男孩，妻子是普通职员。他向笔者诉说了对自己工资收入的不满以及与高级职称教师之间的差距。

> 我们这种没有解决高级职称的老师拿到手也就差不多 1 万出点头，我同学跟我一起毕业进公司的，现在收入是我好几倍了，这没法比……之前去我们办公室主任那里看到过一个表，我记得讲师十级岗的津贴是 4500 块左右，和讲师九级岗之间的差距不是很大，也就三四百，跟讲师八级岗之间的差距大一些，那跟副教授五级岗能拿 10000 多块相比，这差一半还多呢，所以我们不努力解决职称行吗？（H-L-M，鹏鹏爸）

其次是科研奖励的影响。当前，各高校都非常重视科研产出，对科研人才尤为重视。为了推动教师的科研积极性、促进大学自身的发展，也设立了一些科研奖励。因此，大学教师的收入除了受到职称影响之外，还受到教师自身科研成果产出和获奖情况的影响。部分教师因享受特别奖金或津贴而与其他教师在收入上也有所区别。一些教师在荣获长江学者、"跨世纪人才"、"百千万人才工程"等称号后，除政府奖励外，所在高校也会给予一定奖励。还有一些教师作为高校重点引进人才也会以津贴、资助等方式在收入上与其他教师拉开差异。

> 我是从外校被引进的，所以当初学校承诺我 5 年内达标的情况下是发津贴的，比其他老师工资高一些。（U-P-M，伟伟爸）

基本上就是学校的工资，偶尔有个人才获奖啥的奖励点。（U-P-M，智智爸）

最后是学科差异的影响。大学是科技创新的重要阵地，教师是掌握科学知识和前沿技术的人。随着对大学社会服务功能的强调，校企合作项目日渐增多，通过项目将科技能够转化为生产力，而这种发展在一定程度上也调节着大学教师的收入，学科差异在其中的影响较为明显。一些与市场联系更为紧密的学科教师通过项目合作或技术服务等方式在一定程度上增加了自身的收入。当然，这些收入的取得与其个人的知识能力以及高校教师的身份也是密不可分的。而一些从事数、理、化等基础学科或文、史、哲等人文社科类的学科教学与科研工作的老师就很难获得额外的收入。

我们文科类的学科怎么搞横向课题呀，也就是愿意的话帮人翻译点东西，干点活，前两年有老师去新东方讲课也挣不少。（U-L-F+F，君君爸）

我知道的有同学把自己的专利直接转给厂家的人了，具体怎么办的我也不好问，反正是挣了笔钱。（U-A-M+F，林林爸）

我有朋友带研究生帮着咨询公司做些调查，也算是兼职吧。（H-P-F，静静爸）

第二，带有"福利性"的住房。一些高校通过协助教师解决居住问题的方式来间接提供一些经济资源。福利分房是我国计划经济时代特有的一种房屋分配形式，那时候房屋作为一种福利由单位分配给员工，但这个时代已经是一去不复返了。在市场经济体制下，个体要自己用货币来购买住房以解决相应的居住需求。近几年，北京的房屋价格一涨再涨，一些核心区域的房屋价格普遍在十几万元一平方米，不是普通工薪阶层所能承受的，入职没几年的年轻教师如果不靠亲友帮忙很难凑够房屋首付，这成为高校教师家庭在经济方面的重要压力源。

从被访情况看，各高校早已不存在福利分房的情况，但有一些高校会利用在离市中心较远的地方建新校区时与周边的开发商合作商谈，为老师争得低于市场价购房的权益，还有一些学校会通过在校园里兴建一些房屋，然后租住给有住房困难的教师的方式来解决青年教师的居住需求，也间接提供给教师一定的经济支持。

> 我们学校不是要去×××建校区吗，说是在那边会有一些房子比较便宜地卖给有需要的老师，我也在跟妻子商量着买呢。（H-A-M，萌萌爸）

诗诗爸是某市属高校城市管理专业的教师，有一个 3 岁的女儿，妻子是公务员，他就租住了学校提供给符合条件的教师居住的房子。

> 我现在住的房子就是学校的，不过没有产权，租学校的，相对比外面便宜点吧。（U-A-F，诗诗爸）

第三，完善的服务设施。研究发现很多高校教师都愿意在自己工作单位附近买房，除了因为自己上班方便、子女上学方便之外，还有一个重要的考虑点就是大学的配套资源。从某种意义上来讲，大学就是一个小社会，除了丰富的文化类资源外，还会有食堂、操场和体育馆等基础设施。高校教师因为持有校园卡，其家属也就共享了这类资源。对于一些父亲而言，大学校园就是他们遛娃的理想场所。丽丽爸较为形象地描述了在大学附近居住的好处。

> 我们当时买房子时就特别选了学校旁边，一是考虑我上课方便，二是孩子将来上学接送也方便，还有就是看中这周边环境了。守着学校方便啊，实在不行就食堂买点菜凑合一顿，打球健身也方便，夏天我们吃完饭就围着学校到处溜达，我们家孩子基本就是在学校里长大的。（H-A-F+M，丽丽爸）

2. 信息类父职资源

如上所述信息类父职资源本身并不直接对高校教师的父职实践发挥作

用，但它具有较强的转换性特点，以无形资源的方式潜移默化地影响高校教师父亲的父职实践发挥作用。大学能够提供给高校教师父亲的父职资源主要包括以下几个方面：

第一，广泛的专业知识。在获取专业知识方面，各大学的图书馆除了有大量的纸质图书之外，还一般都购买了很多数据库，其中包含了大量关于育儿的专业知识和技巧，而且远程访问的功能让他们随时可以查阅资料。因此，只要父亲们想查阅就可以获取到大量的信息资源。

> 学校购买的那些数据库里有好多关于儿童心理方面的书，你想看直接下载就行。（U-A-F，翠翠爸）

第二，丰富的育人经验。在大学里，高校教师们打交道最多的就是学生，通过观察和与学生交流，可以了解到更多他们成长过程中成功与失败的经验，对他们的父职实践有指引作用。

> 这么多年也教过不少学生，有好有坏，看得多了感觉对自己家孩子就更包容了。（C-A-M+F，斌斌爸）

> 很多学生我都是看着他们从好变坏、从坏变好的。……还是要多沟通，确实要讲究方式方法。（U-A-F+M，笑笑爸）

第三，良好的职业声望。高校教师通过讲授、传播和创新各种专业知识的活动，使有一定文化素养的大学生进一步发展成为具有社会需要的道德评价能力和实践活动能力的人才。高校教师以固定的文化氛围、独特的职业条件和相似的日常生活，建立了一个与城市中间阶层思维方式和思想气质比较接近的"群体圈子"。

> 我觉得我们这帮人还是有自己的特点的，相对来讲还是比较上进、有文化，没有那么浮躁，也挺容易满足的。（U-A-M+F，林林爸）

高校教师在社会上被定位为"文化人""高知阶层"，拥有较好的声望，也使得他们能够有结识更多朋友的机会，在与学校教师、家长沟通过程中也获得一定的便利，从而有利于提升其父职实践的适应性。

> 反正感觉走哪儿，一提大学老师，人家一般不反感吧，在跟孩子老师沟通起来人家多少给同行几分面子。（U-L-M+M，峰峰爸）

第四，宝贵的入学机会。研究发现有的大学还为高校教师子女提供了一定的入学机会，这主要表现在一些高校有自己的协议幼儿园、附属小学和附属中学，有很多都是还不错的学校，教职工的子女可以享受优先入学的权利，不受户口和房产所在区的限制，这对一些青年教师而言是一种非常重要的"福利"。当然，这种机会并不是所有高校都普遍提供的，也不是所有高校教师父亲都会利用的，但确实是支持了部分教师的父职实践。这类服务资源也具有一定的经济功能和情感功能，构成了对一些年轻教师的吸引力。上面提到过的诗诗爸就是这类资源的受益者。

> 我们学校还挺为年轻教师办实事儿的，现在住青年公寓里面的老师孩子都要入托了，工会出面跟附近的幼儿园签了协议，也就省得我们再找了。幼儿园就在这上了，我跟她妈商量等孩子上小学就让她去城里，我们学校的附小上，然后我们在附近租个房子。（U-A-F，诗诗爸）

丽丽爸是某985院校自动化专业的教师，有两个孩子，老大女孩9岁，老二男孩5岁，他就是高校这类资源的受益者。

> 说实话，我当时博士毕业时也有别的学校要我，我就是看中这个学校有附小附中，这样就不用非买学区房了，也是省了不少钱呢，而且还省心。（H-A-F+M，丽丽爸）

第五，弹性工作制。俗话说时间就是金钱，这句话在育儿上就尤为凸显，因为对抚育未成年子女而言，特别重要的就是时间。当前各所大学对于从事一线教学的专业教师和科研人员普遍采取的是"不坐班"的方式，除了教学之外的时间由教师自主安排，这种弹性的工作制是高校教师父职实践特别大的宝贵财富。弹性工作制虽然是一种制度类资源，主要影响着高校教师父亲时间的自主程度，但是它在育儿实践中具有转换为经济资源的功能。一方面它影响着父亲需要从市场购买多少劳动力来解决抚育问题，所以也可以算作一种间接的经济资源。作为主力型父亲之一的玲玲爸就说道：

> 我老婆夸我时就会提到这一点，她说挣得少就挣得少点呗，你看你这工作解决了多少事儿，没你咱肯定要请人，不得花钱吗，你这也相当是给咱家挣钱做贡献了。（H-A-F，玲玲爸）

另一方面，弹性工作制也让部分老师可以通过自己的劳动获得更多的收入。上面提到的鹏鹏爸家是农村的，父母都是农民，家庭条件一般，妻子是一名公司职员，收入中等，虽然是城市女孩，但父母属于工薪阶层，又在外地，所以他们目前是租房子住，迫于经济压力，采取了私下接活的方式，没课的时候去一些建筑公司帮忙。弹性工作制让鹏鹏爸才有了这样工作机会，在他身上也体现着"时间就是金钱"的道理。

> 没办法，总要生活嘛，所以就私下接点活干一干，我将课一般都集中安排到周一到周三，剩下两天去。（H-L-M，鹏鹏爸）

3. 情感类父职资源

大学对高校教师们的情感资源既包括正向情感资源，又包括负向情感资源，他们都对高校教师父亲们的父职实践产生着重要影响。

第一，认同感和成就感。高校教师大多是受到过良好教育的高学历人才，高校教师虽然不是社会中的高收入者，但是他们大多都具有充足的知识积累和较好的审美品位。在一般人看来是一批教育良好、收入稳定、讲究品位、举止优雅的人。他们往往是凭借自身的知识和专业技能，获得了一定的财富、名望、地位与权力，而不是通过先赋地位获得的，这些都为他们赢得良好的社会声望，再加上大学的文化氛围和管理方式都让他们具有较高的自我认同感。

> 我觉得，社会上普遍认为大学教师算是高级知识分子吧，就是过去的文人雅士，但现在都被生活所累。(U-A-F，翠翠爸)
>
> 一般大学老师，为人师表嘛，还是比较注意自身形象的。(H-A-M，萌萌爸)
>
> 我们在大学里当老师就这点好，还是时间上相对自由些的。(H-L-F，悦悦爸)
>
> 当初我有机会当公务员的，后来觉得自己还是喜欢自由，就当老师了。(U-A-F，双双爸)

可见，父亲的职业认同度还是比较高的。与此同时，他们从事的是教书育人的工作，当自己的学生取得成绩时也会带给他们深深的满足感，这也是很多教师即便能够获得更高收入也不愿意离开教师岗位的重要原因。

> 我之前是个中学教师，博士毕业后进入高校，前后算起来也有差不多 20 年教龄了。有些学生真是挺争气的，现在发展也很好，还经常跟我联系呢。(U-A-F+M，笑笑爸)

第二，压力与焦虑。大学带给高校教师父亲的负向情感资源主要表现为科研压力。虽然，目前高校实行的是弹性工作时间制度，大多数不用坐班，没有朝九晚五的八小时，但是并不是像其他人想象的那么轻松。因为大学教师除了承担教学工作之外还要求有大量的科研成果输出，以此来应对日益严格的职称评聘制度变化。而且，目前教师申报高级职称的条件要求越来越严格，对教师各项能力的要求都逐步提升。职称评聘带给父亲们的压力日益增加。云汐爸是多年的讲师了，由于他之前进入学校时比同系的教师都年龄小，在那个时候，入职时长还是一个考量的指标，现在评职称的条件比以往高了很多，评职称就看学历和科研成果，他之前是硕士，评职称不占优势，现在虽然读了博士，可是新进的年轻人科研能力又很强，相比之下他又不占优势，但是，他已经 42 岁了，还是个讲师，感觉很没面子，因此评职称就成为他工作上比较大的压力。

> 这人评职称我觉得也是个运气，没赶对时候呗，我那会来时都紧着老教师先评，我成老教师了，人家就按成果说话了，我天天就为评职称这点事儿忙活了，你感觉刚要够着吧，又涨要求了。（C-L-F+F，云汐爸）

萌萌爸虽然已经是一位副教授了，但是他依然面临比较大的科研压力，因为他是刚换了学校，并且签订了一些必须要完成的科研指标。

> 其实我科研压力挺大的，当初来这个学校是跟人家签过协议的，要出成果，所以不管是为了评职称也好，还是完成任务也罢，总之我这几年还是要多发几篇文章才行。（H-A-M，萌萌爸）

为了在高校有更好的发展，很多高校教师不得不边工作边深造，承受着学习、教学、科研、育儿等多重压力。

> 没办法，现在高校对学历要求越来越高了，能不读吗，所以也在读着在职博士。（C-L-F+F，云汐爸）
> 我之前是博士毕业进来的，但是那个是管理学博士，有点专业不对口，所以现在又读了一个哲学博士，这样专业上就更对口一些，边工作边上学挺累的。（U-A-F+M，笑笑爸）

值得注意的是，前面提到的弹性工作制带给高校教师的也并不都是积极影响。教师的劳动是一种创造性的复杂脑力劳动，在劳动的过程中具有劳动时间分散性的特点，他们没有一个泾渭分明的点来界定是处在工作时间还是非工作时间，他们需要经常思考，但是这个思考的时间常常是琐碎的、无法估量的，可能是穿插于做别的事情的同时，等到考虑成熟，就需要相对比较完整的一段时间来落实想法。而父职实践中经常要处理的往往是琐碎的事项，具有非连续性特点，虽然难度不高，但却要花费大量时间，这就导致高校教师这一群体，看起来工作时间的自由度和灵活性都非常高，但其实算下来累计的工作时间是非常长的，并且还呈现出涵盖面广、内容丰富等特点。

> 我感觉自己在单位工作，回来还是工作，好像就没有上下班的感觉，我感觉这样也不好，人一直处在一个紧张的状态。我看我同学，人家上班按时到，下班到家就没事儿了，不像我们，有时家人睡了还要干。（U-A-F，双双爸）
>
> 疫情线上上课那会儿我觉得最烦了，感觉家就是办公室，都混一起了，有时上着课一不小心就传出孩子的声音了，特别尴尬。（U-A-F+F，文文爸）

这种工作和生活没有边界的工作特点也加大了高校教师父亲们的压力感，使他们产生一定的焦虑情绪。

（二）儿童托幼和教育服务机构的资源

访谈中父亲们提及比较多的社会组织是儿童托幼和教育机构。儿童教育机构是重要的儿童社会化场所，这里配备了较为充足的儿童知识资源和专业化人员，具有缓解父职实践压力的重要功能。很多父亲谈到在子女进入幼儿园后感觉到一定的轻松感，因为自己会有相对整块儿的时间用于工作。随着孩子慢慢长大，可以在学校学习到更多的知识，也能够自己上学、放学后，家人也都会感觉压力有所减轻。

> 自从孩子上了幼儿园，感觉真是轻松了许多。（U-A-F，诗诗爸）
>
> 我家离学校近，现在基本都是老大自己上学放学，我们就管老二接送就行，所以相对轻松点了。（U-L-M+M，峰峰爸）
>
> 我们想上幼儿园可难了，到处托人，当初我幸好托了一个同学，花了钱才进去的。（U-A-F，诗诗爸）
>
> 当初公立幼儿园便宜但不好上啊，只能上私立的，太差的感觉亏欠孩子，好点儿的一个月 8000 多呢，听说现在便宜了。（H-A-M，诚

诚爸）

由上我们可以看出，学龄前子女的父母在幼儿生活照顾方面的压力是比较突出的，对于儿童托幼服务的需要也较大。由于我国城市近几年普遍存在学龄前阶段入托难的问题，在儿童照料方面的经济压力，导致很多父亲在被问到是否还要再生二胎时表示不敢生了。

> 现在养孩子多贵啊，老人们还说要不要抓紧再生一个，两个一起带，我可不敢再生了。（H-L-M，鹏鹏爸）
> 没想过再生，有一个就行了，再生还得再折腾受回罪，我跟我老婆都不想了。（U-A-M，国国爸）

对于学龄期儿童而言，虽然义务教育阶段是接受免费教育，但是在教育重视度提升和人才选拔制度的影响下，越来越多的家长选择课外补习教育。在教育市场化趋势下，儿童教育成本不断攀升，也给父职实践带来了不小的经济压力。虽然近些年"减负"政策的倡导为中小学生减轻了一些压力，但只要是中考、高考等考试选拔制度还依然存在，父母的教育焦虑就无法从根本上消除。

> 我们曾经大概算了一下，孩子每月的各种补习费用大概要花掉一个人的工资。（H-A-F，玲玲爸）
> 学校减负你可不能减负，有考试就要竞争，靠什么，还是分，现在好多机构确实不敢大肆宣传补课了，没有大班，家长们就自己攒小班，要不就一对一，费用更高了。（H-A-F，玲玲妈）

（三）来自社区的父职资源

在来自社区的父职资源方面，父亲们普遍反映没有太多感受，虽然会在社区中结识一些好邻居、好朋友，但大多都是自己结识的，并非社区有意组织，感觉跟社区的连接较少。

平时跟社区连接得少，这次疫情期间才跟社区有点关系了。（U-L-M+M，峰峰爸）

在社区里能认识一些同龄孩子的爸爸妈妈，带孩子在楼下玩儿认识的。（H-A-F+M，敏敏爸）

我们社区这边好像没什么活动吧，不太清楚。（U-A-M，俊俊爸）

可见社区成为父亲们广泛结交朋友的重要媒介，是获得情感性资源的重要途径。另一方面，社区影响着父亲们获得其他资源的便利性。

我感觉社区对我的影响就是地理位置比较重要，还有就是能上什么学校……有地铁、离医院近、离学校近都挺重要的。（U-A-M，景景爸）

对于社区方面的潜在资本，很多父亲都提出了一些期待，主要集中于儿童照料和看管、青少年社区志愿服务、科普讲座等。

我觉得社区可以做的还是挺多的，比如组织孩子们进行一些志愿服务，让孩子们熟悉熟悉。（U-A-M，俊俊爸）

你看我就去社区进行党员报到了，现在就是组织我们做卫生，还不如找点能讲的，给孩子们开点讲座呢。（U-P-M，智智爸）

我看人家有的社区可以提供放学后帮忙看着写作业，我觉得挺好，比在家写效率高。（U-A-M，国国爸）

最后，社区还为父亲们提供了父职实践参照和自我认同的途径。很多父亲提到自己看到周围很多都是爸爸在带孩子时对自己的父职实践行为有比较强烈的自我认同感。

我们楼前那个小花园一到夏天吃完饭都是孩子在那玩儿，好多都是爸爸陪着，现在爸爸带孩子都挺正常的。（H-P-F，芳芳爸）

　　我们小区里比我带娃时间多的大有人在，我们有个邻居，人家就是个全职爸爸，我看也挺好的。（U-A-M，景景爸）

四、社会层面的父职资源

　　在社会层面，高校教师的父职资源突出表现在公共服务设施的完善、制度支持和社会文化氛围营造等方面。

　　近年来，我国的改革发展成就和现代化发展速度令世界瞩目，在经济、政治、文化和社会等多方面快速发展，人民生活水平和质量得到了普遍提高。公共服务均等化程度不断提升，社会政策也逐步完善。北京作为全国政治、经济、文化中心，为高校教师提供了丰富的资源和便利条件。除了享受城市便捷的交通、网络和服务资源外，高校教师还能充分利用北京作为百年古都所积淀的深厚文化底蕴。许多父亲经常带孩子参观北京的各种博物馆和名胜古迹，这不仅丰富了孩子的知识，也增进了亲子关系，体现了父职参与的多维性。这种环境为家庭教育提供了独特的优势，同时也促进了父亲在子女成长中的积极作用。

　　我经常带孩子去博物馆，基本都是免费的，我觉得这是住在北京的优势。（H-P-F，静静爸）

　　我周末经常带孩子们去国图，那有个少儿馆，上下两层，很多书，有很多孩子，真是个不错的地方。（H-A-F+M，敏敏爸）

　　在政策保障方面，我国不断完善养老和医疗保险制度，高校教师本人享受着较为完善的养老和医疗保障，孩子也能够享受到基础保障。

　　我有医疗、养老保险，我孩子有"一老一小"保险，基本保障还是有的。（C-L-F+F，雪雪爸）

　　因为被访父亲大多属于中青年群体，身体状况较为良好，因此对养老和医疗保障部分感触不深。但是，由于很多同住的老人就医需要增加，因此"老漂族"的养老和医疗问题日益凸显。

> 现在国家政策还是有变化的，以前我母亲在北京看病要自费，现在异地也可以用医疗保险了，还是多少减轻了一些负担。（U-A-M+F，锦程爸）

父亲们反馈最多的还是关于住房问题。随着住房市场化，特大城市的住房贵、住房难问题非常突出，面对北京动辄十几万一平方米的房价，很多外地来京的青年教师靠收入很难买房，不得不把收入中的相当一部分用来支出房租。前面提到的鹏鹏爸就是租房过日子的典型，庞大的房租支出给他增加了不少生活压力。

> 一个月光租房子就要 6000 多，而且还是个不到 50 平方米的小房子，老人过来帮忙都是挤着住。（H-L-M，鹏鹏爸）

他们往往面临着"收入不高—买不起房或租不了太大的房子——请不起阿姨——请父母帮忙—没地方住"的窘境。

除了政策保障外，社会文化也对高校教师父亲的父职实践有一定的影响，而其中影响最大的是性别文化。社会性别概念是在西方女权运动第二波浪潮中提出的，它强调性别的文化建构，是社会强加于某一男性或女性身上的一种文化构造。[1]性别文化是关于男女两性稳定的生存方式和活动方式的社会期待和价值判断，是对两性的性别观念、行为规范的社会建构，影响着两性之间的权力分配。访谈中，研究者也发现，在父职与母职同等付出的情况下，父亲一方往往会获得更多的认可与肯定。

> 其实我也没做啥，主要还是他妈妈做得多，但可能比一般爸爸做得多点吧。（H-A-F+M，敏敏爸）

男尊女卑是我国传统社会对于男女关系的规范要求，这种性别规范造

---

[1]〔美〕佩吉·麦克拉肯：《女权主义理论读本》，艾晓明等译，桂林：广西师范大学出版社，2007年第171页。

成了婚姻关系中两性关系的不对等，这种不对等往往从出生就开始了，男孩与女孩被赋予了完全不同的命运和发展方向。

> 不得不说，当前这个社会，男性还是占一些优势的，尤其是在农村，不过我觉得在高校里还好，女老师在酬劳、评职称方面也不应该被歧视，这点我是支持的。（U-L-F+F，君君爸）

在社会公众看来，家庭层面依然应该是"男主外、女主内"的角色分工。①从访谈结果看，高校教师虽然在公共领域和社会性别意识方面倡导两性平等，支持性别平等的理念，但这种性别意识往往带有情境性。在私领域（如家庭内部）的关系结构中，他们依然倾向于保持传统的性别分工意识。例如，许多教师在家庭中仍然默认女性承担更多的家务和育儿责任，而男性则更多扮演经济支持者的角色。这种公私领域的性别意识差异，反映了传统性别观念在私领域的根深蒂固，同时也揭示了性别平等理念在实践中的复杂性和局限性。

> 我觉得确实不应该搞性别歧视，这对女性不公平，在工作上就是应该同等对待，升职加薪方面都一样，谁能力强谁干得多就应该得到相应的回报。……但是，我倒是比较同意"男主外，女主内"的，你说在家里吧，确实是两个人还是要有一点分工的，总要有个人顾点家，两个人都在外面忙，没人管家也不行啊！（U-A-M+F，林林爸）

综上，高校教师的父职资源来源于由家庭、朋友、工作单位、儿童教育机构、社区和社会共同构成的社会网络。首先，家庭是高校教师的父职实践的重要来源，提供了相对更多且丰富的父职资源，包括工具类、信息类和情感类资源，是父职实践开展的主要场域。其次，朋友关系是仅次于家庭关系的父职资源的重要来源，也为高校教师父亲提供了丰富的资源，且与高校教师父亲们连接紧密，资源的感知度和可及性较高。再次，组织

---

① 《关于创建有中国特色的社会主义妇女解放理论的思考——彭珮云在有中国特色社会主义妇女基本理论座谈会上的讲话》，《中国妇运》，2003 年第 1 期。

和社区层面主要由工作单位、儿童教育机构和社区组成，其中工作单位为高校教师的父职实践也提供了包括工作收入、弹性的工作时间、较好的社会声望等在内的工具类、信息类和情感类资源，儿童教育机构主要提供了儿童抚育教育服务资源，它们在给高校教师父亲带来支持的同时也为其父职实践带来一定的压力和阻碍，社区对于高校教师父亲的父职实践的支持作用不明显，更多是作为结识朋友和获取一定便利生活服务的途径而存在。最后，社会层面对于高校教师父职实践提供的父职资源主要表现在公共服务、政策支持、文化认同等，工具类资源多，情感类资源较少。

第二节　各类资源对高校教师父职实践的影响

一、经济类资源的影响

经济类父职资源拥有的总量是父职实践展开的物质基础，它影响着父职实践的整体水平和育儿压力强度。从访谈中我们可以看出，高校教师的经济类资源既包括夫妻双方获得的经济资源，也包括他们从自己父母那里获得的经济资源，如家庭房产、私家车等物质类资产，也包括存款、夫妻收入、股票等货币类资产。

在考察经济类资源对父职实践的影响时，我们可以从家庭总体经济资源、相对于育儿成本的经济资源状况和相对于妻子的经济资源角度来进行考察。

（一）家庭总体经济资源状况

通常来讲，如果一个家庭总体经济资本较为丰富，那么他们通常能够更好地应对家庭抚育劳动力不足、育儿成本不断攀升等问题，在家庭条件比较殷实、抚育劳动力相对充足的情况下，父亲一般在父职参与方面拥有更大的选择空间，他们往往扮演助力者、替补者的角色，或者根据自己愿望选择性地参与到育儿的某一方面之中。反之，家庭成员就要面临较大的抚育压力，通过协商进行策略性的应对，而高校教师父亲拥有的选择空间就比较少，需要在抚育中投入更多的时间和精力。

> 我们现在有两套房子，有一套是我们婚后贷款买的，有一套是我老婆婚前的。没有购房的压力相对好点。……老大小时候雇过一段阿姨，那会儿她姥姥能帮忙。现在老二就主要雇阿姨，姥姥上年纪了，腰不好，能旁边给看着。（U-L-M+M，峰峰爸）

可见，经济资源具有多维转换性，如果家庭经济条件允许，可以通过购买劳动力的方式，在一定程度上应对家庭抚育劳动力不足的问题。峰峰爸的案例让我们看到，抚育劳动力缺乏时，高校教师父亲可以用自己所拥有的经济资源去购买劳动力进行分担。因此，经济类资源发挥着基础性作用，家庭的总体经济资本和劳动力资源影响着父职实践的总体水平和选择空间。

（二）相对于育儿成本的经济资源状况

长期以来，父亲都扮演着"养家者"的角色，主要负责给孩子提供经济支持，在对孩子的日常照顾方面则呈现为"缺席"状态。身为高校教师的父亲们虽然能够扮演"养家者"和"在场者"的双重角色，但"养家者"无疑成为他们的基础性角色，提供经济支持同样是高校教师父亲们的重要父职实践方式。父亲们作为家庭的主要成员，除了要保障孩子在内的全家人在必要生活物品、房屋购买租住、车辆购买维护等必要的支出外，还会特别注重在与孩子的互动中进行文化休闲方面的经济支出。受到家庭财务管理方式的不同，各位父亲在经济支出的具体项目和额度上会有所差异，但是主要涉及子女教育、医疗健康和生活娱乐等方面的服务。

高校教师父亲在父职实践中的经济支出主要涉及以下几个方面：

首先，在子女教育方面。父亲的经济支出主要表现为给子女购买学习用品、报课外班等，其中孩子课程费用支出较大，一般以定期支出的方式为主。

> 平时他缺个笔啊、本啊，或者老师说要买啥书，我就直接给他买

了。（C-L-M，子天爸）

　　养孩子确实花销不小，尤其是教育上，动不动就交上万。平时有点小东西，她想要的我尽量满足。课外班吧，像舞蹈、钢琴都是她妈给交，我负责每周三送她上画画，那边没钱了就我来交。（U-A-F+M，笑笑爸）

　　其次，在医疗健康方面，父亲一般会在陪同就诊期间进行支付，碰到住院费等大额医药费支出时，会由家庭资金的具体管理者进行支付。有些父亲还会为了改善孩子的就医环境，不惜自费就医，也有一些父亲为孩子特别购买了商业医疗保险。

　　孩子生病我带他去医院，基本就是我和他妈妈谁赶上谁交，如果我俩都去，一般是她带孩子，我跑上跑下缴费拿药的。（U-A-M+F，林林爸）

　　孩子之前蛀牙，想补个牙，结果一直没挂上号，我就干脆带她去私立医院了，钱多点但环境好。（H-P-F，芳芳爸）

　　儿童医院的普通号不好抢，你可以挂夜间门诊或者特需号。特需号就是挂号费贵，不能报销，药费是可以的。他们有个国际诊疗部，那里也不错，都是专家，就是太贵了。（U-L-F+F，君君爸）

　　最后，在生活娱乐方面，父亲们会直接为孩子购买衣服、日常用品和小零食，还会在带孩子出去玩的过程中支付各类门票、饮料、交通和就餐等费用。

　　我每周有空就会带她去公园，路上打车，中午吃饭都会花钱。有时候周末我们全家也去看场电影。（H-A-M，诚诚爸）

　　有时上网看见好看的衣服，我也会买。前几天我还买了套亲子装呢。（U-L-M+M，峰峰爸）

　　有时候，父亲们除了回应子女提出的经济需求外，还会自己在生活中观察孩子的喜好，然后亲自购买来送给孩子当作节日礼物或是奖励。

> 她喜欢《冰雪奇缘》里的艾莎，所以她过生日的时候我就给她买了一个艾莎的娃娃，她喜欢得不得了，抱着睡觉。（U-L-F+F，君君爸）
> 他喜欢收集那种奥特曼的卡片，我跟他约定，如果他能够坚持一个月内每天练琴一个小时，就奖励他一盒卡片，我看果然有效，练得是有劲头了。（U-A-M，俊俊爸）

由上可以看出，高校教师父亲们的育儿成本已经远远不限于保证子女的"吃饱穿暖"，教育和娱乐方面的高成本无疑加大了家庭的经济压力，作为普遍意义上的"养家者"，父亲们自然感受到了这种压力。因此，他们会要么自己想办法增加收入，要么要保证妻子收入的稳定性而分担妻子的育儿压力就成为他们的现实选择。

> 夫妻成了家利益就是一致的，在北京生活压力大，一方丢了工作都不行，我这边虽然工作上也有压力，但是时间上相对还比较弹性，她那边属于定时定点的，不行就直接扣钱，所以能做就做点吧。（H-P-F，静静爸）
> 她那边加个班就顶我这差不多一天的工资了，算算还是让她在那加会儿班合适。（H-A-F，玲玲爸）
> 目前孩子还小，我就说让老婆先别上班了，不过一个人养家的压力确实不小，我也在想怎么多挣点呢。（U-A-F+F，蕊蕊爸）

（三）相对于妻子经济资源情况

夫妻二人的相对经济资源的拥有量，影响着父职实践的角色和负责具体内容。从父亲们经济资源来源方面看，工作单位的收入是父职实践重要的经济保障。当家庭的财富并不充足或夫妻希望能够将财富更多用于孩子养育的其他方面，而不是雇用劳动力时，那么就需要在育儿相关事项的参与上进行分工。而在协商的过程中，夫妻双方所拥有的相对经济资源就成为分工的重要考量。一般来说，为了保证家庭的总体收入不受损失，收入相对低的一方将更可能做出妥协，更多地参与到育儿实践之中，从而影响父亲在子女抚育中所扮演的角色和负责的具体事项。一些高校教师出于家庭的整体收入考虑，他们充分利用自身工作的优势，更多地承担了一些孩子养育方面的事务，从而在一定程度上保证了自己和妻子的正常工作状态。

> 我也是为了这个家考虑，毕竟现在北京消费这么高，咱们老师的收入有限，光靠一个人养家也不行啊！何况我老婆人家收入也不比我低，一起多挣点也是为了这个家。我们相对来讲，时间自由，就多参与一点呗。（H-A-F，玲玲爸）

在访谈中，受到传统的性别观念的影响，家庭中的女性也存在着一定的"性别表演"的现象。我们也可以看出夫妻双方的相对收入在一定程度上影响了他们的家庭分工，往往收入低于妻子的父亲会考虑承担相对较多的育儿事项。但是，一般来说，从实际的总任务量来讲，在育儿方面还是以母亲付出为主，即使收入较高的女性也会在家里从事一定的家务劳动。研究发现，由于受性别文化的影响，丈夫即使挣钱少，也可以少做或不做家务，这是性别分工观念在起作用。"性别表演"使得那些挣得少的男性有时通过减少家务劳动以彰显男性气质。①女性承担更多家务劳动的重要原因是这种行为使得她们能够与社会期望的女性气质相符合，并能够呈现与维持自身的性别认同。本书也发现了类似"性别表演"的现象存在，以玲玲家为例，这种情况在玲玲妈身上有所呈现，在玲玲爸身上则没有那么明显。

> 虽然我是挣得多，但我在家也不是不干家务劳动，其实我干得比他多，周末一般都是我打扫房间，而且好多孩子上的课也是我选。（H-A-F，玲玲妈）
> 我照顾自己的孩子谁笑话我，我给自己家干点活儿怎么了，好多

---

① Brines J., "Economic Dependency, Gender, and the Division of Labor at Home," American Journal of Sociology, Vol.100, No.3(1994), PP652-688.

老师比我干得还多呢，谁爱笑话谁笑话，我觉得疼老婆孩子没错。
（H-A-F，玲玲爸）

从上面的分析可以看出，经济资源是最基本也最有效的资源形式，也是其他社会资源的基础。①经济类资源对高校教师父职实践的影响是非常重要的，它决定着高校教师参与父职实践的必要性、灵活性、父职实践的方式和父职实践的水平。

二、服务类父职资源的影响

从访谈情况来看，父亲所拥有的服务类资源的数量、类型和质量都对父职资源产生了较为重要的影响，起到了调节高校教师父职实践压力和提升高校教师父职实践质量的作用。其中有三个比较重要的调节因素，分别是他所拥有的抚育人的特征、时间资源的质量以及服务的稀缺性方面。

（一）抚育人数量和特征

我们可以看出，凡是家中有妻子、老人或亲人帮忙的，父亲的抚育经济压力和精神压力就相对小。这不仅是因为能节省一大笔抚育劳动力购买方面的支出，更大的意义在于父亲们会少一些担心，多一些放心，从而感觉更为轻松。所以从这个意义上看，抚育劳动力资源具有可转换为经济资源和情感资源的双重特征。

如前所述，当家庭的总体经济资本充足的情况下，即便遇到劳动力不足的问题，也可以通过购买劳动力的方式加以解决。但往往在孩子年龄比较小的时候，父母会担心孩子遭受不应有的对待而慎重选择完全"外包"的方式，这种购买劳动力的方式并不能完全解决家庭抚育劳动力短缺的问题。

我跟我老婆说，还是等两年孩子大点再工作，怎么也得等上了幼儿园，还是自己看着放心，你看网上也经常是保姆虐待孩子的视频，

---

① 薛晓源，曹荣湘：《文化资本，文化产品与文化制度——布迪厄之后的文化资本理论》，《马克思主义与现实》，2004年第1期，第43-49页。

就算雇人旁边也要有个自己人在才行。（U-A-F+F，蕊蕊爸）

（二）弹性的时间

通过考察时间资源对父职实践的影响过程中，我们发现时间对于子女养育的作用是不言而喻的。但是影响亲职实践的因素不仅仅在于时间的总量，更在于时间的连贯性和规律性。高校教师对于时间的自主性在他们的父职实践中发挥着重要作用。

高校教师这个职业虽然工作压力并不小，但是与其他职业相比，不坐班的工作性质且按照每周课表规定时间上下课，他们的时间具有连贯性和规律性，恰好契合了儿童照料的时间不确定、不连贯的特征，因此在工作性质上高校教师具备更多父职参与的时间条件。

> 我感觉这个职业对我最大的吸引就是不坐班了吧，当初我也是看重这个，我这个人比较爱自由，没想到现在当上父亲也有用。你别看我平时不干啥，但关键时刻，他们都不行时，我也是重要劳动力呢。（U-A-M+F，锦程爸）
>
> 关键时刻我还是特别管用的，你看上次孩子幼儿园组织活动，人家明确说不让老人去，要父母陪，她妈有事儿不能去，我不就顶上了吗。（C-L-F+F，雪雪爸）

（三）服务资源类型

在政策服务类资源中对父职实践影响最大的当属儿童托幼和儿童教育机构，这方面的社会福利制度和政策对父职实践的发展也具有较强的影响，它们对父职实践的发展起着鼓励、阻碍、支持的作用。例如，我们国家长期以来实行计划生育政策，大多数城市家庭只生育一个孩子，形成"四二一"的家庭模式，势必将全家的精力和希望过多倾注于一个孩子身上，从而过度地精细化养育。对孩子学业成绩的过分追逐也使得大量中产阶层父母纷纷卷入子女教育中，身为教师的父母们首当其冲，无论男女。

> 我老婆总拿我是老师说事儿，一说哪儿不会就找你爸去。后来我一想，干脆我就主管孩子学习吧。（U-A-M，团团爸）
>
> 现在跟以前带孩子不一样了，好多咱也不懂，我跟他们说，反正我就是帮你们做个饭，收拾收拾，其他的还是你们自己来。（C-P-M，小宝奶）

在儿童相关领域的政策和服务的支持对于家庭的儿童照顾来说是重要的工具性支持，它直接关系到父亲父职实践的总体压力，尤其是教育领域方面的政策和服务就更是如此。

> 我们现在养两个孩子，我感觉也还好，其实吃喝花不了太多，主要就是花在教育上。（H-A-F+M，丽丽爸）
>
> 再生谁养啊，顾不过来了，请人也要花不少钱。（U-A-F，木木爸）
>
> 义务教育阶段还好，学龄前这块儿感觉都商业化了，想收多少收多少。（U-A-F，诗诗爸）

另外，房屋的优惠租住和享受优质的教育资源的机会都能够抵消一部分高校教师的养育成本支出，因此也在一定程度上缓解了高校教师的压力。

三、信息类资源的影响

这三类资源对高校教师父亲而言都属于一种"无形资产"但是却同样可以成为高校教师的父职资源，影响着他们的父职实践。

（一）育儿信息类资源的影响

育儿信息类资源主要是指育儿过程中所需的关于育儿技能和有助于完成抚育具体事项的知识和技巧，对高校教师的父职实践有具体的指导作用。父亲们拥有的信息类父职资源对其父职实践的影响表现在能够提升其父职实践的效率和水平上。信息类资源的来源、内容和形式都影响着信息类资源的丰富性和质量。相对而言，越是从专业的、科学的渠道获得的信息质量越高。此外，信息类资源的获得还与高校教师拥有的社会关系网络的异质性程度相关，越是异质性强的社会关系，越能够给高校教师带来更为丰富的信息。笑笑爸从较为关注于学习的朋友那里获得的有关孩子学习的资料，是孩子恰好需要并且质量较高的信息，这就大大节省了笑笑爸爸的时间。玲玲爸比较重视家长圈在提供信息资源方面的作用。

> 我有个朋友可注重孩子学习了，自己总结了好多学习资料，我都是找她要的。（U-A-F+M，笑笑爸）
> 我手机里有好多妈妈们的微信，经常联系，都是孩子同学的，经常要问个作业啥的。（H-A-F，玲玲爸）

（二）声望类资源的影响

声望类资源本身虽然并不会为高校教师父亲带来直接性资源，但是它可以转换为其他类型的资源对其父职实践产生影响。例如，良好的社会声望有助于高校教师结交更多的朋友，与之建立起信任关系，从而拓展其社会关系网络。同时也能够有助于高校教师成就感、自我认同感的产生。

> 大学老师在社会上还是挺有面子的一个职业，在我们儿子班的家长中还挺受尊重的，老师还让我当家委会成员。（U-A-M，团团爸）

四、情感类资源的影响

情感类资源对父职实践的影响主要表现在提高高校教师参与父职实践的积极性、体验感和持久度方面。情感类资源既存在正向情感资源，又存在负向情感资源。在高校教师的情感资源中正向情感资源主要包括：亲密感、幸福感、认同感、成就感等；负向情感资源主要包括：烦躁感、压力感、焦虑感、受挫感等。正向的情感资源会提升父职实践的主动性、体验感和持久度。正向的情感资源一方面来自亲人的赞赏、鼓励和亲密接触，另一方面来自周围朋友和文化氛围的认可与肯定。例如悦悦爸因为在与孩子相处时所获得的那份喜悦，以及跟家人良好互动的体验，而主动地、持续地参与到父职实践中。

> 他那胖嘟嘟的小脸，看着就喜欢，他高兴我感觉比我自己有什么事儿都开心。我觉得每个父母看自己孩子都是从心底里的爱吧（H-L-F，悦悦爸）

值得注意的是文化观念和氛围对高校教师的父职实践有一定的指引性和参照性的作用。尤其是密切互动中形成的熟人组成的群体以及可观察到的群体所营造的文化氛围对于高校教师父亲的认同感和归属感有较大影响，他们的行动往往是高校教师父职实践的重要参照。

> 我们不是就住学校旁边吗，图孩子上学近，吃完饭就带孩子在校园里溜达一圈，经常能碰到同事，好多男同事，感觉没什么，正好一起聊两句。（H-A-F，玲玲爸）
> 我觉得不光是大学老师吧，身边好多爸爸都带孩子。（U-A-M，国国爸）
> 我看我们球队里好多爸爸都在家带孩子，朋友圈也都是各种晒娃，所以我带孩子也没觉得有什么。（U-L-M+M，峰峰爸）

与正向情感资源相对的是，一些负向的情感资源会降低父职实践的主动性、积极性。

> 有时候赶着交稿子，那边催着，本来想着他早点睡了，我好写写，结果他还在那一个劲儿地磨蹭，我憋不住就打了……（U-P-M，伟伟爸）
> 有时候，我老婆越叨叨我，我就越不动，这事儿你要好好说可能就没事儿了。（H-L-M，鹏鹏爸）

此外，情感资源具有一定的转换性，良好的情感资源能够丰富其服务资源、经济资源和信息资源。

　　夫妻之间就应该彼此关心、互相体谅，有时候我哄哄她，人家第二天就把家里卫生做了还不叨叨我。（U-A-F，木木爸）

　　综上所述，父职资源对高校教师的父职实践具有重要作用，而且不同类型资源对高校教师父职实践的影响也不同。其中经济类资源是父职实践的物质保障，经济资源的总量影响着父职实践的总体水平和参与的必要性、相对于育儿成本的资源影响着父职实践的经济压力、而相对于妻子的经济资源影响着其具体亲职分工。服务类资源的总量和抚育人的特征影响着父亲的抚育任务的数量和内容，时间的连贯性和规律性是抚育子女中重要的因素，影响高校教师父亲父职实践的可能性和适宜性。服务资源的类型影响着高校教师父职实践的便利性和育儿成本。信息类资源对高校教师父亲具有指导性作用，能够提升高校教师父职实践的效率和增强高校教师对父职实践的认同度。情感类资源影响高校教师参与父职实践的积极性、体验感和持久度。

第三节　高校教师在父职资源获取中的能动性

　　高校教师父亲作为父职实践的主体并不仅仅是父职资源被动的接受者，而是具有从社会关系中发掘父职资源并灵活运用父职资源能力的行动主体，也能动地建构着自身的父职资源。父亲们在建构自身父职资源方面也存在一定的差异，主要表现在以下三个方面。

一、有效利用现有的父职资源

　　从上述分析，我们可以看出不同层面的社会关系中存在的父职资源的形式和数量是不同的，因此与不同人的交往与互动也会获得不同形式的父职资源。因此，除了父职资源本身的客观存在之外，更重要的是行动者能够感知到它们的存在，并且努力获取和运用正向父职资源并尽量降低负向父职资源的效用时，父职资源对于高校教师父职实践的支持性作用才能够得到有效的发挥。这就需要行动者具有良好的感知能力，以及根据情境获取和运用父职资源的能力。例如，很多高校教师在父职实践中都面临着家庭与工作之间的冲突，一些高校教师父亲因此感受到的是压力和烦躁等负面情绪，而一些高校教师父亲则采取各种策略积极应对就在一定程度上降低了工作家庭冲突带来的负向功能。

> 我有时候想，我还不如天天上班去呢，不在他们眼前晃，也就不指着我了。晚上休息不好早上没有精神，我跟他们说了，这样下去真是没法好好工作了。（H-A-M，萌萌爸）

> 家庭和工作的矛盾肯定会遇到啊，你不去单位不代表不需要干活儿啊，而且学院开会你也要去，那怎么办，真有事儿的话看我俩谁好请假呗。如果是上课，那我肯定是不行。（C-L-M，子天爸）

> 你知道咱们写东西需要相对安静，不受打扰的环境，家里就那么大个地儿，不行啊，有时候急着要，怎么办，我就去我们家楼下的麦当劳点点儿吃的，坐一天，我觉得那还挺好。（H-L-M，鹏鹏爸）

> 之前我评职称那年把孩子送回老家待了一年多，没办法，我跟他妈都顾不上，老人也不想在这儿长待，嫌太挤，不方便，回家还有人帮忙，反正那会孩子还没上学，就回去了一年，每天视频聊聊天，也还行。（U-P-M，伟伟爸）

二、不断拓展新的父职资源

如前所述，父职资源是嵌入个体的社会关系网中的，所以个体拥有规模更大、质量更高的社会关系网，则意味着高校教师可以从该网络中获得更多的父职资源。通常来说，社会关系网的广度和父职资源的数量密切相关，而社会关系网的异质性则影响着个体能够运用的父职资源的类型。高校教师父亲们普遍能够意识到对现有社会关系网络维护的必要性，但是在提升互动对象数量上和异质性上，不同教师父亲的表现有所不同。

> 朋友当然就是要交往的，不交往慢慢就淡了，你不能到跟前儿再

请人帮忙，太功利了。（U-A-F，木木爸）

　　我认识的人还是挺多的，我大学在北京读的，好多人都留北京了，有时候咨询个孩子的什么事儿，也方便，他们都是过来人，但是经常联系的不多，基本上就五六家。（U-A-F，翠翠爸）

　　我这人不太爱说话，之前我们就是跟她表姐家走动走动，现在有了孩子不得不交往点同龄的、父母职业都还挺像的家庭，多认识点人好一起带着孩子玩。（U-L-M，亮亮爸）

　　我挺爱交朋友的，我朋友可多呢，有时候出去玩，也带上孩子，不过他现在大了，有时不爱跟我去了。（U-A-M+F，锦程爸）

　　通常情况下，扩展社会关系网络，大多遵循从家庭、亲戚到朋友再到其他人这样一个从强关系到弱关系扩展的次序，一般是通过日常生活中的交往来加强关系，由原来一般的关系发展到密切的互动关系。这个过程，实际上就是一个关系紧密度从弱到强的过程。高校教师父亲们的关系网往往是以家人、同学、同事和邻居为主体构成的，他们不断拓展自身社会关系网络的广度，从中进行父职资源的筛选，并在群体内部通过成员间的密切交往，实现资本的共享与交换，这也使得高校教师父职资源呈现出一定的阶层性。

三、充分发挥自身优势

　　在高校教师父亲维护和拓展自身父职资源的过程中，高校教师自身的能力、特点和观念起着非常重要的调节作用。高校教师拥有较高的学历，学习和感知能力比较强，有助于他们更好地让现有资源"为我所用"，也能够有助于开发和获取新的工具类和信息类父职资源。

　　此外，父亲的受教育程度越高，他们越懂得尊重女性，以一种平等协商的方式来解决家庭问题，一些高校教师父亲原生家庭中父母的平等协商式育儿模式也影响着他们对于男性参与育儿的接受度，进而影响着父亲们参与父职实践的主动性和参与质量。

　　男女之间是平等的，夫妻之间也要相互尊重，我觉得也不是谁压

谁，还是作为一家人一起想办法更好地生活吧。（U-A-F，木木爸）

我父亲在家就帮我妈一起做饭啊，干点家务什么的，我觉得这也很正常，我没像他们说的那样男人这不能干那不能干的。（H-A-F，玲玲爸）

可见，高校教师父亲作为父职实践的行动主体，自身的素质和能力在维护和拓展其父职资源方面发挥着重要作用。

本章小结

高校教师的父职资源分布于他的社会关系网络之中，本章从家庭、朋友、组织和社区、社会四个层面对高校教师的父职资源进行一定的考察。家庭关系是基于血缘和亲缘关系而形成的，家庭是高校教师父亲父职资源的重要来源，提供了相对更多且丰富的父职资源，包括工具类、信息类和情感类资源，是父职实践开展的主要场域，影响着高校教师父职实践的基本形态和父职实践的必要性。家庭所提供的父职资源具有丰富性、稳定性的特点，由于高校教师父亲从家庭获得的父职资源在规模和质量上同时受到多个家庭人员自身特点和其拥有资源状况的影响，因而来自家庭的父职资源也让高校教师的父职实践呈现出个性化特征。朋友关系大多是由熟人组成的，高校教师的朋友关系主要由同学、同事和日常交往中的同学家长、球友和邻居等组成，为高校教师也提供了较丰富的父职资源，且具有可及性高的特点，也是高校教师认同自身父职实践的重要参照，使高校教师的父职实践具有一定的趋同性。组织机构和社区层面的关系是由熟人与陌生人混合的关系，高校教师父亲的组织和社区层面的社会关系主要由工作单位、儿童托幼教育机构和社区组成，它们在给高校教师父亲带来支持的同时也为其父职实践带来一定的压力和阻碍，影响着高校教师父职实践的可能性和适宜性，也进一步强化了父职实践的趋同性。社会层面的关系主要是由陌生人组成，为高校教师父职实践提供的父职资源主要表现为公共服务、政策支持、文化认同等，具有松散性和感知度低的特点。社会层面的父职资源使高校教师的父职实践呈现时代性特点。

从资源类型上看，不同类型的资源也对父职实践产生不同的影响。工具类资源影响着高校教师父亲进行父职实践的必要性、投入度和整体水平，信息类资源影响着高校教师父职实践的丰富性和质量，情感类资源对于高校教师在父职实践中的体验感方面的影响则更为明显。具体而言，经济类资源是父职实践的物质保障，经济资源的总量影响着父职实践的总体水平和参与的必要性，相对于育儿成本的资源影响着父职实践的经济压力，而相对于妻子的经济资源影响着其具体亲职分工。服务类资源的总量和抚育人的特征影响着父亲的抚育任务的数量和内容，时间的连贯性和规律性是抚育子女中重要的因素，影响高校教师父亲父职实践的可能性和适宜性。服务资源的类型影响着高校教师父职实践的便利性和育儿成本。信息类资源对高校教师父亲具有指导性作用，能够提升高校教师父职实践的效率和增强高校教师对父职实践的认同度。情感类资源影响高校教师参与父职实践的积极性、体验感和持久度。

高校教师父亲作为父职实践的主体并不仅是父职资源被动的接受者，而且是具有从社会关系中发掘父职资源并灵活运用父职资源能力的行动主体，也能动地建构着自身的父职资源，主要表现在感知并有效利用现有的父职资源、不断拓展新的父职资源以及充分发挥自身优势和特点等方面。

第四章 父职观念：高校教师父职的丰富性要素

　　父职观念是指人们在父职实践过程中所持有的对相关问题的看法和态度。人们对于社会现象的态度和看法源于人们对事物的认知和理解，而这些往往与人们的生活环境和受教育经历相关并深受社会文化的影响。在这方面，现象学社会学对生活世界的研究给了我们很多启示。

　　现象学社会学将"社会"界定为日常生活世界的现实。彼得·L.伯格（Peter L. Berger）和托马斯·卢克曼（Thomas Luckmann）明确提出"社会"具有客观的事实性以及主观意义的双元性质。他们强调社会首先是客观现实，其次，生活世界也是主观建构的产物。生活世界具有强烈的主观面向，这一特性成为现象学社会学对知识社会学关于"社会"内涵的重要拓展。通过强调个体在生活世界中的主观经验和意义建构，现象学社会学将"知识"与"社会"在主观领域实现了同一。这种同一性表明，社会现实并非独立于个体的意识而存在，而是通过人体的主观体验和互动共同建构的。因此，知识不仅是客观的社会产物，更是主观意义赋予的结果，二者在生活世界中相互交织，共同塑造了我们对社会的理解与实践。①阿尔弗雷德·舒茨在埃德蒙德·胡塞尔"生活世界"研究的基础上，放弃了它的超验性质，而认为"生活世界"就是指作为人们日常行为基础的文化世界，"生活世界"是一个空间世界，包括我的身体和他人的身体，以及他们的动作。但身体不仅具有物理客体或生理客体的意思，还是能表达主观经验的领域，是身心整合的客体。在舒茨看来，生活世界呈现出多种形式的结构，其中的每个领域或范围，既是一种认知方式，也是一种了解他人主观经验的方

---

　　①〔美〕彼得·L.伯格，托马斯·卢克曼：《现实的社会的建构——知识社会学论纲》，吴肃然译，北京：北京大学出版社，2019年第28页。

式。①舒茨经常将"生活世界"与"社会世界"混用，认为这个世界最重要的特点，是生活于其中的人们对现实采取理所当然的自然态度，认为生活世界是不言自明的现实，是毋庸置疑的。它是一个多重实在，包括日常生活的世界、科学世界、幻想世界、梦的世界、宗教世界等。②

访谈中，高校教师父亲在描述自己是如何"带娃"的过程中除了提及一些育儿压力和收获外，经常提及的是他们对于父职及其相关问题的理解和态度，这让笔者认识到高校教师的父职实践不仅是一种客观社会层面运用资源的实践，同时也是他们在其生活世界中的父职实践，他们从社会世界中获取和更新他们的父职观念，从而指引着他们的父职实践。

第一节 父职实践中的观念

一、家庭观念

家庭观念是指人们对于家庭功能、家庭伦理和家庭关系等一系列问题的看法和态度。通过对访谈资料的分析，高校教师在谈论父职实践时所提及的家庭观念主要涉及在婚姻、生育、养老、家庭幸福、家庭关系等问题上的态度、评价和看法等，这些观念往往通过他们对一些俗语的理解和解读中呈现，并潜移默化地影响着高校教师的父职实践，主要呈现为以下几个方面的观念。

（一）子女效用方面的观念

在访谈中，父亲们经常聊到关于"为什么要生育孩子"的问题，即关于"子女效用"的问题，在他们看来，生育子女的意义主要在以下几个方面：

第一，孩子是家的传承。以个体为中心，以血缘姻亲为重要标准，建

---

① 〔美〕舒茨：《社会世界的现象学》，卢岚兰译，台湾：久大文化股份有限公司，1991 年第 163-164 页。
② 〔美〕阿尔弗雷德·舒茨：《社会实在问题》，霍桂恒、索昕译，北京：华夏出版社，2001 年第 284 页。

构起由近及远的社会关系网络，便是所谓的"差序格局"，而"家"当然是此社会结构中的核心要素了。"家"不仅建构起了个体的社会交往网络，也成为社会制度创制的基础。

随着 20 世纪 80 年代以来中国独生子女政策的实行，城市大部分家庭夫妻都只生育一个孩子，"四二一"的家庭结构使得父母对孩子的重视大大地超越了他们的父辈。大部分被访谈者都认为孩子对一个家庭来说意义重大，生育是家庭的一种重要功能，是家的一种传承，满足了家庭的繁衍功能，是自己血脉的延续，亮亮爸和萌萌爸都明确表达了这种观点。

> 在我看来，生育就是一种传承，一种血缘的延续，一代一代，每一代都有责任传下去，要不感觉你的家传到后面就没了。……你看我有了儿子之后，感觉如释重负，我觉得自己跟家里有交代了，我们家后继有人了。（U-L-M，亮亮爸）
>
> 中国人还是有传宗接代的观念的，这个你不得不承认，我结婚比较晚，家里总是催，我妈总问我啥时候抱孙子……所以一个家里总要有个孩子，否则感觉就少点啥。（H-A-M，萌萌爸）

第二，孩子是家庭关系的润滑剂。在提到关于孩子的意义时，很多父亲也认为生孩子的意义不仅仅在于"传宗接代"，孩子对于婚姻稳定的作用也是很多父亲都提及的。在他们看来孩子是爱情的结晶、夫妻情感的润滑剂，有助于婚姻的稳定。在国国爸看来，孩子是父亲两人之间的重要纽带，把彼此紧紧连接在一起。

> 夫妻之间哪有不吵架的……结了婚还可能离婚呢，现在离婚也不稀奇，可是有了孩子就不行了，得掂量掂量……孩子是父母感情的润滑剂，婚姻时间长了，也没啥聊的，有个孩子你感觉生活有意思了。（U-A-M，国国爸）

第三，孩子是情感的寄托。一些父亲们在提到生养子女的功能时，也提到了孩子具有重要的情感寄托功能。作为与自己血脉相连之人，他们的成长带给父亲莫大的成就感和对美好生活的期待。

> 我感觉自己跟他就是连在一起的，他就是我生命里的一部分，他好了我也好。你看着他笑，你也打心底里开心。（U-L-M+M，峰峰爸）
>
> 每天看着孩子长大，我就有成就感，很多烦恼都能抛诸脑后。（H-A-M，航航爸）

第四，养儿不为防老。在谈及子女效用问题时，父亲们普遍强调，孩子对他们而言重要的意义在于家族的延续和情感的陪伴，至于养老方面没有太多经济上的诉求，只是希望能够提供一定情感上的慰藉。他们希望孩子将来能够成为一个独立的人，不要让他们有太多牵挂就好。

> 我和她妈都有工作，有各种保险，我们俩养老没问题，所以不指望他们能给我们养老，到时候能时不时地过来看看我们就好。养他们是作为父母的义务，养好他们是我对我父母、对我们这个家的交代。（U-L-M，亮亮爸）
>
> 经济上我对他没什么指望，只要他能够自己挣钱养家，别啃老就行。当然，我们将来也不会成为他的负担。我跟他妈的意见是一致的，以后各过各的，肯定别在一起住。（U-L-M+M，峰峰爸）

可以看出，随着现代福利制度的完善，养儿防老的传统观念已经由经济依靠向精神陪伴转换。

提到生育男孩与女孩的差别，大部分高校教师父亲都表达了男孩女孩无所谓，只要有一个自己的孩子就行的观点。

> 现在都什么年代了，我觉得男孩女孩都不重要，有一个孩子就行，男孩女孩都是自己亲生的。（C-L-M，子天爸）

与此同时，也有一些父亲表示了对于子女性别的偏好。例如，佳佳爸的话语中就透露着生育文化中的性别偏好，虽然并不都是他自己的观念。

> 我知道，老人家想抱孙子，这不还说让我们生二胎呢。（U-L-F，佳佳爸）

> 我老婆当初怀孕时我就想要是个女孩就好了，我们一直想再要个女孩，儿女双全嘛。（U-A-M+F，林林爸）

（二）夫妻权力和分工方面的观念

1. 夫为妻纲

在我国封建社会，一直奉行着"夫为妻纲"的观念，妻子必须绝对服从丈夫，对于女性的要求是"三从四德"。高校教师对于这种观点大多持反对态度，在他们看来夫妻之间是平等的，不能搞一言堂，要尊重妻子，应该通过协商解决问题。良良爸就较多表达了这方面的看法。

> 现在怎么能跟以前一样，人家又不靠你活，有自己的工作，你想搞大男子主义也得行得通啊！不行人家跟你离婚。再说了夫妻之间就是搭伙过日子，不是谁欺负谁的事儿。咱们当老师的，对学生还讲究平等呢，何况对老婆……你得哄着人家……有事商量着办。（U-A-M，良良爸）

在夫妻权力方面，高校教师父亲都是基本一致的，即便妻子在家当"全职太太"的高校教师父亲也表达了尊重和协商的观点。

> 家里事情基本都听她的，大事儿商量着来。这几年她不工作是我们商量好的，怎么可能以这个来说人家呢，人家还是为家里做出牺牲了呢。（U-A-F+F，蕊蕊爸）

2. 男主外、女主内

长久以来，中国传统家庭文化中一直倡导"男主外，女主内"的思想，男人除承担人类繁衍的自然责任之外，最为重要的就是要保证家庭的生存，扮演好"养家者"的角色。女人被看作主要处理家庭内部事情的人，做好相夫教子和后勤保障的工作，这样男人才能全身心地处理外面的事情。男人希望妻子可以悉心操持好家务，安排好自己和孩子的日常生活，把经营家庭看作妻子应该做好的分内事情和一种不可推卸的责任。从访谈看，有一部分高校教师父亲是表示认同这种家庭分工模式的，但是也强调并非绝对化，而且对于"内与外"的理解也有所不同。

> 可能我比较传统吧，我还是比较认同这种观点的，就是现在妻子也都外出工作，所以这个内外之分不好确定……但是有个基本的分工我觉得还是有必要的，中国传统的一些分工模式还是有他的道理的。……我跟她说了，还是要以我的事业为重，她那个职位也没什么可提升的空间，工资也不可能有大幅度提升。（H-A-M，萌萌爸）

与之相对，更多的父亲在谈论这一问题时表达的是关于夫妻之间总要有一个更顾家，顾孩子多一些的观点，在很多父亲看来，这个为家庭做出牺牲的更多时候应该是女人，而且有的妈妈也认同这一点。

> 不能两个人都忙吧，总要有一个相对顾着家呀，都忙事业谁管家呀，时间长了两人肯定会出问题的。（U-A-M，国国爸）
>
> 两个人都不管孩子可不行，总要有个人做些牺牲，他那么心大我可做不到，在我这儿孩子是第一位的，为孩子牺牲是母亲的特点吧！（C-P-M，小宝妈）

3. 他养家与她养家

传统社会中的"男主外，女主内"的思想依然存在于很多人的观念之中，即便是拥有高学历的高校教师们也不例外。受到这样观念的影响，父亲往往被认为是"养家糊口的人"，并没有被期待在儿童照顾上应当承担何种角色、履行何种职能。尽管传统文化赋予了父亲极为重要的期待和要求，"子不教，父之过"。但在传统父职实践中，父亲往往是作为家庭经济收入来源的工具性角色、作为家庭权威的价值性标准而存在。

> 在我看来，父亲首先就是要养家，作为男人，你要先挣钱养老婆孩子才行。（U-A-M+F，林林姥）
>
> 我也不图别的，他能有自己的事业，把工作干好就行，作为男人得养得起家才行。（U-A-M+F，锦程奶）

这一角色界定对父职实践有着重要的影响，在一些"全职妈妈"家庭中，父职几乎完全被母职替代。在双薪家庭中，当因子女养育引起家庭与工作产生冲突时，妥协的也往往是女性。

> 我现在也不工作，主要就是把孩子带好，他挣钱，我带娃，这样也行。（C-A-M+F，斌斌妈）
>
> 有时候孩子晚上闹，我也睡不好，尤其是第二天一天课，脑子根本不转，我就跟她说，再这样下去我就要出教学事故了，达不到岗位考核标准了。后来她就弄孩子跟她妈一屋睡，晚上就基本不叫我了。（H-A-M，萌萌爸）

值得注意的是，经济转型带来的两性社会分工的调整也打破了"男主外，女主内"的神话，对家庭内部的两性分工产生了广泛而深远的影响。始于 20 世纪 80 年代中国市场化导向的改革，使各行各业的收入产生了较大的差异，越来越多的知识女性在劳动力市场中获得肯定，并取得了较为丰厚的薪酬待遇。总之，知识女性经济的独立和事业的发展也重构了其在家庭中的地位关系，并进而更新了人们关于"谁养家"的原有观念。

> 以前是男人养家，现在不一样了，不瞒你说，我老婆的收入不比我低，人家也不靠咱养。咱要是再搞"大男子主义"那一套，人家就不跟你过了。（U-A-F+M，笑笑爸）
>
> 我老公总以工作忙为理由不干活儿，我气急了就说："不行你把

工作辞了，我养家。"我有时觉得要是把在家里干活的时间放到单位里，我也能评优，也能得到重用。（U-A-M+F，林林妈）

现在跟过去不一样了，谁说男的干家务丢人，我看好多男的都干，现在男的干家务挺正常的，也没有什么丢不丢人一说。（H-A-F+M，敏敏爸）

我看爸爸们没有什么绝对不带孩子一说，你看楼下玩儿的，好多都是爸爸带。（H-A-M，诚诚爸）

我能接受全职爸爸，要是我老婆真能养我，我就全职在家带娃，我觉得没什么。（C-L-F+F，云汐爸）

可见，夫妻权力和家庭分工方面观念的更新与重构不仅增强了女性保护和争取自身家庭权益的意识，也促使更多的男性开始更多地分担包括育儿在内的家庭事务，使父职实践呈现出不同于以往的新特点。

二、工作方面的观念

1. 男人要有事业心

很多高校教师的父亲在访谈中都提到照顾孩子不应该成为生活的全部，人需要有自己的事业、自己的生活。男人有工作既是一种生活的需要、是一种社会认可的需要，也是一种自我价值的体现。

男人还是要有自己的事业，不可能天天在家里围着老婆孩子转，你事业发展好了，人家也会高看你一眼，说明你有能力呀。（C-P-M，小宝爸）

我还是挺喜欢高校教师这个职业的，比较有面子，比较容易获得成就感和满足感。（U-A-M，国国爸）

2. 夫妻相互成就

在谈到事业发展时，很多父亲谈到了夫妻之间相互协调、互相成就的看法。从访谈中可以看出，更多的高校教师父亲往往奉行夫妻一体、家庭利益至上原则，如果影响了对方的发展，最终遭受损失的是家庭整体利益。

他们认为不仅男人需要事业，女人也需要，应该从家庭整体利益出发，结合各自的工作规划、工作阶段进行相应调节，在事业发展的关键时刻，对方可以适当做一些牺牲。这相对于"男人以事业为重，女人以家庭为重"传统性别观念而言是有所变化的。访谈中发现，很多准备评职称的教师往往会在工作方面投入更多，而进入事业发展瓶颈期的或妻子处于事业发展关键期的情况下，他们往往更愿意暂时以家庭为重，休养生息。

> 其实有时候是可以相互协调的，两人都有各自事业发展最关键的时候，相互支持一下，你看当老师有一点好，他不一定一直忙，可以自主，还有你可以跟家里人说我先忙两年把职称评完是吧，你评完了就会有个缓冲期，再支持妻子呗。（U-A-M+F，林林爸）
>
> 养孩子就是这一阵子，等孩子长大了，还不是就剩下我们夫妻俩个，所以你也不能太过分，你要发展事业，人家也想有自己的工作，倒不是说只为了挣钱，确实也是有点事情做，有自我价值感，所以都不能太自私，我觉得就是协商吧。（U-L-M+M，峰峰爸）

随着教育程度的提高，女性的自主意识和独立性进一步加强，因此，女性追求成为一个独立个体的主观能动性和客观可能性都有了条件，即使在性别不平等的文化中，也获得了一定程度的权力和利益，女性在家庭内的地位随之提高。一些年轻夫妻组成的家庭中体现出来的对女性事业发展的认同模式既是女性在家庭内崛起的一种体现，在未来，也会进一步影响亲职分工模式的变迁。

> 女人也要有工作，有自己的事情，不能为了家什么都不要，人活这辈子也不能太委屈自己。反正我跟他说过，只要我工作上还有发展的机会，我就要继续努力。（H-A-F，玲玲妈）

3. 要工作也要生活

很多高校教师父亲在谈论事业发展问题时也表达了很多关于工作与生活关系的态度和观点。很多高校父亲都在"工作不是生活的全部"上达成了共识，认为紧张的工作和休闲锻炼应该要平衡协调。他们并不认同工作是生活的全部，家庭尤其是亲密关系和必要的休闲也是生活中非常重要的部分。在他们看来，只会工作的人会显得比较死板、乏味，与生活脱节。

> 生活不能都是工作啊，情感上的满足、精神文化需求都很重要。我记得我父亲那会儿天天去单位加班，忙得不行，我妈也是，每天除了工作就是工作，真是以单位为家，现在人们还是很注重生活的，该工作时工作，该放松时放松。（H-A-F，玲玲爸）
>
> 不能只想着工作，只会工作的人会看起来比较呆，回头跟社会都脱节了，适当也得有点运动，毛主席老人家不都说身体是革命的本钱吗。没个爱好以后退休了怎么生活，我准备回头学学摄影，老了不能做剧烈运动了，拍拍照总可以吧。（U-A-M+F，林林爸）

三、子女教育方面的观念

1. 严父慈母与虎妈猫爸

在谈到关于父亲的角色定位的话题时，高校教师父亲们往往提到更多的是他们对于父母角色的认知。当让被访者用一些词汇来描述父爱时，很多人都同时使用了"父爱如山"这个词。对于这个词的解读一些父亲是从父亲自身具有的特点上来阐释对"父亲"的理解。在他们看来父亲是家里的"有权"之人、"顶梁柱"。很多人强调，在家庭决策与事务中，父亲具有绝对的话语权和权威，父子关系附带有尊卑、上下的意涵。父亲在，会给家人安全感。

> 在我看来，父亲就是家庭的权威，一个家总要有一个权威人物，他爱家人也管家人。（H-P-F，静静爸）
>
> 家里必须要有父亲，父亲能够给家人以安全感，即便不做什么，在就很重要，关键时刻顶得住就行。（U-L-F，佳佳爸）

　　你看过朱自清写的《背影》吧，我觉得父亲就是那样的，默默的，不怎么说话，跟山一样安静，也像山一样是重的，而且不会动的，什么时候他都在那里。（H-A-M，萌萌爸）

　　但更多的父亲则是从跟母亲的比较中去阐释对父亲的认知和理解。一方面，很多人提到父母之爱是有差异的，父爱如山、母爱如水；父亲的形象比较威严、不苟言笑，母亲比较和蔼可亲。父亲一般抓大放小，母亲一般关注细节；父亲比较有力量，母亲一般比较柔弱。可见，在传统的父职角色定位中，往往严父的形象和权威被过度放大，人们往往常用"威严""刚强"等词汇来形容父亲。

　　父亲跟母亲是不一样的，孩子更愿意跟我玩，为啥呢，我没那么多事儿，不叨叨，不像他妈，一会儿冷了热了，这不让玩，那不让去的。（U-A-M，团团爸）

　　在我的印象中，爸爸是很寡言、不喜言笑、说话算数的人。和爸爸在一起，感觉到的是高山般的威严。我们有时候不听话，母亲拿我们没有办法时，往往就会拿父亲的威严来吓唬我们。总是说："那等你爸爸回来，看你到时怎么办，他不收拾你才怪。"（H-L-F，悦悦爸）

　　父亲在我们印象中，就是那个有威严、说一不二、从不唠叨而又极少出现的人。（U-P-M，伟伟爸）

　　说实话，小时候感觉父亲就是一个偶像般甚至是神一样的存在，强大有力、无所不能。（U-A-F，诗诗爸）

　　一般人的常识中，谁要是问一个家庭中的顶梁柱是谁，我想回答通常是父亲吧！（U-A-F，双双爸）

　　父亲不可能像母亲一样细心，母亲是不可替代的。（U-A-F，木木爸）

　　父亲对男孩来说尤为重要，要是父亲不管，只让母亲带，可能会懦弱、胆小、娇气，像个女孩。（U-A-F+M，笑笑爸）

很明显，上述的阐释是符合对主流社会的男性气质认知和理解，与此同时，也有父亲表达了对于父母形象刻板印象的挑战。

> 我觉得父亲也不一定就是那么严厉的，我就没跟我闺女凶过。（H-A-F，玲玲爸）

> 谁规定只能妈妈搂搂抱抱，爸爸就不行啦？我天天跟她们搂搂抱抱。（U-A-F+F，蕊蕊爸）

> 其实在育儿上父母是一体的，除了哺育外，其他都可以互相替代，我看周围有一些单亲家庭的孩子，人家不也一样吗。（U-A-F+M，笑笑爸）

近年来，关于男性气质的研究有所增加，但对于什么是男性气质，学术界至今也没有给出一个能够达成一致的界定。心理学将男性气质看作男性和女性各自内在的一种生理驱动力。性角色理论认为男性气质是一种男性和女性社会差异的社会表现，是由男性和女性通过社会化过程形成自身的一种性别范式。[①]康奈尔的研究让我们对男性气质有了更为深入的认识，并认识到男性气质的层级性以及对于男性处于支配地位，女性处于从属地位的性别实践模式也有了深入理解。[②]上述的关于父母形象的理解和认知让我们看到了性别的建构性与流动性。

2. 孩子要"养"更要"育"

作为全新的育儿权威，为提升育儿的专业性、凸显机构育儿的优势，很多儿童教育机构都倡导以更加专业化的理念来教养儿童。在此过程中，父母也逐渐意识到育儿并非"带孩子"这么简单，而是一项需要学习而更好完成的专业工作。孩子不能够只停留在生活照顾的"养"的层面，更要通过良好的教育，使孩子拥有更多的知识能力和健康的身心。

---

① 舒奇志：《当代西方男性气质研究理论发展概述》，《湘潭大学学报（哲学社会科学版）》，2011 年第 35 卷第 4 期，第 119-122 页。

② 皮兴灿，王曦影：《多元视野下的中国男性气质研究》，《青年研究》，2017 年第 2 期，第 85-93 页。

现在养孩子就是生活上有点累人，但是就那么几年，过去就好，教育可就不是个简单的事情了，教育累心。（H-A-M，诚诚爸）

养育方面老人还能帮帮忙，教育方面可真不行，老人太宠，宠大的孩子没几个好的。（U-A-F+M，笑笑爸）

现在学校里老师布置的这事儿那事儿的，你家长要是没文化还真不行，我也就给他们做做饭吧，学习的事情我管不了。（H-A-F，玲玲姥）

我们发现，通常来讲，高校教师父亲往往认为学习成绩只是孩子学习基本能力的衡量，未来有无限可能，不要在孩子较小时就对学习成绩有过高要求，让孩子保持对学习的热情最为重要。而母亲们普遍认为学业成绩是孩子能够适应当下升学体制的关键，如果现在不能把握机会，何谈之后。当然也有部分父亲在母亲和周围朋友的影响下，尤其是孩子进入小学高年级或初中后，父亲们也普遍开始重视学业成绩。在不同的期待下，父母对于孩子教育投入的看法也是不同的，有的父母倾向于在学习上多投入，有的倾向于在其他能力培养上的投入，有的父母认为参加一些培训即可，有的父母则认为应该注重培训的品质，为高品质教育付费是值得的。

孩子的教育方面，我是这么看的，我觉得只要认真学就好，不一定要多高的成绩，能好当然好，但也不用给孩子太大压力，别让孩子对学习生厌，那就不好办了。（C-P-M，小宝爸）

现在大家都这样，分不行，根本就升不了好学校，他爸反正是心大，你问他管什么啊，不管当然不操心了。（C-P-M，小宝妈）

孩子现在不要搞得太紧张吧，快乐童年吗，以后再好好学。（U-L-F+F，君君爸）

可见，在如何教育孩子方面，各位父亲之间以及父亲与母亲之间存在一定的共性，同时也存在一定的分歧。共同的地方在于他们都认为教育要尊重科学、因材施教，而分歧的地方在于在教育上的投资、学业成绩合格标准以及未来的学习规划方面。

3. 穷养儿富养女

当谈到父亲们对于"穷养儿富养女"的看法时，很多父亲都首先表示了对于传统观念中"重男轻女"的态度，认为在教育过程中无论是男孩还是女孩都应该给予同等的关注和重视，而且他们深信能力与性别无关，在子女成才的期待方面他们并不会受到子女性别的影响。

> 现在很多家都一个，哪还分什么男女差别对待啊，而且现在都什么年代了，又是城市，没有这情况了，反正我身边没有，我也反对。（H-P-F，静静爸）

在他们看来，穷和富并不应该依据子女的性别进行划分，而应该从教育子女的方式上有更深层的理解，在有些方面无论男孩还是女孩都应该穷养，而在有些方面则都应该富养。

> 这个问题，我觉得不是谁穷养谁富养的问题，而是哪方面该穷养哪方面该富养的问题，在我看来，经济上不能太铺张，够吃够花就可以，有钱的话给孩子买点书看看，带孩子多出去走走，见见世面才是重要的。（H-A-F+M，敏敏爸）

与此同时，一些父亲也认同男孩与女孩在教育方式上的差异性，并在自己的父职实践中也起到了一定的作用。

> 这男孩跟女孩应该还是有点差异吧，我感觉我们家孩子就有点太不像女孩了，还爬树，那头发也经常疯着在外面跑，我总说你看都没个女孩的样子了。（H-A-F，玲玲爸）

> 跟女孩说话还是要注意语气的，温柔一些，而且还是要培养点钢琴、舞蹈这些爱好，小女孩有点艺术气息挺好的。（U-A-M+F，锦程爸）

第二节　父职观念对高校教师父职实践的影响

一、父职观念对其父职实践的总体影响

（一）使高校教师父职实践具有一定的延续性

如前所述，高校教师父亲的父职观念往往具有传统与现代杂糅的特征。传统父职实践知识往往大部分来自前人世界，个体在社会化的过程中将其不断地放入自身的库存知识之中，同一个时代人的库存知识具有更多的承继性。在被访者对父职的理解和阐述中，我们发现，虽然由于年龄、性别、职业和成长经历的不同，他们在对"做父亲"赋予的意义上有所差异，但同时也看到他们高度相似性和一致性的部分。他们对于该如何做父亲的理解很多来自他们的父辈，似乎在他们心中存在一个"社会化""普适化""雷同化"的榜样父亲模型，指引着他们自然而然地展开了自己的父职实践。所以每个父亲的父职实践都多少有自己父亲父职实践的影子。父职观念中的传统知识具有指导、规范、约束父亲行动的作用，它使父职实践在一定阶段具有稳定性和延续性，给父亲提供了一定的参照性，是父职实践自我维系的内生性秩序。父职观念中传统知识的部分影响着父职实践的延续性和稳定性。

当父亲这事儿，要说简单也简单，就是照你自己父亲那样儿来呗……说实话，我觉得我跟我爸挺像的，以前还没发现，越大越发现，你看包括带孩子这方面，我爸小时候就属于那种在家与不怎么说话但是干活很细心那种，心里惦记着家，家庭观念挺强的……（C-A-M+F，斌斌爸）

你看我们老家过年还是流行那种男人上桌吃饭喝酒，女的在下面忙活着，所以传统观念还是有的，更别说是带孩子方面了。（U-A-M，梁梁爸）

（二）使高校教师父职实践具有一定的变迁性

与传统知识相比，掌握更多现代知识的人们往往会反思传统知识中的不合理之处，不断更新自身的观念，并尝试通过打破常规建立新的社会规范和行为准则的方式来影响社会。在主体间性的影响之下，这种个性化的"现代"知识逐渐由群体内部而扩散至社会层面，从而也就实现对传统知识的更新，而社会共享知识的更新又影响着更多的父亲，更新着他们的库存知识，因此，从这个意义上来说，父职观念中"现代"的父职知识推动了父职的变迁。

> 现在城市这边可不一样了，尤其我们朋友一起出去玩，租个农家院，你看吧，都是男的在那忙活，孩子们一起玩，女的聚在一起聊天。（U-A-M，梁梁爸）
>
> 现在跟过去不一样了，现在女性家庭地位高着呢，你不可能天天跟个大爷似的在家让老婆伺候，家里的事情肯定都要分担一些的，何况孩子是两人的，又不是人家一个人的。（H-A-F，慧慧爸）

二、父职观念对其父职实践影响的具体方面

（一）影响高校教师父职实践的角色类型

从第二章的分析中，我们可以看到高校教师父亲在父职实践由于其参与度和参与方式的不同扮演着不同的父职角色，而高校父亲们的父职观念通过对父亲行动抉择的影响而对他们的父职角色发生影响，具体表现为以下几点。

首先，对于孩子效用的看法影响着父亲对于父职实践的重视程度，赋予生育抚育子女的意义越重要那么父亲也就对子女养育更为重视，相对参与度也会得到提升。

> 现在都一个孩子，金贵着呢，不管不行啊，再说我们家就这么一

个男孩，家里人都宠着。（U-L-M，亮亮爸）

家里对他都疼着呢，家里就这么一个男孩嘛，我对他也是有期待的，也是很用心地在培养他吧。（H-A-M，良良爸）

我觉得自己现在对闺女就是那种你不让我管也不行的感觉，是我的一种情感寄托。（H-A-F，玲玲爸）

其次，关于夫妻权力、角色的观念影响着父亲父职实践的参与程度、参与具体事项、扮演的角色、参与的主动性等各方面。具体而言，如果在夫妻分工方面持"男主外，女主内"的观点成分越多，往往父职实践的参与度就较低，在父职实践中扮演"替补"的角色，而且也会在参与的具体事项上存在一定的性别隔离。而如果对"男主外，女主内"认同度较低，则越倾向于与妻子共同担负育儿责任，甚至成为"主力"的角色。而且这种观念的影响不仅显现在父亲身上，也同时呈现在母亲身上。

男人就是力量的代表，在家也干活儿啊，登高爬梯，搬箱子，这些事儿基本都是我的，做饭洗衣服我不行。（U-L-M+M，峰峰爸）

女人也要有工作，有自己的事，不能为了家庭什么都不要，人活这辈子也不能太委屈自己。（H-A-F，玲玲妈）

再次，对于工作与家庭关系的看法也调节着高校教师在父职实践方面的投入度。工作家庭矛盾也影响着高校教师父职实践的情感体验。很多父亲在谈到自己的父职实践时都谈到了工作家庭直接的冲突与平衡问题，并认为这直接影响着他们的父职实践。一个人在同一个时间段内的精力是有限的，能够承担的任务总量也在一定的范围之内。因此，当工作占用更多时间时，父亲们能够放在家庭、育儿上的时间就会相对减少，这就需要相应的社会支持进行调节。这个部分在社会资本的分析中我们也有所提及。工作和家庭是劳动者日常时间精力分配的两大场所，无论是角色定位，还是时间和精力的分配都是相互作用的，工作方面的情绪会对家庭产生影响，家庭的负担和挫折也会对工作事务产生影响。

工作和家庭就是此消彼长的关系，放在工作上的时间和精力多了，放在家庭上的就自然少了，我其实更希望她妈妈这两年能多顾点家。（U-A-F+M，笑笑爸）

带孩子肯定占用时间啊，很多事情都没法干，当然无法出成果了。（U-A-F，木木爸）

男人还是要有自己的事业，不可能天天在家里围着老婆孩子转，不过，现在的人跟之前不一样吧，不能天天工作啊，也要有自己的生活，该紧张就紧张，该放松就要放松，我平时就跑跑步、打打球，既保养身体，也能多认识点朋友。（C-P-M，小宝爸）

最后，父亲对子女教养方式的看法不仅影响着他们在子女各方面能力的培养上的侧重点，也决定了他们与子女沟通时表达方式的选择。通常情况下，重视子女学业教育的父亲会更积极地参与到与学业相关的父职实践中，例如辅导作业或关注成绩。同时，认同"严父"形象的父亲可能在与子女互动中保持一定的距离，倾向于通过言语指导或提供服务来表达关爱，而非频繁使用拥抱等肢体接触的方式。相反，一些注重沟通的父亲更容易扮演情感助力型的角色，倾向于通过情感表达和亲密互动来建立与子女的联结。

我觉得孩子不能太宠，不能太没威望了，还是要保持点距离的。……小孩子也不用现在就天天学太多东西，有一两个喜欢的就行，身体必须要锻炼好。（U-P-M，智智爸）

我在我闺女面前没啥面子不面子的，谁对听谁的，也不必跟孩子总板着脸吧，反正我是做不到。（H-L-F，悦悦爸）

（二）影响高校教师父职实践的知与行的和谐程度

从知行合一的角度看，如果一个人能够保持自己的所思所想与自己的行为统一，那么他无论是在行动效果和体验感上都能保持较高的水平。反之，如果思想与行为不一致，不仅会导致行为效果下降，还会使行动者陷入知与行分裂的不和谐状态，从而带来不良的体验感。

从访谈中，我们可以看出他们对于父职的理解和认识越是与其父职实践的实际行为相统一，其个体的父职实践质量就较高，个体在其中的体验感较好，也有利于其父职实践的持久性。例如，对抚育责任的认知也会让父亲在实践中达成自身行为与意识层面的和谐，做到知行一致，能够使父亲获得成就感、满足感。例如，几乎所有的父亲都认为自己在子女教育方面有不可推卸的责任，在这样的认知下他们认为参与到育儿之中是自己职责之内的事情。

> 你应该也听过"子不教，父之过"这句话，我觉得这句话说的是这么回事儿，从古至今，父亲都是相对比较威严的形象，适合对子女进行管束。（U-A-M，景景爸）
>
> "子不教，父之过"，对子女教育当然是做父亲的责任啊！何况咱还是当老师的，再不管啥孩子教育也要管呀！（U-A-M+F，林林爸）

一些父亲在观念上奉行"男主外，女主内"，而现实中又不得不更多负责家庭内部事物的处理时，往往在其父职实践中展现出一定的负面情绪，既不利于其个体的心理健康，又会影响夫妻关系、子女关系。诚诚爸就是个典型的例子，他出生在一个农村家庭，家里还有个哥哥，有个姐姐，父母都是农民，他从小接受的观念就是男人忙工作，女人忙孩子，天天围着孩子转没本事，可是他自己目前迫于各种压力不得不天天围着孩子转，有时候他会因此而心理不平衡，也会引起一些家庭矛盾。

> 我这不也是没办法吗，要不是天天这么忙着，我科研应该会更好。我也知道现在跟孩子有感情了，你要让我不管也不可能，但是心里就是有时候别扭，老家人可看不起这样天天带孩子的了。（H-A-M，诚诚爸）

（三）影响高校教师父亲的育儿目标的定位

从之前的分析我们已经发现人们对男性气质和女性气质的理解会影响父母双方在育儿过程中的一些具体事务的分工。而对于男性气质和女性气质的理解也会影响高校教师父亲对子女的性别角色塑造，社会性别是一个表演过程，即人们在日常生活中按照常规不断表演着其社会性别身份。访谈中发现，一些高校教师父亲会认为男孩子更适合做一些力量型、冒险性的事，而女孩子要稳重矜持一些。高校教师父亲们在父职实践中会对一些不符合性别角色期待的性别行为进行排斥，使得子女的性别角色扮演更符合社会的性别角色期待。

> 在我看来，男孩就要有股子闯劲儿，不能怕吃苦，女孩就要安静一些、温柔一些，所以我同意他妈妈给老二报架子鼓，比钢琴好，打起来挺酷的。（U-L-M+M，峰峰爸）
>
> 你看现在班里学习好的都是小姑娘，而且很多女的都有本事着呢，我就跟我闺女说你只要想学，我都支持着你，不用那么早嫁人。（U-A-M+F，锦程爸）

此外，对于子女教育重点和水平的不同态度也影响着高校教师父亲对子女的培养目标定位，有的父亲更重视子女人文素养的培养，有的父亲则更重视逻辑思维能力的培养。

三、父职观念对其父职实践的影响方式

从访谈中，我们还发现虽然与父职相关的家庭、事业和子女教育方面的观念都会影响高校教师的父职实践，但是它们在具体的作用方式上呈现出以下特点。

首先，家庭观念对父职实践的影响起基础性作用，影响父亲对于父职实践的基本态度，影响着父亲的父职的责任意识和角色意识，对于父亲"会不会"参与和参与"哪些方面"起到了较大的影响作用。

做得多或者做得少，都是不是为了什么，作为父亲，尽自己所能对他进行养护是一种责任。（U-A-M，良良爸）

对孩子还要有所保留吗？我认为对的、好的，我都愿意教他，至于他愿意如何发展就是他自己的事情了。（H-A-M，诚诚爸）

作为高校教师父亲家人角色的小宝妈、小宝爷爷奶奶以及锦程姥姥在这点上与父亲们也是有类似的表达。在他们看来，很多时候自己也会为了维护家庭的和谐稳定做出一定的牺牲。

有时候也是生他气，但你说家里人总吵架对孩子不好，所以为了孩子，我忍了。（C-P-M，小宝妈）

我要不是看在孩子的份上，早就回我自己家了，待在这里哪有待在自己家里舒坦。（U-A-M+F，锦程姥）

只要他们两口子好，我们做老人的就安心，干点活儿没事儿。（C-P-M，小宝爷）

在我们那都是跟儿子过，帮儿子带孙子，给自己家干事儿，应该的。（C-P-M，小宝奶）

其次，对于工作的投入和态度往往基于工作家庭之间的平衡而发挥着调节的作用。往往顾家型父亲相对而言参与度就会高于事业型父亲，尤其在对于孩子的生活照顾方面，前者明显高于后者。子天爸工作压力较小而且对工作成就感没有那么强烈，所以相对而言他比较顾家，而伟伟爸一心扑在自己喜欢的科研上，属于偏事业型父亲，父职实践的参与度较低。

不用天天坐班，我们那科研压力也小，而且我对职称这个东西吧，属于能有就用，也不勉强非要得到，应该算是比较顾家吧。（C-L-F+M，子天爸）

家里的事情我确实管得少，主要是我老婆管，我脑子里总想着我自己那点事儿。（U-P-M，伟伟爸）

再次，子女教育的观念影响着父亲在不同父职实践情境下的抉择，这个部分的影响使得父职实践呈现更多的差异性。如前所述，父亲们在子女教育的具体方式方法上还是存在差异的，由于家庭观念本身的情境性特征也使得他对父职实践的影响也是流动的。例如很多父亲关于父母角色的印象就是流动的，在学习时往往展现严父的一面而在娱乐游玩时又展现其和蔼可亲的一面。

> 这个父母形象也不是固定的，该演狼爸就狼爸，该猫爸就猫爸，我觉得还是依场合而定，你说出去玩，你还一脸严肃怎么行呢？（U-A-M，景景爸）

值得特别注意的是，性别观念会对父亲的家庭、事业和子女教育观念产生全面且深远的影响，性别观念是分散和渗透于其中与他们一起影响高校教师的父职实践的。从某种意义上来说，性别观念不仅影响着当前父亲的父职实践，也通过日常知识的传承，进入了子女的"库存知识"，从而影响着他们今后的亲职实践。

> 男人就是爱找借口，什么这不会，那不会的，就是逃避干活儿，把麻烦都留给女人。（U-A-M+F，锦程妈）
> 我不觉得有些事儿就非要爸爸干还是妈妈干，谁赶上谁干，妈妈不在就让孩子饿着？（U-A-F，木木爸）
> 我跟孩子能踢球，她妈不陪他玩这个。我觉得男孩就要玩点这种带刺激的，不能太软。（U-A-M+F，锦程爸）

从以上分析可以看出，在父职观念对高校教师父职实践影响方面，从总体影响上来看，高校教师父亲的父职观念往往具有传统与现代杂糅的特征，父职观念中传统知识的部分影响着父职实践的延续性和稳定性，父职观念中"现代"的父职知识推动了父职的变迁。从具体影响看，父职观念影响着高校教师父职实践的角色、知与行的和谐程度以及育儿目标的定位。在影响方式上，家庭观念对父职实践影响着父亲对于父职实践的基本态度，工作方面的观念对父亲的父职实践基于工作与家庭的平衡程度而发挥着重要的调节作用，子女教育方面的观念影响着父职实践的具体方式。性别观念会对父亲的家庭、事业和子女教育观念产生全面且深远的影响。

第三节　高校教师父职观念的特征及其形成

一、高校教师父亲父职观念的特征

（一）高校教师父亲父职观念的"知识性"

一直以来知识都成为历史学、政治学、哲学等多个学科普遍关注的部分，学者们都从不同角度对其展开了研究。柏拉图强调知识是对普遍本质的把握，培根、霍布斯等人认为知识是具有必然性和客观有效性的东西，是对个别或感觉经验的提升。卡尔·曼海姆认为重要的就是知识本身，而不是其内在性质及建构方式，把知识置于各门学科和方法的最高层次。[1]在经济学领域，知识创新被看作经济发展的基本动力，而且范围也较为广泛，与"文化"一词意义接近。[2]可见，知识具有一定的普遍意义，在社会行动中起着统筹的总体引导作用。

在行动的知识结构上，更多的学者认为知识是同这个社会分不开的，知识是对社会结构的认知，也就是视角互易性，即强调知识的互相影响。在舍勒看来，一切形式的知识、思想、直觉和认识都带有社会性[3]。卡尔·曼海姆在强调知识普遍性的同时也强调了他的社会性，认为存在于思想家个人头脑中知识实际上是由思想家所处的各种社会环境、社会状况决定的。舒茨通过对知识的起源进行探讨，让我们看到知识只有一小部分来源于我们的亲身经历，而一大部分来自社会，是由我们的朋友、父母、老师以及

① 郭强：《大学社会学教程》，北京：中国审计出版社，2001 年第 9 页。
② 高鸿业：《20 世纪西方经济学的发展》，北京：商务印书馆，2004 年第 589 页。
③ 张伟琛：《劳丹的"不合理性假定"与科学知识社会学》，《自然辩证法研究》，2002 年第 18 卷第 4 期，第 4 页。

我们老师的老师传授给我们的。所以，"我的知识是你的经验的归结，我的行动也可能是你行动的翻版"①。舒茨关于知识的研究证明了知识对于社会行动的发生具有重要意义，强调社会行动是在特定的社会知识情境中产生的，社会既有其主观面向，又有其客观面向。

还有一些学者在承认知识普遍性的同时更重视对知识特殊性的发掘，文化人类学对于习俗这一特殊性知识在人类行动中的作用研究就向我们进行了很好的证明。马克斯·韦伯认为当一群人反复操练是基于长期习以为常的结果时习俗就成为风俗。②显然，这种知识具有一定的稳定性，而这种稳定性将对社会行动产生规范性压力。同样，知识的世俗性在经济、政治范畴也有所存在。这种对知识的世俗认知，既有其正向作用，有时也会产生负面影响。这类世俗知识有维持原有传统模式的功能，但也常催生模仿机制，带来潜在的负面影响。

显然，对知识的认识不能仅仅从学科、社会和世俗意义上展开，知识更多的是内化为人的主观认知。个体对于知识的掌握和运用，是指导个体行动的真正动因。知识只有落实到个体上，才能更好地说明其对行动所产生的作用。在对于科学知识和个体知识的差异方面，哈耶克认为，人们过多关注科学知识以至于忘记科学知识并不是唯一的一种知识，在现实生活中还存在着一种极其重要但却未经系统组织的知识。③显然，哈耶克所指的"未经系统组织的知识"，则是指个人所掌握的独一无二的信息知识。④正是由于每个个体所掌握的知识和信息的不同，他们才会在同样情境出现时进行不同的社会行动。帕森斯依据个体掌握知识的状况不同所产生的效果进行了区分，一种是合理性行动，一种是非合理性行动。⑤强调知识的个体性有助于我们认识到个体对于知识的掌握和运用，是采取社会行动的微观基础，是理解微观主体采取社会行动的个体因素的重要途径。通过以上分

---

① 郭强：《大学社会学教程》，北京：中国审计出版社，2001 年第 250 页。

② 〔德〕马克斯·韦伯：《社会学的基本概念》，桂林：广西师范大学出版社，2005 年第 38 页。

③ 张伟琛：《劳丹的"不合理性假定"与科学知识社会学》，《自然辩证法研究》，2002 年第 18 卷第 4 期，第 120—121 页。

④ 杨敏：《社会行动的意义效应》，北京：中国人民大学出版社，2005 年第 121 页。

⑤ 〔美〕塔尔科特·帕森斯：《社会行动的结构》，张明德、夏遇南、彭刚译，南京：译林出版社，2003 年第 67—73 页。

析，也让我们看到对于知识的认知和研究从强调知识的普遍性、社会性和世俗性的客观性因素转向强调知识的主观因素。

高校教师父亲的父职观念就具有知识性的特征，它具有文化属性，是一种关于父职内涵、形式的主观认知，这种父职观念引导着父职实践的发生发展，它是人们在长期的互动实践中逐渐形成的态度，带有一定的约定俗成性，也多数是为系统组织的，从这个意义上看，父职观念是一种关于父职的知识。

（二）高校教师父亲父职观念的"日常性"

随着中国社会的转型和现代化的迅速发展，日常生活与社会生活的关系越来越密切，这个曾经被人遗忘而很少被提及的领域也越来越成为人们普遍关注的重要研究领域，日常生活对于整个社会生活的基础性和根本性意义也日益被呈现出来。日常生活的维系是通过血缘、习俗、传统、情感、经验等进行的，社会成员在互动中形成稳定的道德认知和个性倾向，日常生活是个体产生思想情感和形成行为习惯的重要源泉。日常生活为个体形成比较稳定的价值取向和社会认同提供了现实基础。①

对于社会行动者或行动者群体而言，日常生活实践具有高度的熟悉性和重复性的实践活动，日常生活的社会空间是一个为人们所熟知并不断重复的领域，它构成了社会生活的基础，并承载着社会历史性的积淀。因此，日常生活具有熟悉性、重复性和基础性的特点。②日常生活世界是人与人直接交往的经验世界，包括了和实体同伴、同时代人、前人或后人的关系，人们根据这些关系执行行为并经验对方。由于人们的日常知识是在实践过程中生成的，因此它必然受到实践的塑造，呈现出同系统化的理论知识不同的特点。日常生活的世界既是认识的来源，也是认识的对象；既是知识产生的空间结构，也以主观形态呈现于意识之中，表现为一种意义结构。

从以上的分析中我们可以看出，高校教师虽然是一批经常从事各种科学研究，与各种科学知识打交道的人，但是在父职实践领域，他们作为一

---

① 马莲，付文忠：《青年价值观引导的日常生活向度探析——以马克思主义日常生活理论为视角》，《中国特色社会主义研究》，2017年第3期，第6页。

② 郑震：《论日常生活》，《社会学研究》，2013年第1期，第65-88页。

个父亲，其"常人"特征更为明显。其高校教师的父职实践是在日常生活中展开的，因此日常知识对于他们的父职实践具有重要影响。父职实践是每一位父亲亲身经历的过程，其中充满了与亲人、朋友等不同社会关系的互动。高校教师父亲的父职观念具有鲜明的日常性特点，这些观念不仅来源于他们的专业背景，更深深植根于日常生活的经验与交往中。

（三）高校教师父亲父职观念的"杂糅性"

如前所述，传统知识与现代知识往往是相对而言的，所谓没有"传统"，就没有"现代"；同样，没有了"现代"，也就无所谓"传统"。如果从两个维度来看知识的传承过程，我们认识到作为知识活动的结果的那一面是传统；作为对传统知识进行修正、补充、更新的另一面则是现代。因为在我们现在看来是传统的知识在不久之前可能也是现代的，因此，传统知识与现代知识作为知识的一体的两面，是同时存在于个人的日常生活世界之中的。

笔者所访谈的高校教师父亲的年龄大多集中于 40 岁左右，正是在改革开放前后出生的一代人，中国社会的快速转型也在他们的知识观念层面产生着影响，由于其具备较高的知识获取能力，因此这种交织着传统、现代和后现代以及本土化、西方化和全球化的文化观念与知识都同时在他们身上呈现。

上述分析中我们看到了高校教师父职实践知识和性别观念的变迁，父母在家庭育儿分工上呈现出传统知识的成分。在"男主外，女主内"观念的影响下，夫妻之间的感情在很大程度上被道德化、义务化和规范化了，夫妻之间更强调的是责任而不是情感，认为夫妻间应当保持着一定的距离，"相敬如宾""举案齐眉"才是正轨。但同时，高校教师父亲们的观念中也呈现出对传统知识的挑战，他们更为深刻地认识到夫妻间的亲密关系的重要性，男女在经济和思想上的独立性，这些知识让他们更多地参与到父职实践中。可见，高校教师的父职实践观念就具备杂糅性的特点。

（四）高校教师父亲父职观念的"情境性"

父职观念是在个人的日常社会交往中逐渐形成的，而生活中的具体实践情境不是固定化和一成不变的，需要个体积极调动认知、情感与身体多重维度而将知识进行迁移，以应对纷繁复杂的社会情境。从上述分析中，我们也可以看出，很多父亲在表述自己对于一些父职观念的理解和看法时都是聚焦于具体情境之下展开的。从这个意义上来看，个体所获取的并不单纯是知识，而是一种基于情境建构的、具有可迁移性的知识，这种情境性知识成为个体运用的工具、资源，成为个体解决问题的手段与中介。

父职观念来源于父亲与日常生活的相互作用，在这一过程中逐步构建起关于社会的知识，从而使自身不断获取知识并展开行动。父职观念是产生于父职实践的情境之中的，而且只有放到父职实践的情境中才能够让我们对这种观念有更深入的认识，而这种观念才能够被再建构。从上述分析我们可以看出，高校教师父亲们的父职观念正是在与家人、朋友的日常互动中获得的，也就是说知识源于他们的日常生活情境。与此同时这种父职观念在日常生活中因情境的转换也处于不断的建构之中，具有明显的情境性特征。

二、高校教师父亲父职观念的形成与更新

（一）父职观念形成与更新的主要途径

从上述分析中，我们可以看出父职观念是人们对于父职的理解与态度，是一种对社会的自然态度。在舒茨看来，人们的这种自然态度的形成是基于个体的库存知识，又称为"手头库存知识"。"手头库存知识"是一种"无内在意义"的经验沉积和存储，这种知识系统既源于社会结构性安排和资源分配，也是个体根据在日常的社会互动中形成的社会印象或社会比较，不断内化和更新的一种知识系统。人与人之间通过符号、语言和社会互动进行知识交流与共享，并在此基础上形成模糊的、不断变动的、多维度的共识。

舒茨认为，知识来源分为两种，一种是来源于社会的知识，另一种是得到社会承认的知识。我们的实际知识和潜在知识都只有极小一部分来源于我们自己的经验，我们的知识是由我们的同伴、同时代的人或者前辈们拥有的经验构成的，而就得到社会承认的知识而言，任何一种知识，不论

是我们自己直接拥有的原创性的经验，还是任何一种来源于社会的知识，只要得到了我们自己的承认和内群体的其他成员的承认，就能具有其重要性。[①]在社会发展的过程中，得到社会承认的知识的力量得到了极大扩展，以至于只要是整个内群体所认可的事物（如习俗、社会民风和习惯等思维方式和行为模式），都会被人们不加质疑地视为理所当然，这样的知识逐渐成为类似于自然世界概念的一部分，尽管它的起源可能被其权威性所掩盖，但其影响却深深嵌入社会生活的方方面面，成为人们日常实践和认知的基础。[②]从时间和空间维度上，舒茨把生活世界划分为直接经验世界、同时代人世界、前人世界和后人世界，并认为这四个领域给现实生活中人们的社会行动与社会关系带来了不同程度的影响。这四个领域一起构成了具有过去、现在和未来的生活世界。从时间和空间维度上，舒茨把生活世界划分为直接经验世界、同时代人世界、前人世界和后人世界，并认为这四个领域给现实生活中人们的社会行动与社会关系带来了不同程度的影响。这四个领域一起构成了具有过去、现在和未来的生活世界，而父职观念就形成于社会世界之中。

从访谈情况看，高校教师父亲们的父职观念的形成与更新主要有以下几种途径。

1. 原生家庭的生活体验

从访谈中，我们发现很多父亲在谈到自己父职实践的过程时都提到了他们童年时自己的家庭生活经历，父母的很多观念对他们产生了重要影响。很多童年与父母相处的情景一直深深地留在高校教师父亲们的记忆中，伴随他们一生。

> 小时候，我爸平时在外面工作。也总不在家，可是他每次回来都给我们带很多好吃的，还带着我们几个去镇上吃顿好的，看电影，我们比过年还高兴，我们几个都能感受到那种父爱，到现在跟我爸关系都挺亲的。所以在我看来，天天在一起未必关系就好，有距离也未必关系就远，高质量的陪伴更有意义。（U-P-M+M，鹤鹤爸）

① 郭强：《知识与行动：结构化凝视》，《社会》，2005 年第 5 期，第 18-38 页。
② 孙飞宇：《方法论与生活世界 舒茨主体间性理论再讨论》，《社会》，2013 年第 1 期，第 37 页。

现在的孩子可跟我们那会儿不一样了，我们那会儿哪家都是好几个孩子，家里大人也顾不上，我们就在村里跑，有时候天黑了，看还没回家，家里人才想起去找，这情况你说现在能有吗，都一个宝还不上哪儿都跟着。（U-L-M，亮亮爸）

我们家就是我爸负责挣钱养家，我妈负责料理家务养我们，我看他们也相处得挺好，一辈子就这么过下来了。（U-A-M，景景爸）

我们那会儿接受的观念就是男人负责养家、女人负责带孩子，我们当时在村里因为都相对有点文化，跟他们一般的家庭有点不一样，他妈算是有工作的嘛，不过一个家里的顶梁柱还得是男人。（C-P-M，小宝爷）

从小周围人，包括我爸给我的观念就是男人要能养老婆孩子，再苦再累也要打拼，要不就不配做男人，带孩子好不好肯定不是主要衡量标准。（C-P-M，小宝爸）

老婆家是城市的，从小就娇惯着，她以前还没我干的活多呢，她说从小她就是她爸带大的，她爸啥都会干。（U-A-F+M，笑笑爸）

我父母关系很好，在我印象中没听他们吵过架。（H-A-F，玲玲爸）

反正在我们家，就是我爸我妈他们都干家务，我爸手挺巧的，很多活都会干，我就记得我妈不在家时，我爸也经常给我们做饭，我爸也没打过我妈，两人关系一直挺好的。（H-A-F+M，丽丽爸）

可见，父母的观念深深地影响着人们对父职的理解。被访的很多父亲从小就受到类似男人长大后要支撑家庭、保护家人，承担家庭经济和社会责任这样的教育，即便是受过高等教育的父亲们，即便他们在社会范畴内也积极倡导并认同男女平等的观念，但是在家庭内部分工方面，也更为认同"男人是指向外，女人是指向内"的说法。

我家是农村的，家里就是典型的"男主外，女主内"的样子，我妈一辈子没工作，在家管我们兄妹几个，我爸基本啥都不管。所以我从内心认为，我就是该多挣点钱，孩子要关心但是不能只管孩子。（U-L-M+M，峰峰爸）

现在我们社会倡导男女平等，我也认为男女确实应该平等，不能有歧视，你看咱们很多女老师人家确实厉害，科研教学样样行，就是要给人家同工同酬。但是家里，两个人相对而言，按咱们传统观念，男人还是在外多一些。（H-A-F+M，敏敏爸）

与此同时，女性往往也被从小教育为除了学习之外，也要学习如何操持家务、如何相夫教子，做一个好的妻子和母亲。这使得很多家庭中的母亲也或多或少认同父亲作为"养家者"的角色，即便是同样受过高等教育的女性也是如此。

我妈从小就唠叨我，你这样啥都不干，啥都不会，将来咋嫁人。（U-A-M+F，锦程妈）

一个家庭里女人可以不工作，男人要是没工作，靠女人养可不行，我看不起这样的，所以还是要保证他的工作。（U-A-M+F，林林妈）

由此可见，原生家庭的生活经验对人们理解亲职角色产生了重要且深远的影响。

2. 受教育经历

舒茨指出，前人的世界存在于我们出生前，是一个已经结束并成为过去的世界。这个世界虽然能够对我们产生影响，但我们无法对其施加影响。然而，我们可以通过理解前人的经验和行动，将其过去的经验融入自己的认知框架中，仿佛这些经验成了我们自己过去的社会经验的一部分。[1]我们可以通过读书的方式，借助符号获取前人对世界的认知。受教育是一个丰富和拓展个体"手头知识库"的有效方式，对于高校教师父职观念的形成发挥着重要的作用。受教育不仅使高校教师父亲在积累日常知识的同时，能够获取更多的科学知识，还帮助他们从传统知识中筛选精华、剔除糟粕，从而实现知识的优化与整合。正如舒茨所指出的，库存知识中有一部分直接来源于科学世界的贡献。因此，学校在高校教师父亲的手头库存知识更

---

[1] 张浩军：《舒茨社会世界现象学视域中的他人问题》，《学术研究》，2018 年第 5 期，第 21-28+177 页。

新中扮演着至关重要的角色。

不仅如此，对于很多父亲而言，受教育的经历不仅是学习文化知识的过程，更重要的是观察他人言行、学习他人言行的过程，而且同学之间的友谊一直伴随着他们，也为日后更新自身的库存知识奠定了基础。在一些出身农村的高校教师父亲看来，学校成为他的第二个"原生家庭"。

> 我们小时候那会儿村里就有个小学，你要是再往上就得去镇里，好点的中学都在县里，所以我很小就离开家住校了，那会儿一两个月才回去一次，而且住一两天就回学校了，所以我好多记忆都是宿舍生活。我感觉自己好多人生观和价值观更多地受学校老师和同学的影响。初中班主任就给了我很多温暖，所以我当时就想我今后不能像我父亲一样，还是要多跟孩子交流。（U-A-M，俊俊爸）

被访的高校教师父亲们一般都拥有博士研究生学历，学历最低也是硕士研究生，这也就意味着他们从进入小学开始算起有将近 20 年是在学校中度过，其中大约一半时间是在大学校园中度过的。他们在学校学习科学文化知识的同时也与老师和同学密切互动。他们在互动中交流思想，彼此理解，教师和同学等成为高校教师父亲们社会观念形成过程中的重要的影响因素，同时也为他们检验辨别其他认知和理解提供了重要的参照。

> 从小学到博士这是一下子上了多少年啊！所以说对我影响最大的应该还是学校，尤其是大学，我感觉最为重要，因为大家都住在一起，互动也比较多，一个宿舍就是一个小社会，有自己的宿舍文化，相互影响，他们很多看法在当时对我原有的观念还是有冲击的。（H-A-M，航航爸）

很多父亲都提到大学生活对他们的影响是深远的，这种影响甚至超过来自家庭的影响，翠翠爸是某高校思政教育专业的副教授，博士毕业于北京大学，在大学里他听了很多讲座，也结识了来自全国各地的朋友，他觉得自己的精神世界是自由而丰富的，在他看来自己之所以与父亲在观念上有那么多的不同都是教育带给他的。

> 我跟我父亲的关系一般，他属于那种典型的传统男人，只管下地干活儿，挣钱拿回家，好像也没有什么交流意识，跟我妈说话也少，我觉得我很多自卑的心理就是小时候留下的阴影。我希望自己不要成为那样的人，可能物质上不能提供给孩子太多，但我希望她能感受到父爱，能够成为一个内心有力量的人，所以你看我平时也翻一翻儿童心理学方面的书。（U-A-F，翠翠爸）

3. 亲身实践和有意识的学习

在父职观念的形成中，能够让高校教师父亲们产生切身体会的就是正在进行着的父职实践，每天他们都会遇到不同的父职实践情境，在应对的过程中获得新的知识，形成对父职实践新的认识和理解，在这个过程中他们的性别观念也在发生变化。

> 孩子是发展变化的，所以不可能有一定之规，你得根据他的眼神、反应来随时调整你的方式方法，现在看我也是没做好，但是也长了经验，至少以后会注意。（U-A-M，景景爸）

> 说实话，我还是挺心疼我老婆的，做女人也挺不容易的，十月怀胎，快生那会儿脚都肿成啥样了，我不是陪产了吗，我都替她疼。（C-L-F+F，雪雪爸）

被访高校教师父亲的学历大多为博士研究生，至少也在硕士研究生以上，多年的受教育和工作需要，学习已经成了他们的生活常态，这也使得他们能够实现与"过去的世界"的知识共享与对话，不断丰富和更新他们的库存知识。访谈中，一些高校教师就提到他有孩子以后看了不少古代文学中关于家庭和父亲的书籍。

> 你别看我是理科生，但是我挺喜欢看一些历史书的，我家里有不少历史文化方面的书，其中也有不少关于教育人，当然也包括教育孩

子的部分，平时拿来翻一翻还是有收获的。（U-P-M，智智爸）

可见，读书是我们从前人世界获取知识，进而形成和丰富我们库存知识的途径，也是形成父职观念的途径。

4. 当前生活中的亲朋和友邻

访谈中我们可以看到，高校教师的父职观念的形成与更新往往都是源于他们直接经验的世界，如父母、妻子、朋友等，他们以库存知识和互为主体性为基础，通过解释获得关于生活世界的新的认识。交往是人的社会存在的基本方式，是人的社会性的重要体现，交往不仅是高校教师父亲们获得相关育儿经验的来源，也是对自己父职实践进行评价的重要参照。与以往的父亲行为相比，现如今的父亲在谈论孩子教育话题时表现得更加积极和开放。他们不仅与其他父亲交流育儿经验，甚至还会与异性讨论家庭教育问题，不再将教育孩子视为仅仅是母亲的责任。这种转变既反映了当代父亲在父职参与中的主动性和平等意识，也体现了社会对父亲角色的期待正在发生变化。

> 我觉得怎么当爸爸，最重要的影响还是我老婆、孩子，其他人就没那么重要了，毕竟都是关起门来过日子。（U-A-F，双双爸）
> 现在女的跟过去哪里一样，我老婆收入比我高多了，人家说话也硬气着呢。（U-A-M，良良爸）
> 我们同学或者同事碰到一起，经常会聊聊孩子的近况，交流一下育儿经验，也了解一下现在的形势。有时候和同学打电话也会谈到小孩教育问题，交流现在上了什么培训班，应该如何报课外班。（U-A-F+M，笑笑爸）
> 我同学跟我一样，都是外地的，也没人帮忙，都是自己弄，我们两家经常周末聚聚。（H-A-M，诚诚爸）
> 我看我们院里一到夏天，晚上吃完饭，也好多爸爸陪着下来玩。（U-A-F，翠翠爸）
> 我看过一篇论文讲目前父职缺席问题还挺严重的，比例好像是挺

高，我咋感觉周围带娃的爸爸还挺多呢。（H-A-F+M，敏敏爸）

5. 社会文化及大众传媒

访谈中父亲们经常会提及当代的一些媒体中的宣传以及从陌生人那里获得的知识对其观念的影响，虽然他与那些人并没有直接的互动，但是在父职观念层面，由于主体间性和社会库存知识的存在，让人们彼此理解，于高校教师父亲而言也会产生"现实感"，这也让父职实践呈现出时代性的特征。

> 我们现在跟过去不一样了，你看现在全职爸爸已经不是什么稀奇事儿了，以后估计会更多。（C-L-F+F，云汐爸）
> 你看现在好多综艺不都宣传爸爸带娃的事儿吗，我儿子挺爱看的那个叫什么《爸爸去哪儿》，每次看就说："爸爸，那个地儿是哪，你也带我去吧！"（U-A-F，木木爸）
> 你看过那个《小欢喜》吗，演得挺真实的，我觉得我挺像里面那个妈妈的。（U-A-M+F，锦程妈）

随着互联网和自媒体的发展，人们的同时代感也在增强，大众传媒作为知识观念形成和更新的作用也在增加。父母往往是儿童早期观察学习的重要对象，父亲成功的父职表现对于男性儿童来说是重要的父职示范经验，也成为影响其父职自我效能的重要影响因素。社会学习理论认为，人们除了亲身经验学习外，还可以通过观察进行替代性学习，但替代经验对人们知识和观念的影响力仍然不及个体亲身经验。从访谈来看，随着网络自媒体的发展，高校教师父亲们的观念更新除了受到身边榜样的影响外，还受到大众媒体和"网络达人"的影响，尤其是类似抖音、快手、微博、微信朋友圈等 App 这种个人化、图示化、便捷化的网络媒体对他们的影响会更大，因为其中都是生活中的普通人呈现自己的育儿经验、体会，并有实际记录的影像，这种示范对于高校教师父亲们来说也起到替代性学习的作用。

> 你看现在朋友圈基本都是晒娃的，都是去这去那了，我有时刷一

刷朋友圈还能发现好的地方，回头也带孩子去。（U-L-M+M，峰峰爸）

你看马路上不也有爸爸推着个婴儿车走吗，就是电视说的那种"超级奶爸"吧，现在人们确实是包容多了，只要自己愿意，怎么都行，没人管你们家的事儿。（U-A-F+F，蕊蕊爸）

现在抖音我看好多学生在用，我也下了，那里还有一些当了爸爸的也开了账号跟你讲自己每天跟孩子在一起的事情，我有时也看看。（C-L-M，子天爸）

可见，高校教师的父职观念的形成是建立在个体生平情境之上的。所谓个体生平情境，是指一个普通人的生活历史，每个人的生平情境是不同的，所以他也就拥有了不同的"手头库存知识"。这些"手头库存知识"是在一个人以往生平情境中积淀而成的，这些以往的主观经验构成了人们在面对各种情境时可以利用的库存知识，是人们理解新现象、解释新事物、采取新行动的前提与基础。任何一个个体的生平情境都不仅仅是"现在"，不仅是"此时此刻"，它还是"历史性的"。个体不同的生平情境使他们拥有不同的兴趣、动机、性格、抱负以及宗教信仰等。个体的这些经验和知识构成的经验储备具有鲜明的个体特征，生平情境的独特性也构成了每一个个体的独特性。高校教师父亲正是在每个人的生平情境中形成了自身的"手头库存知识"，每一个父亲都有着自己过往的历史，也都在经历着不同的父职实践，因此，每一个人都是在自己库存知识建构的父职观念下展开父职实践。

（二）父职观念形成与更新的基本过程

常人方法论的代表人物加芬克尔曾经采用"破坏性"实验的方式研究发现似乎有一种不言自明的人们共同遵循的规范、观念和对事物的看法在指引着人们基本的行为和思考方式。[1]这种态度被舒茨界定为想当然的自然态度，是指人们在日常生活中所持的最初的、朴素的、未经批判和反思的态度，他认为，自然态度的形成是基于"库存知识"形成的，而社会共享

---

[1] 范宏雅，赵万里：《谈话分析与常人方法论的质性研究》，《山西大学学报（哲学社会科学版）》，2012年第02期，第60-64页。

知识是库存知识的来源，社会共享的关于日常生活世界的知识是获得现实感的条件，而现实感使社会行动成为可能，并进一步产生社会共享知识，社会制度和秩序在此基础上形成。①从以上的分析中，我们可以发现，父职观念就是一种关于父职实践的理解和态度，而它的形成与更新也是一种日常知识的形成与更新的过程。

父职观念的形成是以库存知识为基础的。在舒茨看来，普通人在对外在世界进行理解的时候，也和科学家一样运用了一套复杂的抽象构造来理解这些对象，这种构造物就是"库存知识"，在日常生活中，世界普通人正是利用"库存知识"来理解世界的。相对于科学知识而言，库存知识是不连贯的、模糊的，它是人们在生活中用来解决实际问题的一种习惯性知识。②库存知识是自然态度的基础，如果库存知识不能发挥作用，自然态度就会被破坏，生活世界的现实感也随之丧失。

父职观念形成过程是从个体建立自身的手头库存知识库开始的。社会共享知识库在个体出生前就存在了，人们出生后通过社会化以及生活世界主体间性的特点而建立个体的"手头库存知识"。所谓主体间性在舒茨看来是生活世界最为重要的特点，是指日常生活中的众多主体之间既相互独立也相互理解的一种特征。这一方面使生活世界不再是某个人的世界，而是对于所有人来说共同的世界，另一方面也意味着在生活世界中存在着互相联系着的同伴。③

正是社会共享知识库的存在，让人们实现了知识的共享，也是一种社会规则和伦理的共享，这些都深深影响着人们社会观念的形成。当一个父亲展开其父职实践时，除了是一种身体层面的实践外也是一种意识上的实践，是一种社会文化的实践。由于社会共享知识库和主体间性的存在使得陌生人之间也实现了知识的共享，同一个时代的人有着相似的社会观念，而这些观念也影响着父亲们对于父职的理解和态度，形成了他们的父职观念。被访的高校教师父亲大多出生于改革开放前后，他们的人生经历了我

① 赵万里、李路彬：《日常知识与生活世界——知识社会学的现象学传统评析》，《广东社会科学》，2011 年第 3 期，第 198-205 页。
② 杨嫚：《沟通的错位：公众风险认知与科学议题报道》，《科学学研究》，2014 年第 4 期，第 481-485+492 页。
③ 〔美〕阿尔弗雷德·舒茨：《社会实在问题》，霍桂桓、索昕译，北京：华夏出版社，2001 年第 295 页。

国社会经济快速发展的时期，也是传统观念向现代观念快速转型时期，因此他们的父职观念是不同于其父辈传统的父职观念的，都更为强调父母共担抚育子女的责任，强调父职实践的情感沟通维度以及重视子女教育等，呈现出新父职的特点。

当然，社会共享知识库的存在并不意味着同一个时代的人都拥有同样的社会观念。从上面的分析中，我们不难发现，虽然在很多问题上，父亲们表达了类似的理解和看法，但是还是会在一些问题上表现出一定的差异性甚至是有着相反的看法，这让我们认识到个体父职观念的形成一方面在于社会共享知识库中与父职相关的知识，而更为重要的还是其自身的库存知识，即个体的"手头库存知识"，因为他的父职观念主要还是由其自身的库存知识形成的。正是"手头库存知识"影响着各位高校教师父亲的家庭观、事业观、教育观以及性别观，因此对于"手头库存知识"的来源和形成显得尤为重要。

值得注意的是个体库存知识并不是一成不变的，而是随着个体的社会化过程、经历的丰富以及有意识的学习而不断扩充和更新的。如前所述，在生平情境的形成过程中，成人个体通过自身的经验与父母、朋友、老师的言传身教获得认识和适应环境、应付各种事件及生存所需要的各种诀窍等方面的知识。这样的知识自童年时代开始不断积累，通过类型化和关联结构的认知加工方式，共同积淀成为个体"手头库存知识"，当我们遇到熟悉的情境时就随即从知识库中寻求应对方式。但是，当我们遇到不熟悉的情境时，我们就需要对我们的库存知识进行更新。正如舒茨对社会世界的分类所指出的直接经验的世界和共同世界成为我们进行观念更新的来源。当然，这二者对于我们知识更新的影响是不同的。直接经验的世界是一个面对面的情境，他人和我共享一个时间和空间的共同体，即"邻人"。因此，在直接经验世界中人们之间的理解也就更为深入，在理解主观意义时，我们往往是和他人处在一个直接经验的世界。在同时代人的世界里人们能够感知到彼此在同一个时空中，但不具有时间和空间上的直接性。在理解客观意义时，我们往往在同时代人的世界里进行，所体验到的是类型化的观念对象，而非鲜活的主观个体。当个体对自己的"手头库存知识"更新后，通过社会互动、凭借主体间性逐步影响周围的人，从直接经验世界的人到共同时代人的世界，进而实现知识的合法化、制度化。

基于以上分析，我们可以看出日常知识是个体父职观念形成的重要基础，是在社会的宏观结构、社会共享知识和社会化过程中的互动共同作用下形成的，个人知识库形成于生活世界，来源于社会共享知识，个体的社会化过程中内化了关于生活世界的知识，成为"社会"的主观面向。这些关于社会的知识塑造了高校教师父亲对生活世界新的认知，并在此基础上不断产生"社会"的新的主观面向，影响着他们对社会各方面的理解和认知，进而影响着他们的父职观念的形成与更新。而个人的父职观念的更新也通过主体间性与他人共享，而建构了社会的父职文化。

（三）高校教师在父职观念形成与更新中的能动作用

高校教师在父职观念建构中的能动性发挥主要体现在获取知识的方面，因为父职观念形成的基础就是人们的库存知识，而且每个个体在形成和更新自身手头库存知识库的过程中发挥着重要的作用，高校教师可以在学习知识、反思知识和分享知识三个方面发挥自身的作用。

首先，在学习知识方面，大部分被访的父亲们都一直保持着自觉学习的好习惯，也非常愿意去接受新的知识，这对于父亲更新自身的父职观念是非常必要的。对知识的渴求让人类摆脱了愚昧和无知的状态，创造了人类发展史上一个又一个文明。如今的互联网为知识的获取和传播提供了前所未有的便捷渠道。当开放的思维系统接受外界的新知识和信息时，就会和头脑中已经储存的知识形成对照，二者之间存在的差别，一方面会使人产生一种因吸收了新的知识与信息而带来的愉悦心情，同时也会激起一股弥补这种差别的创造冲动，即产生创造的意识与欲望。面对面的互动和亲身实践都是重要的知识来源途径，因此高校教师们可以通过拓展自己的社会关系的广度来与更多的人进行思想的交流。与此同时，高校教师的父职实践就是他们父职观念更新的最好方式，因为在父职实践中他们会发现新问题、解决新问题、与不同的人发生互动，这一过程使得高校教师父亲的父职观念也处于不断丰富与更新的过程之中。

其次，对于自己以往观念的更新也依托于个体对于已有知识和观念的反思过程。所谓"温故而知新"，其中的"温故"正是对已有的认识通过独立思考来进行反思，以实现理解知识体系及其与实践的关系，这就需要设定知识反思的参照条件与认知体系，把对知识本身的内容、结构、逻辑以及由此泛化出更多的内容进行全面、客观的整理和学习。同时，在这一过程中，需要坚持并运用辩证唯物主义与历史唯物主义的出发点，通过验证正确的知识基础，将知识与不同的"参照系"进行比较和对照，从而实现"知新"。父职实践是高校教师父亲有意识的行动过程。安东尼·吉登斯认为，个体能动性的发挥渗透在动机的激发过程、行动理性化和行动的反思性监控三者之中，行动者的行动是一个复杂的过程，反思性监控是行动者不断监控自己，试图对自己的各种实践活动有所认识，同时希望他人也对自己的这些活动有所看法。反思性监控所牵连的就是行动者能动作用的有意性。[1]高校教师父亲在父职实践的过程中要保持对自身行动的监控与反思，不仅仅是行为层面，也包括观念层面，通过比较与鉴别，在理解他人看法与态度的基础上，吸收传统知识与现代知识的精华，提升自身手头库存知识的质量，不断丰富与更新父职观念。

最后，在人类发展的历史长河中，知识分享行为贯穿始终，只有将知识进行分享和传播，人类才能对知识有所创新和突破，人类才能得到进步和发展。从上述分析中，我们不难看出知识的获取与分享都依赖于主体间互换视角的彼此理解，通过主体间性，实现了个体知识与社会共享知识的连接，因此，行动主体把从实践中获取的知识和观念进行分享对于社会父职文化氛围的营造意义更为重大。受到职业使命的影响，高校教师父亲本身就肩负着传播和分享知识的责任，也具备这样的能力，因此他们在父职实践中所积累的知识和观念通过分享可以影响更多的人，具有社会建构的意义。

从以上的分析中我们发现，高校教师父职观念具有知识性、日常性、杂糅性和情境性的特点。从父职观念形成的来源看，高校教师父亲父职观念主要来源于他们的生平情境，面对面的互动和个体亲身实践经历对

---

① 彭茂辉，周羽娜，彭泽平：《反思性监控：信息技术教师专业发展的基本途径——吉登斯结构化理论对信息技术教师专业发展的启示》，《现代教育技术》，2011年第8期，第34-37页。

于个体的观念形成具有重要影响。从父职观念的形成与更新过程看，高校教师的父职观念的形成与发展是一个基于社会共享库存知识建立个体手头库存知识，并在互动中不断更新与分享的过程。高校教师在父职观念形成的过程中可以在学习知识、反思知识和共享知识方面发挥其能动性。

本章小结

父职观念是个体基于对父职实践的认知和理解而形成的基本态度，对其父职实践发挥着重要的引导作用，是影响个体父职实践的丰富性要素。高校教师父亲的父职观念渗透于家庭、工作和子女教育方面，具有一定的零散性。父职观念对高校教师的父职实践具有重要影响，其影响主要表现在以下几个方面：从总体影响上看，高校教师父亲的父职观念中的传统与现代知识的杂糅性影响了高校教师父职实践既呈现出延续性的特征，又具有变迁性的特征；从具体影响上看，父职观念影响着高校教师父职实践的角色、知与行的和谐程度以及育儿目标的定位；从影响方式上看，家庭观念影响着父亲对于父职实践的基本态度，工作方面的观念影响着高校教师父职实践在工作与家庭之间的抉择，调节着家庭对父职实践的影响，子女教育方面的观念影响着父职实践的具体方式，性别观念会对父亲的家庭、事业和子女教育观念产生全面且深远的影响，不仅影响着当前父亲的父职实践，也通过日常知识的传承，进入了子女的"知识库存"，从而影响着他们今后的亲职实践。

高校教师父亲的父职观念具有知识性、日常性、杂糅性和情境性的特点，库存知识和主体间性成为个体形成父职观念并实现社会共享的关键因素。高校教师父亲父职观念主要来源于他们的生平情境，而其中原生家庭发挥了重要作用，教育更是发挥着丰富个体库存知识以及调节家庭对其观念影响的重要作用。从父职观念的形成与更新过程看，高校教师的父职观念的形成与发展是一个基于社会共享库存知识建立个体手头库存知识，并在互动中借助主体间性不断更新与分享的过程。与此同时，高校教师在父职知识建构的过程中也发挥着一定的能动性。在父职观念形成和更新的过程中，高校教师对于知识的学习和反思能力有助于他们父职观念的更新和分享。他们可以通过亲身实践和社会互动增加情境积累来不断学习和构建新的知识。在这个过程中，他们不仅更新了自己的父职观念，而且通过主体间性影响其他人，从而更新社会的共享知识。

第五章　育儿胜任感：高校教师父职的持久性要素

　　育儿胜任感是指个体基于对自身父母角色适应的感知和对自身能否胜任该角色的一种评价和判断。育儿胜任感的界定最早源于对个体在育儿领域所获得自尊感的考察，让·吉博-沃尔斯顿（Jean Gibaud-Wallston）研究发现，仅仅考察整体自尊感并不能有效预测父母在特定情形下的行为，所以提出了育儿胜任感这一概念，并从角色适应和对自身育儿能力的预期评价两个维度加以考察。[①]夏洛特·约翰斯顿（Charlotte Johnston）和埃里克·J. 马什（Eric J. Mash）在让·吉博-沃尔斯顿的基础上又进一步将阿尔伯特·班杜拉（Albert Bandura）的自我效能理论融入育儿胜任感的考察中，认为可以从个体扮演父母角色的满意度和父母对处理孩子问题感到有能力并有信心的程度来对育儿胜任感进行考察，因此将育儿胜任感的测量维度分为育儿满意度和育儿效能感。[②]后来，很多学者的育儿胜任感量表测量也大多以上述划分为依据。克里斯蒂娜·努内斯（Christina Nunes）等通过对父母自尊、父母效能感和父母知觉的相关定义研究发现，所有定义基本都包含父母认知和父母情感上的认知两个要素。[③]可见，父母对自身的认知在育儿实践中发挥着重要作用。因此，本书以夏洛特·约翰斯顿和埃里克·J. 马什的观点为基础，从父亲对于自身目前育儿实践的满意度和对自己能够

---

① Gibaud-Wallston J. "Self-esteem and situational stress:factors re-lated to sense of competence in new parents", Doctoral Dissertation, Nashville: George Peabody College for Teachers, 1977, pp41-78.

② Johnston C, Mash E J . "A Measure of Parenting Satisfaction and Efficacy". Journal of Clinical Child Psychology, 1989, vol(18), No.2, pp167-175.

③ Nunes C, L Jiménez, S Menéndez, et al. "Psychometric properties of an adapted version of the parental sense of competence (PSOC) scale for Portuguese at-risk parents". Child & Family Social Work, vol (21). No.4, 2016, pp433-441.

胜任该角色的信心两个方面来考察高校教师父亲的育儿胜任感对其父职实践的影响。

第一节　高校教师父亲育儿胜任感状况及影响因素分析

一、高校教师父职实践中的育儿胜任感呈现

当访谈中被问及"你觉得自己是一个好爸爸吗？"这个问题时，很多父亲并没有及时回答，而是在经过了一大段关于父职实践的"自我分析"之后才对这一问题进行了多角度回应。而当我问"你相信自己能做个好爸爸吗？"这两个问题时，大部分高校教师父亲都能及时用较为简洁的语言做出判断，然后才适当说一下自己的理由。这让笔者意识到高校教师父亲对于这两个问题的思考方式是不同的，虽然育儿满意度和育儿效能感都是育儿胜任感的重要构成部分，是高校教师关于自身父职实践的一种认知和评判，但是当高校教师父亲对这二者进行评价时，他所采取的评判机制是有所区别的。访谈中也证实了这一点，通常情况下，对当前自身育儿满意度高的父亲育儿效能感也较高，但有时这二者也会出现不一致的情况，当前的育儿状况并不一定会降低高校教师父亲对自己未来育儿能力的预期和评判，雪雪爸、俊俊爸和鹏鹏爸都有类似的陈述和表达。

> 我承认目前我确实是管孩子的时候不多，跟我们系有些爸爸比确实不太行，但需要我时我肯定是尽心尽力把孩子照顾好，这是肯定的。（C-L-F+F，雪雪爸）
>
> 现在做得不算特别好，算合格往上吧……但都是个从不熟悉到熟悉的过程，现在不好，说明还有发展空间。（U-A-M，俊俊爸）
>
> 虽然现在一般，但以后应该没问题。我相信未来会更好。（H-L-M，鹏鹏爸）

当高校教师父亲对育儿满意度这个维度进行评判时，除了会基于他们在父职实践中的客观状况外，影响他们进行主观评价的一个重要影响因素是他们的参照标准。高校教师父亲在做出评判时往往更多地运用的是他们的逻辑思维能力，从不同方面不同维度上参照不同的标准从多角度进行分析和考量。大部分的高校教师父亲都会强调，这样的问题不能一概而论，要分具体情况来讨论，不同的情况下、不同的理解下可能答案不一。

这个要看怎么个养法了，哪方面，就算我能养，还是父母一起养好。（H-A-F+M，敏敏爸）

这个我觉得吧，还是要看你怎么理解养好了，什么程度叫好？如果就是让孩子吃饭睡觉，那没问题，但是我可做不到像他妈那么细致。（U-A-F+F，文文爸）

嗯，事实不是已经证明了吗？我应该算行吧，至少比很多人好……周围同事啊、朋友啊都说我做得不错，我自己也觉得还可以。（U-A-F+M，笑笑爸）

自我效能是指个体对自己能够成功完成某项任务或达成特定目标的能力的预期、信心或信念。当高校教师父亲对自身育儿效能感进行评价时，除了对当前父职情况的满意程度影响外，一个很重要的影响是他们个体在过去和其他方面的经历中逐渐培养形成的一种认知思维方式，而这种认知思维方式由于每个人的经历、个体性格特点不同而因人而异。育儿效能感高的父亲，往往不会因为父职实践中的一点小挫折或表现不佳就对自己未来可以做好失去信心，而且一旦明确哪个方向是自己想要达成的也不会因为不容易实现就轻言放弃。

不一定尽善尽美，但会努力，很多事情不都是努力来的吗？（U-L-F，佳佳爸）

我当时什么也不会时也是从零开始的，后来就好了，其实照顾孩子也没什么难的，只要你想学，多做做就自然而然地会了。（U-A-F，木木爸）

其实我知道做一个那样的好父亲确实挺难的，可能最终我也做不到，但是也不能什么都不做，不是有那句话吗，叫永远在路上，我们也永远在做父亲的路上。（H-A-M，萌萌爸）

我自己都没想到自己做饭还行，炒菜也挺好吃，以后可以发展发展，至于其他方面还是让他妈管吧，我做不好。（C-L-M，子天爸）

在与高校教师父亲访谈的过程中，除了关注他们在育儿事项上的完成情况及父职胜任感之外，也会谈及一些有关其他生活事项、工作信心和未来展望等情况，高校教师父亲受到自身思维特点和不同事项的共同影响而呈现出不同的状态。笔者在访谈中发现很多高校教师无论是在工作方面还是生活方面都更多展现着对自己的信心和对未来发展的乐观态度；有的教师对自己在生活方面取得成就更为自信，而对自己在工作方面的表现较为失望，对未来不抱太大希望；有的教师正好与之相反，感觉对自己的工作充满信心，但在生活能力提升方面并不自信；还有一些老师对自己家务能力的特定方面有所期待，而对另外一些能力的提升显得信心不足。

我觉得人活着就要有自己的价值，人和动物是不一样的，人要有思想和意识，我跟学生也这么说，不能天天混日子。（U-P-M+M，鹤鹤爸）

你看我们小时候什么样？现在什么样？所以社会的发展有时候不是你能想象的，我们国家现在这种快速发展，我们的父母那辈肯定是想不到，今后什么样我也不能确定，但肯定是比现在好。（H-L-F，悦悦爸）

我估计后面也就在家带带孩子了，成名成家的事儿跟我没关系了。（U-L-F+F，君君爸）

二、高校教师父亲在不同育儿事项上的育儿胜任感的状况

从访谈情况看，高校教师父亲的育儿胜任感在育儿的不同事项上呈现出较为明显的差异。从整体来看，父亲们对于自己在学业指导和情感沟通

方面的胜任感要高于在生活照顾和行为管束方面的胜任感。一些父亲在生活照顾和行为管束方面则呈现出比较低的胜任感。例如伟伟爸，他作为一名在领域内较为知名的教授就对孩子生活照顾方面呈现出较低的胜任感，不仅对孩子的照顾表示不太满意，而且对未来在这方面的改善也不报太大希望。

> 在照顾孩子方面，我确实不是很擅长，说实话基本都是我老婆在管，我也不怎么操心，如果你说在这方面看，我应该不算是个好爸爸。……我生活能力上确实是不太行，你让我写写文章，写写本子还可以，照顾人还真是不行，我照顾我自己都不行，还别说孩子了。可能就像我老婆说的，学傻了。（U-P-M，伟伟爸）

如前所述，高校教师父亲在育儿中普遍扮演着教育助力型的角色，因此他们往往在这方面显示出较强的胜任感，但是有些父亲却在行为管束方面表现出比较低的胜任感。林林爸就是一个较为典型的个案，尤其表现在他与老大的关系之中。

> 你说在学业指导方面吧我还行，不瞒你说我是当年我们那的高考状元……我能给他辅导数学啊，奥数那些题，他们都不会，我从小数学好，这方面我无可替代，他们还是认可我的。……他就是在那磨蹭来磨蹭去，让他做点题那个不愿意啊……自己东西乱扔，丢三落四的，我都跟他说多少回了，一点用没有，你说着不着急，我有时真是气得不想管，可是你不管又放不下，真愁人，也没办法……我跟他说因为你我得少活几年。（U-A-M+F，林林爸）

与林林爸不同，团团爸在子女学业指导、行为管束和情感沟通方面都显示出了比较强的胜任感。

> 我感觉我还行，算是个好爸爸吧。尤其你看学业指导方面，我比一般爸爸做得好一些，孩子学习一直不错，老师也总夸。可能也是这

么多年我们爷俩一直这么配合着吧，反正我说啥他还听，也算是听话的……反正就目前看，我对这方面还是有信心的。（U-A-M，团团爸）

从林林爸和团团爸的比较中，我们不难看出，子女的表现和取得的成绩对父亲育儿满意度的影响较为明显，也进而影响了整体的育儿胜任感。

除了子女学习方面之外，很多父亲的低育儿胜任感水平源于子女在一些行为习惯上的表现。例如，智智爸就对孩子的一些行为习惯表现出一定的不满，同时也表示对此无能为力。

这也怨我，他小的时候我光忙自己的事儿了，在这方面也没注意，你看孩子现在宠得不成样子，我们小时候哪敢这么跟大人说话，还挑三拣四的，不过说实话，当时就算想管也不一定能管，跟老人住一起这方面确实是有影响，你刚一说孩子，老人就开始说你了，你那点权威立马下去了，我也没招儿了。（U-P-M，智智爸）

在情感沟通方面，高校教师父亲育儿胜任感主要受到当前与子女沟通情况的影响，沟通效果较好的父亲，能够收获很多正向的情绪回馈，其满意度较高，信心也充足，反之则会降低其整体育儿胜任感，上面的林林爸就是典型个案，在他的言谈中能够明显感觉到与老大沟通中的紧张感。与此同时，我们发现很多父亲在提到自己与孩子情感沟通的胜任感时会经常与自己的妻子相比较，一旦认为孩子与自己更为亲近时会获得较大的满足感，有助于提升其整体育儿胜任感。上面提到的团团爸就是一个典型的例子。

我觉得我们爷俩关系比他跟他妈好，你知道为什么吗？我不吼他呀，她妈叨叨他，所以我们俩比较亲。（U-A-M，团团爸）

父亲们在子女学业规划和长远规划方面表现出较强的育儿胜任感，但是在生活安排计划方面，即使是主力型父亲应对起来也感觉吃力，把每天安排事项的任务让母亲来承担，呈现出较低的育儿胜任感。例如静静爸，他作为一名经济学教授，科研能力较强，自身在工作中也比较有计划性，他带了多名硕士生，在实践中发现，制订计划能够提高学习和工作效率，因此他不仅让学生们在每学期开学前制订学期计划，也跟孩子一起制订学期计划，但是在孩子上课时间的安排和生活休闲安排等的计划制订方面，静静爸则呈现出较低的胜任感。

> 我觉得自己在给孩子做规划方面还是比较好的，你看我们俩每学期都有个计划，确实是感觉效率提高了，孩子也有目标，挺好的……你要说上什么课，今天穿什么明天穿什么，假期去哪玩，旅游攻略啥的我不在行，这都是她妈来，我配合完成还行。（H-P-F，静静爸）

总之，高校教师父亲们在不同的育儿事项上展现出了不同的育儿胜任感。高校教师父亲们普遍在学业指导和情感沟通上的育儿胜任感较强，这与他们在育儿中的实际投入度和效果反馈有明显的关系。

三、不同父职实践角色的高校教师父亲育儿胜任感状况

从访谈看，育儿胜任感在不同角色父亲中也呈现出一定的特点，我们可以从育儿满意度和育儿效能感这两个方面来对不同父职实践角色的高校教师父亲的育儿胜任感进行考察。在育儿满意度方面，助力型父亲的育儿胜任感情况比较相近，而且总体保持在较高水平上，主力型父亲并没有如我们想象的那样普遍拥有较强的育儿胜任感，替补型父亲也没有我们所认为的那样育儿胜任感很低。

助力型父亲本身就因为擅长或主动选择某些育儿事项，因此在相应事项的完成方面对自己的满意度比较高，因此相应的信心也就增强，整体胜任感水平就比较高。

> 你别说我在这方面可能是有天赋，做饭就是挺好吃的，孩子们说我比他妈做得好吃，所以你要说照顾他们吃好喝好这方面，我觉得自己还行。（U-A-M+F，锦程爸）

作为主力型父亲的芳芳爸，45 岁，是某高校马克思主义理论领域的教授，但是他的育儿胜任感就没有那么高。芳芳爸的情况比较特殊，他之前是外地的一名中学教师，后来考入北京某院校读博，博士毕业后才留在现在的学校里任职。由于妻子在那边的事业发展相对较为稳定，并不想放弃那边的工作，所以之前他一直是与妻子两地分居的，直到孩子上小学五年级时才为了孩子教育考虑，一起来北京共同生活。妻子来北京后从事销售工作，在外时间比较多，所以芳芳爸承担起了更多的育儿责任，但是孩子与他的关系明显并不亲近，这也降低了他的育儿满意度，希望今后得以改善。

> 可能还是接触少的原因，小时候没怎么带她，现在感觉不亲，虽然也尽力都把她照顾好，但还是感觉自己不是个好爸爸，希望今后能有所改善。（H-P-F，芳芳爸）

同样，笑笑爸虽然在父职实践中扮演着相对主力型角色，但是他的育儿满意度也并不高，与芳芳爸不同，影响笑笑爸的主要因素体现在他的情绪方面。

> 大多时候我感觉自己做得还行，但有时候又觉得自己也做得没有那么好，尤其是我情绪不好时会跟孩子发脾气，我知道是我自己的原因，而且是把对他们妈妈的情绪转移过来了，九点多了还在外面没回来，打电话没说两句就说有事儿挂了……如果我能控制好的话应该会胜任一些。（U-A-F+M，笑笑爸）

作为替补型父亲的雪雪爸和鹤鹤爸，他们在育儿满意度方面的感受是有所不同的，雪雪爸虽然参与子女照顾比较少，但是这也给他机会和时间做很多"锦上添花"的事情，所以孩子们跟他关系都不错，家人和孩子的肯定也让他对自己父亲角色的胜任感比较强。同时，他也认为自己具备照顾孩子的能力，如果今后有特殊情况需要他更多参与时也可以随时参与进来。

　　我觉得自己还是一个挺好的爸爸，没事儿就琢磨哄他们开心呀，买点小礼物啊，两人可喜欢我了，这不是现在家里人多，也用不上我吗，要真是需要我觉得带孩子也没那么难，那会儿孩子都大了，也好带。（C-L-F+F，雪雪爸）

　　另一方面，我们从育儿效能感的角度来看，作为替补型父亲的鹤鹤爸对于当前的育儿满意度并不太满意，但是对于自己未来自己父职的胜任感比较有信心，所以也获得了较高的育儿胜任感。

　　我这不是没办法吗，工作性质决定的，我其实还是很重视亲子沟通这方面的，过两年我这边也会轻松点，我会更侧重家庭一些，应该会更称职些吧。（U-P-M+M，鹤鹤爸）

　　由此可见，如果个体对自己的父职参与有较为认同的理由，尽管他们的父职参与程度可能会在一定程度上影响其育儿满意度，但这并不会削弱他们对未来胜任父亲角色的信心。

　　从以上分析中我们能够发现，育儿胜任感包括育儿满意度和育儿效能感两个部分，其中育儿满意度更多受到当前父亲育儿实践的状况影响，父亲的父职实践的参与度和实践效果是影响父亲评价的重要因素，子女的成就和父子关系成为这其中重要的调节变量。同时，我们从对替补型父亲的分析中也发现，育儿满意度的降低并不一定导致他们的育儿效能感低，很多父亲在这方面也存在一定的差异，一些父亲会表现出较高的育儿效能感，而另一些父亲则没有太大信心，其中，个人自身的能力和思维方式就发挥着重要的作用。因为这些会影响着个体能否从自身经验、他人经验和言语说服中发掘足够的自我效能信息。很多高校教师父亲身上所具备的那种敏锐的观察力、洞察力就在育儿胜任感的获得过程中发挥着重要的作用。

　　我觉得教师这个职业还是会对我有一些影响，我觉得我对人是比较敏感的，你看孩子一回来，我一听说话那语气就不对劲了，一问还真是跟小朋友闹别扭了，这点她妈都佩服我。（H-L-F，悦悦爸）

其实生活时间长了，谁怎么样都是了解的，一看老婆说话那脸色，就知道今天得表现好点，别往枪口上撞。（U-L-M+M，峰峰爸）

你得有点眼力见儿，周末怎么也得多干点儿活，要不老太太心里也不舒服。（U-A-M+F，锦程爸）

高校教师父亲认知加工思维也非常重要，一般而言，能够对信息进行有效鉴别、对自身进行客观评价，并以一个乐观的心态看待事物发展的人会更倾向于把已获得的信息朝向一个积极方面进行加工，反之则往往会自我打击，对未来不抱希望，归因机制对于高校教师父亲育儿胜任感的影响还是较为明显的。尤其是当高校教师父亲对自身评价与他人对自身评价不一致时，积极的思维加工方式对育儿胜任感的影响就更为明显。

我在我们小区里应该算是不错的爸爸，平时也会给孩子讲讲题，隔三岔五给他们改善一下伙食，周末还带他们爬爬山，应该算是个不错的爸爸，未来应该越做越好吧。（U-A-M+F，锦程爸）

他是不是跟你说他这个爸当得可好了，他就是这样，自我感觉良好，其实都是我支一支他才动一动，还专挑好干的干。（U-A-M+F，锦程妈）

老大方面我管得不多，从老二出生，我感觉真是干了挺多的，对孩子也挺有耐心的，有时连孩子衣服我都顺便给洗一洗，这还算不错吧，不是所有爸爸都干吧。……我对自己的学习能力还是有信心的，所以学点什么还是比较快的。（U-A-M+F，林林爸）

每次我一看就能看出这衣服是谁洗的，他洗完跟没洗差不多。（U-A-M+F，林林妈）

从上述言谈中，我们也可以发现高校教师父亲们往往自身还具有较强的自信心和耐心，这与他们的学习经历、工作特点相关，也有助于他们自我效能的形成，而这也在一定程度上能够解释为什么虽然在不同父职实践角色中，高校教师父亲们的育儿胜任感会有一定的不同，但是总体上还是保持在较高的水平上，育儿效能感部分发挥了较大作用。

> 别的不敢说，但是你要是说真的学点什么应该没问题，这么多年光学习了，知识应该都是相通的吧。（U-A-F，木木爸）
>
> 我以前性子比较急，这几年当老师我觉得自己真是有耐心多了，你也不能跟学生总着急啊！（U-L-M，亮亮爸）
>
> 我以前特别不爱说话，当老师没办法，得说话，孩子说我讲的比她妈讲得明白。（U-A-F，翠翠爸）
>
> 以前我真不爱说话，有了孩子，你得给她讲故事，跟她说话还得温柔，我觉得自己现在说话都变得柔软了。（U-A-F，诗诗爸）

综上，我们可以发现，育儿胜任感包括育儿满意度和育儿效能感两个部分，其中，父职实践的参与度、子女关系以及自身认可的关于父职参与较少的理由都会影响到父亲的育儿满意度。与此同时，育儿满意度低的父亲不一定对于未来胜任父亲这个角色有信心，育儿效能感也对育儿胜任力的高低发挥着重要作用，而育儿效能感的获得与父亲自身的能力与思维方式相关，积极的思维方式和心态也会影响到父亲育儿胜任感的获得，而这种对于信息的认知加工模式并不仅仅限于父职实践领域。

四、不同子女特征的高校教师父亲育儿胜任感状况

从访谈情况看，我们在子女特征方面父亲们的育儿胜任感也呈现出一定的差异，这种差异主要表现为子女年龄和不同序列子女对其育儿胜任感的影响。

从不同年龄子女的父亲育儿胜任感方面来看，子女处于幼儿园到小学低年级年龄段的父亲的育儿胜任感往往要高于孩子在幼儿园之前和小学高年级至初中这个年龄区间的父亲们。这主要由于以下三方面的原因：第一，子女生活照顾需求；第二，子女自身年龄阶段的心理发展特征；第三，教育压力的日益提高。

通常情况下孩子越小在生活照顾方面的需求就越为明显，而越长大在

教育方面对于父母提出的要求就越高，相对而言，子女在幼儿园至小学低年级阶段的父亲们往往感觉是相对比较轻松的，一方面他们的子女由公共教育机构为父亲分担了一定的照顾责任，往往在这个阶段也是既喜欢与人交流又相对服从父母管理的阶段，所以父亲们的育儿胜任感也较强。而孩子年龄较小的父亲们往往由于耗时耗力且单调乏味的生活照顾事项而降低了育儿胜任感，而孩子年龄大一点的父亲则要应对日益增长的教育压力和青春期的逆反心理，因而会影响到育儿胜任感的获得。

> 孩子小的时候光忙活他的吃喝拉撒了，其实挺烦的，后来能说话叫爸爸妈妈啦，你就真是从心里喜欢，再后来越来越大，能开始跟你聊天了，真是个小大人了，你就感觉带孩子没那么累，越来越有意思了。（U-L-M，亮亮爸）
>
> 说实话，我有时候宁愿带老二不愿意带老大，小女孩比较乖，还爸爸长爸爸短的，带她还挺开心的……一到跟老大那儿，你得管着他学习啊，都初中了就别总想着玩儿了，他听你的时候还行，不听肯定是免不了着急。（U-A-M+F，锦程爸）

从对拥有两个孩子的高校教师父亲们的育儿胜任感情况看，他们在两个孩子之间的育儿胜任感存在差异，通常对于第二个孩子的育儿胜任感明显要高于第一个孩子的育儿胜任感。父亲们在父职实践过程中有成功，也有失败，但无论是成功还是失败，对于父亲而言都是一种经验的积累，能够增强他们应对类似情境的信心。访谈中，我们发现很多二孩父亲呈现出对于第二个孩子较强的育儿胜任感，尤其是对自己的育儿能力上有较大的信心。一些父亲也分享了自己从第一个孩子出生后的无所适从到第二个孩子养育中的得心应手，这其中的变化一方面与随着实操次数的增加，个体对某个领域的任务会更为熟悉，从而表现得会更好之外，另一方面也与人们往往面对曾经亲历过熟悉的任务显示出更多的自我效能有关。育儿经验是父亲的宝贵经验，也是他们提升育儿效能感的有效方式。

> 我感觉老二比老大好带多了，老大出生时，感觉全家总动员，还

都觉得挺累的，老二就小的时候他姥姥都忙带了带，现在我跟他妈带着这俩，也没觉得压力多大。(U-A-M+F，林林爸)

有了带老大的经验，带老二感觉确实轻松些，不那么累心了，而且我在老二身上感觉学习期待上也没有那么强了，随性一些了。(U-L-F+F，君君爸)

我看带老大，他妈事多，这不行那不行的，老二就没那么多讲究了，她轻松，我们也跟着压力小了。(U-L-M+M，峰峰爸)

育儿经验的积累对于父亲育儿胜任感的影响并非仅限于二孩父亲，它对所有父亲的育儿胜任感都产生作用。因为从访谈中发现高校教师父亲们普遍都经历了从一无所知到摸索学习再到不断适应和驾轻就熟的过程。很多父亲就是在试错的过程中不断积累育儿经验的，育儿经验的增长无疑会提升父亲对于再次完成类似育儿事项的信心。不对自己抱不切实际的期待，当遇到失败时仍然对自己抱有信心也是获得育儿胜任感的有效途径。

有一次他发烧，他妈有事，我跟他奶奶去的医院，到那我都有点蒙，也不知道哪对哪儿，急得我直冒汗。什么事情都有第一次，干着干着就懂了。……我带孩子出去玩了一天，第二天回来就拉肚子了，他妈把我那通说啊，说我一定是带他在外面瞎吃弄的，看来在外面吃得注意。(U-A-F，木木爸)

现在孩子愿意跟我出去，我带他踢足球、玩大型游戏，都是有点刺激的。(U-A-M，良良爸)

怎么做爸爸？自己怎么想的就怎么做呗。没地方学啊，只能摸索前进。(U-A-F，双双爸)

虽然比起二孩爸爸，只有一个孩子的父亲可能存在一定劣势，但互联网的发展和人们进行替代性学习的能力能够发挥育儿经验积累的作用。随着网络的发展，相关知识的开放性、获取的便利性以及高校教师父亲自身所具备的强大的学习能力，这使得他们能够快速获取大量的育儿相关的知识，这在他们父辈那个年代往往是很难做到的。这些信息的指导，往往使父亲们能快速地掌握相关育儿技巧并能够在实践中成功应用，这大大提升了父亲们的育儿自我效能。可见，高校教师父亲们知识获取和模仿学习的能力在提高他们的育儿胜任感方面发挥了积极作用。

> 现在网络资源那么丰富，各种短视频，你想学啥学不到，就看你想不想学了。（H-L-F，悦悦爸）
>
> 不会就问"度先生"啊，一搜，就出来了，讲得还挺详细。（H-A-M，萌萌爸）
>
> 我开始也搞不清，那个奥数题是有他的规律的，好在现在网上视频多，你一看就会了，就是套用公式。（U-A-M+F，林林爸）
>
> 现在菜谱的 App 太多了，真要是需要下一个照着做就行，那一步步写得可详细了，看着反正能做出来。（U-A-M+F，锦程爸）

五、不同职称的高校教师父亲育儿胜任感状况

当我们从职称角度来考察高校教师父亲们在育儿胜任感上的差异时，我们会发现职称本身对于高校教师父亲们的影响并不明显，毕竟职称更多地是依据其在学术上的表现而进行评定的，不能说明他们在育儿方面的表现，对于父亲育儿胜任感发挥作用除了他们对于自身育儿情况满意程度外，积极的心态和思维方式也是影响父亲育儿胜任感的重要因素。

> 人生不可能一帆风顺、尽如人意的，所以你愁着也是一天，开心也是一天，不要自寻烦恼。有时候我老婆说我就是心态好，这方面我儿子也随我，我们都乐呵呵的。所以你说有没有信心，我肯定属于那种乐天派。（H-L-F，悦悦爸）

通过进一步分析我们发现，父亲们在职称上表现出来的差异并不是职称本身所带来的，而是职称的三个"副产品"所带来的。促使育儿胜任感在职称方面呈现差异的重要因素有以下几个方面：

第一，职业声望与自我效能感。职称本身虽然不能直接带来父亲的育

儿胜任感，但是拥有越高职称则社会声望越高，也证明了他在某方面取得的成就，这有助于他们的自我认同，从而产生一般自我效能感，而这种一般自我效能感与育儿自我效能感是一体相连的。

> 你别看我带孩子不行，我带学生行，应该算是个好老师，我上课学生们爱听，他们好，我也有成就感。（U-P-M，智智爸）
>
> 我应该算是职称评得比较早的，反正出去到哪里人家也还算是比较尊重吧，所以人不可能都样样行，我总体对自己还算满意吧。（H-P-F，静静爸）

第二，父亲的年龄。通常情况下，拥有高级职称父亲的年龄会高于中级职称的父亲，这也意味着他的人生阅历更为丰富，情绪状态也相对更为稳定。根据埃里克·霍姆伯格·埃里克森（Erik Homburger Erikson）关于自我发展阶段的划分，进入成年期（31 至 60 岁）的人们开始在社会中确立自己的位置，并主要应对和解决繁殖与停滞之间的自我认同危机。而其中的繁殖是成年期重要的精神品质，因此生育下一代并承担照料责任本身也是父亲内心自我需要的体现。育儿目标的调整和育儿过程中情绪的控制都会影响父亲育儿胜任感的获得。同时，也有一些父亲随着年龄增加，身体素质也有所下降，让他们在抚育年轻子女时偶尔有些力不从心。

> 我以前天天在外面忙，也顾不上想家里的事情，也天天忙，现在说实话感觉还挺恋家的。我觉得陪着孩子长大也挺有成就感的。（H-P-F，芳芳爸）
>
> 以前没怎么太重视身体，现在不行了，我现在每天都锻炼，否则体力跟不上，我们要老二晚，我还得保持活力。（U-A-M+F，林林爸）

第三，父亲的收入。如前所述，在高校的薪酬体系中，教师的工资收入与他的职称是密切挂钩的。因此，高职称就意味着高收入，高收入就意味着父亲们可以运用的父职资源的增加，并且如同在父职资源那一章所提到的那样，经济类的资源具有较高的转换性特征，因此能够给高校教师父亲的父职实践提供更自主的选择。而且从父职观念上看，虽然高校教师父亲们并不认同"父亲就是养家的人"这一观念，但是养家者依然被认为是父亲的基本角色，因此收入对于提升父亲的育儿胜任感来讲是非常重要的影响因素。

> 我现在的工资收入估计只要是职称不评也就这样了，我也没啥指望了。这也就幸亏孩子他妈这几年收入还行，要不这么多开销还真是压力大。（C-L-F+F，云汐爸）
>
> 我跟我老婆都是那点死工资，而且我这学科也不太好出去找活儿，所以目前而言我其实不算太满意。（U-A-F，木木爸）
>
> 我就盼着老二赶紧上学，就不用雇人了，能省点钱，经济压力小点，我就更满意生活了。（U-A-F+M，笑笑爸）

总之，通过对高校教师父亲育儿胜任感的分析可以看出，高校教师父亲的育儿胜任感既受到其育儿满意度的影响，也受到其育儿效能感的影响。高校教师的育儿胜任感虽然整体情况较好，但受到不同因素的影响，在不同育儿事项、不同的父职实践角色、不同的子女特征以及不同职称方面，高校教师的育儿胜任感呈现出一定的差异。而在众多影响高校教师育儿胜任感的众多因素中发挥基础性作用的是重要他人，主要包括父母、妻子、老师、同学、同事、朋友等。具体来说，重要他人对高校教师育儿胜任感的影响表现在经济支持、服务支持、评价参照和赞赏肯定方面。

第一，重要他人有助于缓解高校教师父亲的育儿压力。育儿胜任感的一个重要维度是育儿满意度，而对这部分的评价与高校教师实际的育儿实践状况密不可分，通常情况下拥有较多经济支持和服务支持的高校教师父亲往往对自身的育儿状况更为满意。重要他人是高校教师社会关系网络的重要组成部分，他们是育儿实践中经济资源、服务支持和育儿信息的重要来源，因此直接影响着高校教师父职实践的实际状况和满意度。

> 我应该还算是个称职的爸爸，给他提供的家庭是完整的，经济条件不说多好吧，也不差，夫妻关系也还可以，周围一帮朋友，他们的

孩子也成了我儿子的朋友，我对目前这种状态还比较满意，应该感谢我老婆，还是她做得多一些，否则我日子也没那么好过。（U-A-M，梁梁爸）

第二，重要他人是高校教师父亲对于自己当前育儿表现评判时的重要参考标准。高校教师父亲在对自身育儿实践进行评价时，他们的参照标准往往源于重要他人，如父母、朋友。这些参照标准既涉及过去的经验，也关乎当下的现实情境。还在育儿实践中提供了行为模式和价值观的参照。

我父亲做饭就很好吃，从小就是他做饭，我觉得自己可能多少受他的影响，我们家孩子说我做的比他妈做的好吃，在这方面我比不上我父亲，也算能给他们对付对付吧。（C-L-M，子天爸）

我记得小时候，我爸平时也总不在家，比起他来我在家陪孩子的时间还算多的呢。（U-P-M+M，鹤鹤爸）

与此同时，身边的家人和朋友也是高校教师父亲们重要的参照，往往越是跟他们互动密切且相似度高的朋友就越容易成为他们的参照对象，从而对自己的父职实践来进行评判。当他们看到与自己情况类似的人在相应事项上获得成功时，也会增强自己完成相应事项的信心。相反，如果他们发现跟自己能力差不多的人即便努力做了也没有成功，那么他会降低相应的育儿效能。在参照他人父职表现建立自我预期的过程中，这种期望的形成会受到所观察人特征的影响，一般来说，与自己相似程度和与自己交往的密切性较高的人会给行动者育儿效能判断带来更大的影响。

你看跟谁比吧，我肯定不如孩子妈妈，但在爸爸里我还算行，我看他们有的还真是不如我呢。（H-L-F，悦悦爸）

我觉得后面我只要想干也能干好，当个好爸爸，我看我老婆弄那个尿不湿也挺简单的，现在跟过去不一样了，我看做得挺好，一次一个也挺方便的。（H-A-M，萌萌爸）

我看我们系好多老师人家都是两个孩子，也没请人，也挺好的，

我们这就一个呢，应该搞得定。（U-A-F，诗诗爸）

　　真是要看跟谁比了，我要是跟我们老家那些小学同学比，那我肯定是个称职的好爸爸，他们那真是不管孩子呀。（U-L-F，佳佳爸）

　　第三，重要他人能够为高校教师父亲提供重要的情感支持，有助于提升对于胜任父亲角色的信心。家人和朋友的肯定和鼓励也是影响父亲们育儿胜任感的重要因素，所谓"镜中我"，人们往往就是从他人对自身的评价中去看待自己的。当父亲在育儿实践中接受他人对自己的正向评价时，他就会提升对自身的父职表现有正向评价，从而提升其育儿满意度，也会进而影响育儿效能感的增强。越是于他而言重要的人的鼓励和肯定就越重要。实践中，我们发现妻子的言语鼓励对父亲们的影响是比较明显的。正向积极的言语肯定不仅会让父亲们感到愉悦，提升其育儿满意度，而且还会增加父亲再次从事某事项的可能，反之，将降低父亲的育儿参与。

　　我觉得我老婆挺坏的，我就是被她哄骗上套的，她总夸我，说我能力强，啥都行，哄着我干了，一看还真行，那就你多干吧。（U-L-M+M，峰峰爸）

　　他们都说你教大学都行，教孩子学习肯定行，我觉得应该也不是太困难吧。（U-A-M，团团爸）

　　反正我做完，他们都说好吃，我也不知道真假，爱吃的话就再做呗。（U-A-M+F，锦程爸）

　　现在不都流行夸吗，你夸我，我夸你，其实我没他们说的那么好，也就是比一般爸爸带孩子多点，不是咱们自由时间也相对多嘛。（H-A-M，诚诚爸）

　　高校教师父亲们的意识较为独立，具有较强的自我感知能力，他们更愿意把周围人对自己的言语鼓励看作一种对于更多参与父职实践的期待，对自己实际表现进行评价时也不会因为不符合实际的肯定而相信自己在某事项上具有相应的能力。但是，负面的评价对于父亲们育儿胜任感的影响是较为明显的。

　　我知道她夸我就是想让我多干点儿活，心里都明白，我自己干啥样儿我知道，但是说好话人都爱听些。（U-L-F，佳佳爸）

　　我这人就是这样，你说我行我就干，你看我干的不行我不干不就得了吗。（H-L-F，悦悦爸）

　　每次我洗完碗，她就叨叨我洗得不干净，弄得哪儿都是水，还不如不干，你说这话多打击人。（H-A-F+M，丽丽爸）

可见，重要他人在高校教师育儿胜任感方面起到了基础性的影响作用，由此我们也看到了社会互动对于育儿胜任感的意义，在互动中高校教师找到了参照、获得了资源、交流着思想、获得了情感支持，从而不断地在父职实践中调整自我，获得育儿胜任感。

第二节　高校教师父亲育儿胜任感对其父职实践的影响

一、有助于提升高校教师父亲参与父职实践的信心

班杜拉的三元交互决定论告诉我们，人与环境是交互作用的，人是环境的产物，同时也是环境的创造者，个体的自我效能可以通过影响个体对于环境与活动的选择来影响人的整体发展走向。任何影响到选择行为的因素都能深刻地影响着个体的发展方向。[1]通常情况下，人们会本能地选择避开那些在他们看来超越了他们应对能力的活动和情境，而选择那些他们觉得自己能应对的活动，以便确保获得有价值的结果。对于那些他们判断为自己很难应对或者获得成功可能性小的活动和情境，则往往采取回避式的态度，即便这个活动能产生有价值的结果。从高校教师的父职实践中，我们也看到了这一现象。

---

① Bandura A., Freeman W. H., Lightsey R. Self-Efficacy, "The Exercise of Control," Journal of Cognitive Psychotherapy, Vol.13, No.2, (1997), pp158-166.

他当时那么小，那么软，我都不敢抱他，我抱着时间长了，肩膀都疼，他们看着我难受，也就接过来了，后来大点了我就也敢了，再往后参与的就越来越多了。（U-L-M，亮亮爸）

我觉得自己就不是这块料，还是干点我擅长的事情吧！（U-P-M，伟伟爸）

其实带孩子也没有想象的那么难，这一天也好弄，我就带他出去玩，去公园转，累了就带他吃个肯德基，时间很快也就过去了。（U-L-M+M，峰峰爸）

从以上三位父亲的经历我们不难看出，育儿实践对于大多数父亲而言都是一个陌生的领域，里面的很多情境都是他们并不熟悉的，对于新手爸爸而言更是如此。如上所述，育儿胜任感包含两个维度，而其中的育儿效能感是个体一般自我效能感在育儿领域的呈现。所谓自我效能感是个体对自己能够在特定的情境里激发行动动机、调节自我认知并采取必要行动成功完成某一事项的预期、感知、信心或信念。自我效能感是对自己完成特定任务可能性的估计和自信程度，对于不同的任务领域，个体的自我效能感是不同的。如果父亲的育儿胜任感低，他很有可能选择从其他领域选择满足其效能感需求的任务，而不是父职实践。由此看来，育儿胜任感也在一定程度上影响着一个父亲是否会进入到父职实践之中。

我知道一个朋友，人家挣的确实是比我多，他在家就不管孩子，他跟他老婆说，有这时间和精力我出去干点啥不好，他老婆也不工作，他那个就属于典型的"男主外，女主内"，但我感觉也不好。（H-A-F，熊熊爸）

同时，我们也发现父亲的育儿感可以促使他们开展父职实践时不断挖掘自身潜能。一旦父亲们进入父职实践的情境，实践中的各种情境因素就会对他们的育儿观念、兴趣产生深刻影响，并激发他们应对挑战的潜能。在应对这些情境的过程中，父亲们不仅能够发现新的自我，还能通过实践积累经验，提升育儿效能感。这种效能的提升反过来又促使他们更积极地参与父职实践，从而形成一个良性循环。因此，父亲的育儿效能感有助于打破父职实践中的壁垒，增强父亲对完成父职实践任务的信心，进一步挖掘其在父职实践方面的潜能。

> 我发现我不仅会教大孩儿，教小孩儿也有一手，在这方面我觉得我比她妈强。（U-A-F，诗诗爸）
>
> 我能给他辅导数学啊，奥数那些题，他们都不会，我从小数学好，这方面我无可替代，他们还是认可我的。（U-A-M+F，林林爸）
>
> 以前我觉得做饭是个挺难的事情，现在觉得也没那么难，太难的不行，简单的饭菜也能做点儿。（H-A-F，玲玲爸）

二、有助于提升高校教师自身父职实践质量

高校教师父亲的育儿胜任感对其父职实践的质量也有明显的提升作用，如前所述，父职实践是一个多维度实践的过程，在参与维度的多少和水平之间影响着父职实践的质量。通常情况下，拥有较高育儿胜任感的父亲往往能够在更多维度上展开他们的父职实践。具体表现为以下两个方面。

一方面，育儿胜任感有助于父亲在父职实践中进行明确的目标定位。有学者认为，行动过程首先是在人们的思维中形成的，思维对人的行动具有重要的指导作用。[1]自我效能能够培养个体建立和形成一种积极的思维，这种思维会影响个体以积极的心态面对实践中的各项任务，从而产生不一样的行为效果。思维的一个重要功能就是对人们的行动结果进行预测，而在这个预测的过程中就需要对包含模糊的、不确定的多侧面信息进行有效的认知加工。这个过程并不简单，同一个行动可能导致不同结果，而同一个结果又可能是不同因素导致的，为了完成这种预测，人们不得不动用之前所获得的知识通过建构选择项的方式进行预测、建议和修正其判断。尤其是在压力情境下就需要充分的自信才能够保持目标定向。

自我效能有助于父亲们形成正向的认知思维，这种思维在他们完成父

---

① Maddux, J. E. "Self-efficacy: The power of believing you can." in Snyder C. R., & Lopez S. J.(Eds), Handbook of positive psychology, New York: Oxford University Press, 2000, pp57-78

职实践中的任务时能够让他们更为客观地看待自己的成功与失败，而这种思维之下，才能够让父亲们更关注于实践中问题本身，寻求更好的应对策略。高自我效能的父亲往往能够对自己的父职行为进行反思性监控，并能够开放地去学习新的方式、接受正确的批评，并努力改善，这也使得他们的实践效果得到了明显的提升。

> 当然也遇到工作与实践相冲突的问题了，科研压力大，在家根本没时间写，那怎么办，自己想办法呗。好在我离学校近，我一般都是晚上八点多，都收拾差不多，她妈也回来了，我就去办公室，干到十一点再回来。（H-A-F，玲玲爸）
>
> 老师让家长跟着一起做手抄报，我开始也不懂怎么弄，就加了她们同学妈妈的微信，跟人家问。（U-A-F+M，笑笑爸）
>
> 我其实做得也不好，还是有很多要改进的地方，你比如说我这个人比较内向，所以不太爱交流，跟孩子交流也少，我看他也是比较内向，不爱说话，可能还是受我影响，我以后得注意调整。（U-L-M，亮亮爸）

另一方面，育儿胜任感有助于父亲采取更为积极的教养方式，有研究表明，自我效能感高的父母在教养孩子时，更倾向于对他们的孩子采取奖励和预防的教养方式。认为当父母教养效能感较低时，父母会有更多的负性情绪，他们把注意力更多地放在情感上的无助、惩罚方法、作为家长的困难以及由此带来的消极影响上。负面的情绪非常不利于亲子沟通和亲密关系的形成。情绪化处理问题的方式不仅无法解决问题，而且不利于主体性在活动中的发挥和个体性格的发展与完善。父亲们意识到了情绪控制和调节的重要性，所以也纷纷采取各种适合自己的方式。

> 我一般情绪上来的时候，就像朋友告诉我那样，心中默念"亲儿子、亲儿子……"（U-L-M+M，峰峰爸）
>
> 运动是缓解情绪、减压的不错的方式，我觉得出一身汗，就舒服多了。（U-A-M+F，林林爸）

家里待得难受了，就出去走一圈，孩子在家，闹起来不好。（U-A-F，双双爸）

笔者发现，能够积极参与到育儿实践过程中的高校教师父亲往往实际的行动效果也不错，究其原因，除了有他们自身的能力和性格特点影响外，育儿胜任感所具有的积极性思维也发挥了重要作用。

我就不爱自寻烦恼，愁啥愁，我们小时候啥都没有，父母也没给我们买房，我不也照样结婚生子了，他们以后肯定更好。（H-A-F+M，丽丽爸）

育儿效能感影响着父亲们在制定目标时的选择，决定他们是倾向于选择相对容易的任务还是具有一定挑战性的事项。与此同时，育儿效能感还深刻影响着他们在育儿实践中的努力程度和坚持性。

能不能养好我也说不好呀，但是我尽力！而且还有个问题，其实你有没有信心，满不满意关键还在于你的期待，咱们就应该讲究实际，别弄太不切实际的，要是实实在在的目标，我觉得自己应该会把孩子朝那个方向努力培养吧。（U-A-F，诗诗爸）

具有较高育儿胜任感的父亲往往是拥有较为积极乐观的思维，敢于挑战的父亲，当取得预期结果或得到他人肯定时会产生相应的成就感，而遇到困难时，也不会轻易否定自己，仍然能够持久努力地达成目标。

什么事情都有难易之分，你先从容易的来，容易的做好了，就换个难点的，难的事情你去做，做熟了就不难了。（H-A-M，诚诚爸）

我觉得自己从小就是一个目标清晰的人，一般我认定要做好的事情，难也要做。（U-L-F，佳佳爸）

做什么事不难呢，你说我们在工作中面临的压力小吗？哪一个拿出来都不比养娃容易，所以只要用心我觉得没问题。（U-P-M+M，

鹤鹤爸)

很多事情都是这样，别人能做的到，我也能做到，能力就算有差别，也没多大，还是看投入。(U-L-M+M，峰峰爸)

情况逼到这份上了，那就是要做呗，不会的边写边做，开始时我也啥啥都不会，没办法，学呗，幸亏现在网络发达，你想学什么上面都有。(U-L-F+F，君君爸)

我记得我那次给我们家孩子做饭，蒸米饭被我做成稀饭了，我就说，咱们就吃稀饭吧，不过我下次就知道少加点水了。(H-L-F，悦悦爸)

我跟他妈说把那个钢琴课停了吧，就学围棋就行了，其实我也不知道对不对，或者是不是耽误了孩子，但是我觉得一个人精力有限，不可能面面俱到，必须有舍有得。(U-A-M，团团爸)

三、有助于提升高校教师父职实践的体验感

从访谈情况来看，在父职实践的过程中，父亲们也经常会碰到一些困难以及遇到一些情绪困扰，而这些负面情绪如果不能够进行及时干预和消解，那么将影响高校教师父亲们的心理健康状态。一个人的心理健康程度对他的行动而言非常重要，尤其是对行动效果的影响就更为明显。如果高校教师父亲们不能拥有一个良好的心理健康状态，那我们前面所提到的高校教师在拓展资源、更新观念过程中所展现的能动性也就无从谈起，更不可能主动地、持续地留在父职实践之中。

我觉得对我来说，带孩子最大的困难就是情绪控制，我这个人爱着急，一急起来就说些不该说的，事后想想也是后悔，但是说出去的话泼出去的水，已经说了也没办法。(U-L-M+M，峰峰爸)

也有急的时候，我们家孩子那次考试考得不好，其实分数还在其次，关键是一天到晚地玩手机，我一急把他手机给摔了，但摔也不解决问题啊！(U-A-M+F，林林爸)

我跟我老婆一般不吵架，吵架基本都是因为孩子。(U-P-M，苗

苗爸）

　　她妈有时太爱叨叨，管得太多，我急了就摔门走了，其实后来也觉得应该冷静，人家帮你带孩子也不容易。（U-A-F+F，蕊蕊爸）

可见，高校教师父亲们在父职实践中难免会产生一定的负面情绪，较高的育儿胜任感能够帮助父亲们较好地调节这些负面情绪。而且，我们发现父亲一旦参与到育儿实践中，除非客观条件不允许，否则很难再抽离出来，而且呈参与度不断深入之势。在笔者看来，把父亲们持续留在父职实践的一个重要影响因素就是父亲们从育儿过程中所体验到的乐趣和收获，就是这种育儿胜任感让他们"累并快乐着"。父亲的育儿胜任感是美好情绪体验的重要来源，能够有效地消解父职实践带来的压力和困扰。

　　虽然也是累，有时候你这不能干那不能干的，也是烦，但是看着孩子一天天长大，还是挺有成就感的。（H-L-F，悦悦爸）
　　我做完饭，看着自己老婆孩子吃得香，我自己也开心。（C-A-F，尧尧爸）

这些都使得个体保持乐观积极的心态和身心的愉悦。在访谈中，很多父亲在谈及自己成为父亲以来的种种过往时，虽然偶有疲惫和彷徨，但更多呈现的是欣慰、满足感、喜悦与期待等美好的情绪体验。在他们看来，看着一个生命在自己的照顾之下一点点地长大非常有自我价值感。尤其是对于一些在事业发展上并不顺利的父亲而言，他们把更多的精力从事业转向生活，而子女的健康成长成为他们的一种希望和寄托。

　　事业上也就这样了，职称基本也没啥希望了，好好生活吧，管管家，带带娃。她好就是我好。……等熬过这几年，孩子大了，就好了。孩子也是我们的事业啊！（U-L-F+F，君君爸）

由于父亲们的育儿胜任感是基于他们对于当前自身育儿实践的满意度和对未来信心而产生的，因此育儿胜任感高的父亲，往往能够在情绪上显示出更多的耐心，从而降低焦虑，当人们认为自己不能控制潜在威胁时就会感到焦虑，严重的还会产生心跳加速，血压升高，儿茶酚胺①分泌增加等一系列生理反应。育儿胜任感不仅有助于父职实践的效果，也有利于高校教师父亲自身的心理健康程度。

> 跟学生要磨合，跟孩子也要磨合，关系得慢慢培养，急不来的。（U-A-M，团团爸）
> 我做事情没有他妈那么细，不过我也觉得有点过分，一出个门就大包小包地拎着，生怕变天冻着，搞得我们也跟着焦虑，我们爷俩出门就两个小包，完事儿。（U-P-M+M，鹤鹤爸）

此外，正向的归因机制也有助于提升父亲的心理健康水平。育儿胜任感高的父亲往往能够客观评价和认识自己的父职实践状况，对于一些问题的出现往往不会归因自身的能力不行，只会认为还不够努力，这种归因不仅给父亲提供了进步空间，而且对于其自信心是一种有效的保护机制。高校教师父亲在父职实践过程中收获的美好体验越多，他就会持续地留在父职实践中。

可以看出，育儿效能感有助于高校教师父亲能动性的展现，通过整合资源、更新观念以及保持自身的身心健康，高校教师父亲的父职实践在受到社会结构影响的同时也建构着自身的父职实践。

本章小结

育儿胜任感是指个体基于对自身父母角色适应的感知和对自身能否胜任该角色的一种评价和判断，影响着个体参与父职实践的持久性与体验感。高校教师父亲的育儿胜任感既受到其育儿满意度的影响，也受到其育儿效能感的影响。高校教师的育儿胜任感虽然整体情况较好，但在不同育儿事项、不同的父职实践角色父亲、不同的子女特征父亲以及不同职称父亲上呈现出一定的差异。通过对高校教师父亲总体育儿胜任感以及差异呈现状

---

① 儿茶酚胺分泌增多，儿茶酚胺从心脏肾上腺能神经终末游离到心肌，影响心肌细胞代谢活动而发病。

况的分析，我们发现了父亲的投入程度、育儿效果反馈、参照标准、个人能力与思维方式、子女年龄、育儿经验、父亲自身特点和经济支持状况等对父亲的育儿胜任感的影响。而重要他人对高校教师父亲育儿胜任感的获得具有整体性影响，其影响主要表现在缓解育儿压力、提供参照标准和情感支持方面。

育儿胜任感有助于提升高校教师父亲的育儿效能感，从而促进高校教师父亲打破父职实践中的壁垒，增强父亲对完成父职实践任务的信心，进一步挖掘其在父职实践方面的潜能。育儿胜任感有助于父亲在父职实践中进行明确的目标定位，采取更为积极正向的教养方式主动地投入育儿实践中，有助于实现身体、言语、情感和意识等多维度参与，从而提升父职实践的整体水平和质量。高校教师父亲们在父职实践中会碰到一些困难，也会引发一定的情绪困扰，而这些负面情绪如果不能够进行及时干预和消解，那么将影响高校教师父亲们的心理健康状态，育儿胜任感是美好情绪体验的重要来源，能够有效地消解父职实践带来的压力和困扰，从而提升高校教师父亲参与父职实践的持久度。

第六章　研究结论及建议

第一节　研究结论与讨论

一、研究结论

（一）高校教师的父职呈现出参与性、选择性、交叉性和变化性的特点

首先，高校教师的父职实践呈现出参与性特征。这种参与性一方面表现为他们都普遍参与到育儿实践中，呈现出"夫妻共担"的样态，另一方面也表现为高校教师的父职实践是一个涵盖身体、言语、情感和意识多个维度的育儿行动过程，具有"内隐性"和"外显性"双重特征。

其次，高校教师的父职实践具有选择性。这种选择性主要表现在他们在父职实践的身体、言语、情感和意识各维度的参与上是有所不同和侧重的。总体来看，高校教师普遍在言语和情感维度上的侧重使他们的父职实践呈现出教育性和情感表达的特征。与此同时，高校教师在各维度上参与的内容和程度的不同也使他们在父职实践角色方面呈现出主力型、助力型和替补型的差异。高校教师在父职实践中往往愿意选择自由轻松的生活和一些类似用到力量和知识的，更符合男性气质的工作，这既让我们看到了生活助力型父亲、教育助力型父亲和情感助力型父亲的差异，也让我们看到了育儿实践中的"性别隔离"。

再次，高校教师父职实践在类型特色上具有交叉性。为了更好地考察父职实践的个体差异性，笔者依据高校教师父职实践呈现出的最大特色对其进行分类考察，但很多父亲都兼具生活助力、教育助力和情感助力的特

点，这些特点并非完全割裂，往往会交叉共存于父亲的父职实践中，尤其是在全面型父亲身上体现得最为明显。

最后，高校教师父职实践具有变化性，子女的年龄阶段、寒暑假、父亲自身的职业发展阶段、其他子女照顾人的情况等因素都发挥着对高校教师父职实践的调节作用。通常情况下，子女年龄低的父亲会在生活照顾方面参与较多，寒暑假会投入更多的时间和精力在育儿实践中，并结合自身职称评定情况以及家庭抚育劳动力状况的变化而进行调整。

（二）父职资源是高校教师父职建构的基础性要素

父职资源是个体能够调动的用于其父职实践的资源，是影响高校教师父职实践角色及参与程度的基础性要素。高校教师父亲的父职资源是源于其社会关系的，并受其社会关系的形态的影响，也呈"差序格局"式分布。对于高校教师父亲而言，由于社会关系构成的基础不同以及互动频率的影响，父职资源在资源的可及性、资源类型和质量上也有所差异。家庭关系是基于血缘和亲缘关系而形成的，是高校教师父亲的父职资源的重要来源，是父职实践开展的主要场域，影响着高校教师父职实践基本形态的同时也使其呈现出个性化的特征。朋友关系大多是由熟人组成的，高校教师的朋友关系主要由同学、熟悉的同事和日常交往中的同学家长、有共同爱好的朋友和邻居等组成，为高校教师也提供了较丰富的父职资源，且具有可及性高的特点，也是高校教师认同自身父职实践的重要参照，使高校教师的父职实践具有一定的趋同性。组织机构和社区层面的关系是由熟人与陌生人混合的关系，高校教师父亲的组织和社区层面的社会关系主要由工作单位、儿童托幼教育机构和社区组成，它们在给高校教师父亲带来支持的同时也为其父职实践带来一定的压力和阻碍，影响着高校教师父职实践的可能性和适宜性。社会层面的关系主要是由陌生人组成，为高校教师父职实践提供的父职资源主要表现为公共服务、政策支持、文化认同等，具有直接感知度低的特点。社会层面的父职资源使高校教师的父职实践呈现时代性特点。

父职资源对高校教师的父职实践具有重要作用，而且不同类型资源对高校教师父职实践的影响也不同。其中，工具类资源影响着高校教师父亲进行父职实践的必要性、投入度和整体水平，信息类资源影响着高校教师父职实践的丰富性和质量，情感类资源对于高校教师在父职实践中的体验感方面的影响则更为明显。具体而言，经济类资源是父职实践的物质保障，经济资源的总量影响着父职实践的总体水平和参与的必要性、相对于育儿成本的资源影响着父职实践的经济压力，而相对于妻子的经济资源影响着其具体亲职分工。服务类资源的总量和抚育人的特征影响着父亲的抚育任务的数量和内容，时间的连贯性和规律性是抚育子女中重要的因素，影响高校教师父亲父职实践的可能性和适宜性。服务资源的类型影响着高校教师父职实践的便利性和育儿成本。信息类资源对高校教师父亲具有指导性作用，能够提升高校教师父职实践的效率和增强高校教师对父职实践的认同度。情感类资源影响高校教师参与父职实践的积极性、体验感和持久度。

（三）父职观念是高校教师父职建构的丰富性要素

父职观念是个体基于对父职实践的认知和理解而形成的基本态度，它对高校教师的父职实践发挥着重要的引领作用，是影响高校教师父职实践的决定性要素。高校教师父亲的父职观念渗透于家庭、工作和子女教育方面，具有一定的零散性。高校教师父亲的父职观念具有知识性、日常性、杂糅性和情境性的特点，库存知识和主体间性成为个体形成父职观念并实现社会共享的关键因素。高校教师父亲父职观念主要来源于他们的生平情境，而其中原生家庭发挥了重要作用，受教育经历更是发挥着丰富个体库存知识以及调节家庭对其观念影响的重要作用。从父职观念的形成与更新过程看，高校教师的父职观念的形成与发展是一个基于社会共享库存知识建立个体手头库存知识，并在互动中借助主体间性不断更新与分享的过程。

父职观念对高校教师的父职实践具有重要影响，其影响主要表现在以下几个方面：从总体影响上来看，高校教师父亲的父职观念中的传统与现代知识的杂糅性影响了高校教师父职实践既呈现出延续性的特征又具有变迁性的特征；从具体影响看，父职观念影响着高校教师父职实践的角色、知与行的和谐程度以及育儿目标的定位；从影响方式上看，家庭观念影响着父亲对于父职实践的基本态度，工作方面的观念影响着高校教师父职实践在工作与家庭之间的抉择，调节着家庭对父职实践的影响，子女教育方面的观念影响着父职实践的具体方式，性别观念会对父亲的家庭、事业和子女教育观念产生全面且深远的影响，不仅影响着当前父亲的父职实践，也通过日常知识的传承，进入了子女的"知识库存"，从而影响着他们今后的亲职实践。

（四）育儿胜任感是高校教师父职建构的持久性要素

育儿胜任感是指个体基于对自身父母角色适应的感知和对自身能否胜任该角色的一种评价和判断。育儿胜任感影响着高校教师父亲参与父职实践的持久性与体验感。高校教师父亲的育儿胜任感既受到其育儿满意度的影响也受到其育儿效能感的影响。高校教师的育儿胜任感虽然整体情况较好，但在不同育儿事项、不同的父职实践角色父亲、不同的子女特征父亲以及不同职称父亲上呈现出一定的差异。通过对高校教师父亲总体育儿胜任感以及差异呈现状况的分析，我们发现了父亲的投入程度、育儿效果反馈、参照标准、个人能力与思维方式、子女年龄、育儿经验、父亲自身特点和经济支持状况等都对父亲的育儿胜任感产生影响。其中，重要他人在高校教师育儿胜任感方面起到了基础性的影响作用，其影响主要表现在缓解育儿压力、提供参照标准和情感支持方面。同时，社会互动对父亲们的育儿胜任感也具有重要意义，高校教师在社会互动中找到了参照、获得了资源、交流了思想、获得了情感支持。他们在父职实践中不断调整自我，从而获得育儿胜任感。

育儿胜任感有助于提升高校教师父亲的育儿效能感，从而促进高校教师父亲打破父职实践中的壁垒，增强父亲对完成父职实践任务的信心，进一步挖掘其在父职实践方面的潜能。育儿胜任感有助于父亲在父职实践中进行明确的目标定位，采取更为积极正向的教养方式主动地投入育儿实践中，有助于实现身体、言语、情感和意识等多维度参与，从而提升父职实践的整体水平和质量。高校教师父亲们在父职实践中会碰到一些困难，也会引发一定的情绪困扰，而这些负面情绪如果不能够进行及时干预和消解，那么将影响高校教师父亲们的心理健康状态，育儿胜任感是美好情绪体验的重要来源，能够有效地消解父职实践带来的压力和困扰，从而提升高校教师父亲参与父职实践的持久度。

（五）高校教师在父职的社会建构中具有能动性

在父职建构的过程中，高校教师父亲作为行动主体也发挥着重要作用，能够在受到父职资源、父职观念和育儿胜任感影响的同时发挥着一定的能动性。在父职资源获取方面，高校教师父亲作为父职实践的主体并不仅仅是父职资源被动的接收者，而是具有从社会关系中发掘父职资源并灵活运用父职资源能力的行动主体，也能动地建构着自身的父职资源。他们可以充分发挥自身的优势和特点，维护和扩展自己的社会关系网络规模、紧密度，不断地扩展资源数量、类型多样化和资源间的有效转换，从而有效利用现有的父职资源、不断拓展新的父职资源。在父职观念形成和更新的过程中，高校教师对于知识的学习和反思能力能够有助于他们父职观念的更新和分享。他们可以通过亲身实践和社会互动，增加更多的情境积累来不断学习和构建新的知识以更新自己的父职观念，并通过主体间性影响其他人，从而更新社会的共享知识，在一定程度上也发挥着建构社会父职观念的作用。

育儿胜任感是高校教师能动性地整合父职资源、父职观念与自身特点之后的一种主观体验。因此，育儿胜任感本身就是个体的主体性和能动性的一个重要组成部分，同时也影响着父亲能动地利用父职资源和更新父职观念。

总之，高校教师的父职是一个社会建构的过程，受到父职资源、父职观念和育儿胜任感的共同作用，父职资源对高校教师的父职发挥着基础性的建构作用，它影响着高校教师参与父职实践的必要性，父职观念影响着高校教师对父职的理解和认知，不断引领和丰富着他们的父职实践，育儿胜任感是高校教师能动性地整合父职资源、父职观念与自身特点后的一种美好的主观体验，它能够让高校教师父亲持久地参与到父职实践之中而实现对于父职的不断建构。高校教师的父职建构过程是通过个体的亲身实践和与他人及组织的互动实现的，亲人、朋友、工作单位、儿童教育机构对高校教师的父职资源、父职观念和育儿胜任感均对其父职实践产生了重要影响，尤其是家庭和个体的受教育经历对父职实践的影响尤为重要。家庭对于个体父职实践的影响是全面而有力的，决定了个体父职实践的必要性，形塑了个体父职实践的基本样态；个体的受教育经历发挥着重要的调节作用，具有提升个体的父职资源数量和质量、更新个体父职观念、促进育儿效能感获得和降低一些不良影响的作用。与此同时，高校教师的受教育程度、性格特点、认知思维结构等个体特征也发挥着能动的调节作用。

二、相关讨论

（一）关于父职从"传统"转向"现代"问题的讨论

我国传统社会中，尽管类似"子不教，父之过"的传统文化赋予了父亲极为重要的期待和要求，但是在传统的父职角色定位中，父亲往往是作为家庭经济收入来源的工具性角色、作为家庭权威的价值性标准而存在，在实践层面并未被要求参与具体的儿童照顾工作。儒家文化中的"五伦"是传统父职建构或父职角色主要依循的规则，严父是家庭中父亲的角色定位。严父的形象和权威被过度强调下，父亲不与子女过分亲近，具有绝对的权威，父子关系中甚至含有尊卑的意涵。因此，传统社会中父亲与子女的关系疏远。在费孝通的"双系抚育"体系里，母亲主要是生理性抚育的提供者，而父亲是社会性抚育的提供者，孩子从父亲身上学习社会性的技能，以满足在家庭外部的工作和生活需要。在传统的"男主外，女主内"的思想下，父亲更多的是承担着家庭的经济来源、进行社会应酬等，似乎抚育教养子女再自然不过地成为母亲的职责。

在本书中，我们发现随着社会的急速变迁以及西方文化的冲击，传统家庭价值观逐渐改变，女性的地位开始逐渐提升并投入劳动市场，当双重压力使就业母亲无法独立完成亲职角色的任务时，父职角色和父职实践就显得格外重要。在这样的历史背景下，一部分父亲开始有意识地参与到育儿实践中，其角色也从传统家庭的养家者角色延伸至子女的生活照顾和情感支持角色，父亲与母亲的亲职角色分工呈现"虚化"的特点。

通过对个体父职实践研究让我们看到：父职，作为政治经济和历史文化的产物，作为连接国家、职场、家庭、代际、性别和个人的枢纽，并非天生，而是不同历史主体在不同历史情境下的一种建构，伴随着传统父职角色和父亲形象逐渐退出主导地位，传统父职不断式微，现代父亲范式正在形成。

不过，长久以来固定的父职角色和父职实践的诠释方式，在当今社会仍为多数人推崇，由此所形塑出来的父职想象与期待，仍然难以让人满意。若希望能真正扭转男权和父权主义在父职方面霸权的传统，建构新型的父职角色和父职实践，不仅需要广大的行动主体努力地做到行动自觉，同时也需要社会制度与社会政策从不同面向的改进。

（二）关于个案研究外推性问题的讨论

个案研究是一种社会科学的重要方法，社会学界对于其争论最多的是其代表性和推论性问题，在社会学/人类学的研究脉络中，三种研究取向对于这一问题的处理深具影响，它们分别是费孝通的"社区研究"、格尔茨的"深描说"和布洛维的"扩展个案法"。

费孝通先生通过类型比较法所形成的对传统中国社会结构特征的理论概括，他提出的"差序格局"已经成为理解中国社会一个有力的"理想型"概念。格尔茨通过对 19 世纪巴厘政治生活的研究，让我们看到了"地方性知识"的差异，他所呈现的巴厘的"剧场国家"对于理解国家概念提供了另一种可能性。布洛维对"赞比亚化"的研究，既揭示了种族隔离背后的阶级因素，又通过反例更新了阶级分析理论。可见，三人虽然知识取向不同，但都通过个案研究实现了理论超越：费先生实现了理解中国社会的一般性概括，格尔茨为通行概念的反思提供了另一种可能性，布洛维则实现了马克思主义理论的改进。可见，个案作为一种特殊事实，可以借助已有理论推演出新的理论，个案作为部分性事实，可以显示整体性事实。而前者是达至后者的一种手段，即可以通过一般性理论来认识整体性事实。

通过对高校教师父职实践的研究我们发现父职实践是一个涉及身体、言语、情感和意识多个维度的行动过程，具有"内隐性"和"外显性"双重特征，父职资源、父职观念和育儿胜任感影响着个体在各个维度上参与的内容和程度，他们使个体的父职实践呈现出一定的个性化特征，既让我们看到了基于亲职分工而出现的主力型父亲、助力型父亲和替补型父亲，也让我们看到了生活助力型、教育助力型、情感助力型的特色型父亲。从身体、言语、情感和意识多维度的考察有助于我们拓展对父职内涵的理解，也让我们看到了父职实践的丰富性，由父职资源、父职观念和育儿胜任感构成的父职实践分析框架可以用于考察在传统父职向新父职转型中更多群体的父职实践特征，也可以帮我们发现促进父职参与的有效途径。但是，上述发现是基于高校教师的父职实践而总结提炼而成，是否可以外推至其他类型的父亲则有待通过进一步的研究和反思而进行理论的拓展与再建构。

在笔者看来，试图通过在单一的研究领域内进行一般化的努力无异于缘木求鱼。应对个案研究代表性问题的挑战，需走出单次研究的定势思维，接纳个案研究的维纳斯之缺陷，通过后续研究走出个案研究一般化代表性困境。应该将个案研究与定量研究从并列或对立的关系转变为连续的复杂关系。费老的类型推广主张是一种典型的"一般化"的进路，同时个案研究与定量统计的接续沟通结合也是一种进路，进而建构带有一定普适性的中层理论，从而避免个案研究的原子碎化状况，推进研究结论的一般化。从社会科学整体方法论角度来看待个案研究与调查统计研究，也就能够从一个更高的层次来看待个案研究的意义和限度。

（三）关于性别建构问题的讨论

性别建构论是在批判本质论基础上逐渐形成的，该理论认为，男性和女性之间的差异不是先天的，而是在特定的历史背景下，受到特定社会制度、文化传统、法律、习惯、信仰和话语权力等影响所建构起来的。因此，两性之间的差异不是本质的、普遍的、绝对的、对立的，而是建构的、情境化的、流动的。贝蒂·弗里丹（Betty Friedan）、杰曼·格里尔（Germaine Greer）和理安·艾斯勒（Riane Eisler）等学者从现代文化传媒、消费主义、历史学角度考察了性别气质的建构性，让性别气质和权力关系在建构主义的范畴中呈现出能动性色彩，推动了女性主义思潮的进步。朱迪斯·巴特勒又进一步提出所谓的生理性别和社会性别都是被文化和话语所建构出来的，性别是一种行为，一个过程，并不是一个绝对的、固定的、静止的名称，主体的性别身份是在话语规范中通过持续性的操演行为建立起来的相对稳定、暂时风格化的一种行为状态。

由此可见，性别不是一成不变的，它具有流动性，本书通过对男性参与育儿过程的研究进一步印证了性别气质建构的观点。从研究中，我们可以发现高校教师父亲往往既有男性气质特征又有女性气质特征，而且他们往往是兼具男性气质与女性气质的行动者，在不同的互动情境下会能动地调整这二者之间的呈现比例，选用最合适的气质特征来应对其当前的情境。性别观念是以社会共享知识库的方式而被人通过社会化过程习得的而形成个体的库存知识，社会资源也在这样的库存知识进行分配中进一步强化了人们的社会性别意识以及现实中社会资源的性别隔离，同时也影响着人们自我的形成和发展。随着个体在实践中的互动和对不同情境的应对经验的总结，他不断更新自己关于性别认知的知识库，又通过主体间性而更新整个社会的性别知识库，也在一定程度上消解了之前的社会资源分配的性别隔离性。父职实践的过程是男性亲身体验的过程，也是一个富有情境性和情感性的实践，尤其是其中亲密的夫妻互动、父女互动，以及被卷入的家务劳动都是一个让男性能够更多感受理解女性的契机。因此，可以说父职实践具有一定的社会性别建构功能。

第二节　建议与展望

一、建议

（一）重视家庭作用，发展家庭社会政策

通过对高校教师父职实践的研究让我们看到了家庭对于一个人如何"做父亲"的重要影响。在资源层面，家庭为父亲们提供稳定的工具性支持，家庭为父亲们提供丰富的情感资源，而且它所提供资源在类型的丰富性、持久性和可及性方面也是其他组织无法比拟的。研究中，我们也发现"家庭利益整体化"在子女抚育方面呈现得尤为突出。家庭成员在应对"育儿"的需求时往往从家庭整体出发，家庭成员都奉行"家庭利益的最大化"的原则，选择那些对家庭而言的最优方案。值得注意的是，在子女抚育方面的家庭中，夫妻双方的老人成为这个家庭中的重要成员，很多老人都会因抚育子女而与年轻夫妻共同居住，因此家庭在子女抚育中呈现家庭规模扩大化的趋势。

在父职观念和育儿胜任感层面，家庭对于父亲的影响也是最为深远的，童年时期在原生家庭中的经验是很多父亲对于周围事物、对于自己的认知和理解的重要影响因素。同时，家庭抚育人之间的情感关系也是影响父职实践的重要因素，和谐的家庭关系不仅为其参与父职实践提供了重要的推动力，也对于子女的健康成长和安全感的建立尤为重要。这种情感关系既包括夫妻之间关系、父子之间关系，还包括代际关系。

那么我们该如何发挥家庭的作用来推动更多父亲参与到育儿实践中，并提升其父职实践的质量呢？在笔者看来，应在社会政策中更为重视家庭的作用，进一步完善我国家庭社会政策。具体来说，可以从以下两个方面着手：一方面，以"家庭"为单位整合现有的福利资源，增强家庭的福利保障功能。我国传统的福利供给和保障往往是以个体为单位的做法，这种方式更为适应全面充分就业的制度。而在子女抚育方面，对家庭劳动力的需求较为凸显，研究中我们也发现部分家庭不得不选择通过夫妻一方相对减少工作量的方式来满足子女抚育方面的需求，"全职带娃"现象在0—3岁的子女抚育方面尤为明显。因此，我国在社会政策的福利供给方面应适应家庭变迁的趋势，考虑不同类型家庭的政策需求，充分考虑就业者抚养家庭的责任。例如，政府可以根据每个家庭实际的抚育负担，以家庭为单位征收税赋或给予相应育儿成本的减免或资金补贴，减轻婴幼儿家庭照料的负担。同时，研究中发现的关于"老漂族"现象较为普遍，而且在一定时期内应该成为我国在子女抚育方面的普遍现象，因此"老漂族"的保障问题也应纳入家庭社会政策的制度设计之中，让老人在离开户籍地到子女家协助抚育孙子女时也能够享受到相应的福利保障。另一方面，在家庭社会政策完善的过程中应将家庭服务和家庭福利资源相整合，促进良好的家庭互动。如上所述，家庭对于父亲的育儿实践具有重要意义，他在原生家庭中的经验，与自己父母的关系都是对他自身父职实践的重要影响因素。因此，我们应重视家庭亲子关系、夫妻关系和代际关系的建设。可以尝试引入家庭社会工作的介入方式和手段，通过专业方式开展家庭辅导服务，降低亲子矛盾、夫妻矛盾、代际矛盾给子女成长带来的负面影响，同时通过加强亲职教育，在传递育儿知识的同时也引导夫妻建立合作育儿的意识，这无疑将有助于促进和提升当前的父母的育儿实践水平和质量。

（二）恢复社区功能，提升社区对儿童抚育服务的可及性

社区这一概念最早是由德国社会学家滕尼斯在《社区和社会》一书中首次提出，在他看来社区是指具有相同价值观和共同生活信仰并长期生活在一起的人群集合体。随着现代社会的发展，社区的概念更为强调其区域性特征，但无论如何我们都应该认识到社区既是人们共同生活的地域性空间，又是一种人们互动的社会空间，对人的资源获得和心理归属与认同有着重要的意义和价值。从笔者对高校教师的父职实践研究中，我们看到了朋友对于其父职实践的重要作用，一方面，高校教师父亲的部分朋友就来源于自己的社区中所介绍的，这样的朋友虽然不能够给予高校教师父亲稳定的支持服务，但是对于增加高校教师父亲社会网络的异质性以及对于信息类资源的获得都是非常重要的。另一方面，在研究中很多父亲也表达了对于社区提供相关服务的需求，因为在他们看来社区所提供的服务是他们能够方便利用的，具有较高的可及性特点，可见社区是社会政策福利资源输出的有效中介和平台。

然而，从研究中我们可以看出，实践中社区在家庭抚育支持方面的功能并未得到有效的发挥，因此，笔者认为应加强社区在福利资源提供方面的中介作用，通过培育和发展社区自助组织，建立和增强具有共同特征人群的相互连接和支持，建立群众性的自助互助网络，既满足其在工具性资源上的需求，也满足其在情感上的需求，这将有利于提高家庭社会政策福利资源的高效输送，也有利于提升居民对于社区的归属感和认同感，促进陌生人社区向熟人社区的转变。具体而言，社区可以通过政府购买服务的方式引入专业社会工作的服务，针对一些有需要的家庭开展一定的服务，例如临时托管、育儿指导等活动，为家庭科学育儿和子女健康成长提供必要的支持。与此同时，也可以开展一定的针对祖辈的服务，除了育儿指导外还可以提供一定的情绪疏导服务，为父职参与创造良好的家庭育儿氛围。在一定程度上减轻家长的负担，也能够提升抚育的水平和质量。同时，可以充分发挥和利用社区邻里资源灵活、便捷的特点，培育和发展志愿服务，

打造互帮互助的爱心社区。

（三）改革完善教育考核体制，开展驻校社工服务

从研究中我们发现，儿童教育是亲职压力的重要来源之一，不仅表现在经济负担方面也表现在情感压力方面。在现有的教育体制之下，教育资源分布的不均衡性导致父母对于儿童教育的过度投入，这与目前的教育选拔机制密切相关。教育应该是关注人的教育而不仅仅是"分"的教育。因此，我们应进一步改革和完善教育选拔机制，倡导全人教育，注重人的全面发展。

同时，从对高校教师父职实践的研究中我们可以看到教育对个体父职实践的重要作用，他既是人们在社会中获得各种丰富资源的凭借，又是获得更多知识的有效途径。因此，我们应重视儿童教育问题，而且这种教育不仅仅限于知识教育层面，更应该关注其情感的需求。研究中发现，即便是有着多年教书育人经验的高校教师父亲在面临子女行为管束时也会束手无策，亲子关系也会面临一定的冲突，这想必也是很多父母面临的难题。

在笔者看来，开展驻校社工服务是一个可以尝试的应对方式。通过驻校社工服务，能够及时发现一些学生因各种情况而引发的情绪问题，通过与其父母的沟通和家校合作的方式，在这些问题带来更严重后果之前将其进行解决。从某种意义上来看，这种驻校社工服务也在一定程度上具有促进学校教育与家庭教育整合的作用。

（四）完善和落实儿童托幼服务和育儿假制度，倡导父母共育的亲职文化

虽然从目前已有访谈材料看，高校教师父亲的感知度相对较低，但是我们从研究中也不难看出社会对于高校教师的父职具有重要的建构作用，父职资源、父职理念、育儿胜任感的形成都离不开社会的建构。因此，在儿童抚育政策的完善和两性和谐共担的亲职文化倡导方面，社会具有重要的功能和作用，并可以从以下三方面着手完善。

首先，可以通过加大对2—6岁儿童托幼机构的支持和监管来缓解家庭抚育劳动力短缺的问题。有2—6岁子女的家庭往往在子女生活照顾方面的

压力较大，除了必要的生活费用支出外，主要是对抚育时间的需求比较凸显。很多家庭不得不通过市场购买劳动力的方式加以解决，然而这不仅加重了家庭的经济负担，也成为一些父母焦虑的来源。政府可加强对儿童托幼服务机构的支持与监督，逐步适时地把 2—6 岁的儿童托幼服务纳入义务教育阶段的监管体系中。在现阶段，政府可一方面在新建社区兴建新的儿童托幼机构，同时也可依托一定的民间资源，但是政府要在服务财政支持、服务标准制定、课程设置与监督责任上切实落实，从而保证儿童托幼服务的质量。

其次，可以通过切实推行延长母亲产假和夫妻育儿假制度的方式来促进父亲的父职参与以及减轻母亲的育儿负担。很多西方国家普遍采取了为父亲增加陪产假和带薪休假的方式来促进其父职参与，从实施效果看确实也起到了一定的作用。我国目前还没有推行这一制度，有一些地方试行的效果也并不乐观，在笔者看来，在设立育儿假制度时应综合考虑时间的数量、连贯性和规律性，从访谈看，除了 0—2 岁儿童父母的儿童抚育需求较大外，2—6 岁儿童父母依然呈现出对照顾时间的较大需求，因此也可以考虑给这个年龄阶段子女的父母一定额外的请假时长和特殊照顾，这对于这个年龄段的父母是非常需要的。

最后，可以通过大众传媒，以人们喜闻乐见的方式营造两性和谐的空间，倡导父母共担育儿责任的意识。从研究中，我们可以发现父亲们往往对于互动式、视频类、故事性的信息更容易接受，因此在性别文化的营造和宣传中，应充分利用自媒体平台，增强互动性知识的传递。同时，打造一些以育儿为主题的影视剧作品也是一个可行之道，在访谈中，我们发现很多父亲都提及一些影视文学作品中的人物形象和故事情节会影响他们对育儿和对自己的思考。

二、研究展望

本书还存在一定的研究局限：第一，在调查对象方面，本书是针对北京市高校教师父亲展开的，这个群体在收入、教育程度、工作内容、工作时间等方面具有一定的特殊性，并不能代表一般大众的父亲类型。因此本书的结论仍有待在更多父亲群体及一般公众样本中的进一步验证。第二，本书的父职参与状况分析采用了自我报告的方式，可能会面临方法学角度的社会期望偏差问题，被访者可能会在表述过程中调整自己的答案，以使自己看起来更符合社会期待的形象。在本研究中访谈对象能够感知到关于父职参与的态度与行为的社会规范期待，可能在一定程度上会影响被访者提高其自我报告水平。

　　本书还留有一些值得进一步研究的课题。首先，本书从父职资源和父职观念和育儿胜任感角度去分析社会结构性因素对父职实践的影响，这一结论在不同社会文化中、不同社会群体中、不同时空条件下，它们是如何影响父职实践的，以及是否还有其他关键要素在发挥作用，这需要进一步探索与验证；其次，本书虽然对行动主体在父职建构中能动性的体现有所呈现，但相对于当代对主体性的强调而言，在这方面有待做更为深入的研究；最后，在对个体父职实践中呈现问题的回应方面，虽然本书进行了一定的思考与回应，但是在建立适应新型父职发展的社会政策体系和社会性别文化的营造方面还有很多值得深入思考的问题有待进一步研究。

参考文献

中文参考文献：
著作

[1]〔德〕阿尔弗雷德·舒茨：《社会世界的现象学》，卢岚兰译，台北：久大文化股份有限公司，1991年。

[2]〔美〕阿瑟·科尔曼：《父亲：神话与角色的变换》，刘文成译，北京：东方出版社，1998年。

[3]〔法〕埃米尔·迪尔凯姆：《自杀论：社会学研究》，孙立元，滕文芳译，北京：北京出版社，2012年。

[4]〔英〕安东尼·吉登斯：《亲密关系的变革——现代社会中的性、爱和爱欲》，陈永国、汪安民译，北京：社会科学文献出版社，2001年。

[5]〔英〕安东尼·吉登斯：《社会的构成》，北京：生活·读书·新知三联书店，1998年。

[6]〔英〕安东尼·吉登斯：《现代性的后果》，田禾译，南京：译林出版社，2000年。

[7]〔英〕安东尼·吉登斯：《资本主义与现代社会理论——对马克思、涂尔干和韦伯著作的分析》，上海：上海译文出版社，2013年。

[8]〔美〕安妮特·拉鲁：《家庭优势：社会阶层与家长参与》，吴重涵等译，南昌：江西教育出版社，2014年。

[9]〔德〕贝克·乌尔里希，伊丽莎白·贝克·恩格斯海姆：《个体化》，李荣山等译，北京：北京大学出版社，2011年。

[10]〔美〕彼得·L.伯格，〔美〕托马斯·卢克曼：《现实的社会建构：知识社会学论纲》吴肃然译，北京：北京大学出版社，2019年。

[11]蔡玉萍，彭铟旎：《男性妥协：中国的城乡迁移、家庭和性别》，北京：生活·读书·新知三联书店，2019年。

［12］陈向明：《质的研究方法与社会科学研究》，北京：教育科学出版社，2000 年。

［13］陈向明：《质性研究方法：反思与评论》，重庆：重庆大学出版社，2008 年。

［14］程胜利：《社会政策概论》，济南：山东人民出版社，2012 年。

［15］〔澳〕大卫·腾绅：《现在我们怎样做父亲》，阮诗芸译，桂林：广西师范大学出版社，2018 年。

［16］〔美〕戴维·谢弗，凯瑟琳·基普：《发展心理学：儿童与青少年》，邹泓译，北京：中国轻工业出版社，2016 年。

［17］〔美〕诺曼·K. 邓津，〔美〕伊冯娜·S·林肯：《定性研究：经验资料收集与分析的方法》，风笑天等译，重庆：重庆大学出版社，2007 年。

［18］〔法〕菲力浦·阿利埃斯：《儿童的世纪：旧制度下的儿童和家庭生活》，沈坚等译，北京大学出版社，2013 年。

［19］费孝通：《乡土中国·生育制度·乡土重建》，北京：商务印书馆，2015 年。

［20］高鸿业：《20 世纪西方经济学的发展》，北京：商务印书馆，2004 年。

［21］郭强：《大学社会学教程》，北京：中国审计出版社，2001 年。

［22］郭涛：《父亲的力量》，南京：江苏文艺出版社，2014 年。

［23］侯钧生：《西方社会学理论教程》，天津：南开大学出版社，2006 年。

［24］〔美〕卡伦·霍妮：《女性心理学》，霍文智译，北京：北京理工大学出版社，2020 年。

［25］库少雄：《人类行为与社会环境》，武汉：华中科技大学出版社，2014 年。

［26］〔美〕赖特·米尔斯：《社会学的想象力》，北京：生活·读书·新知三联书店，2012 年。

［27］廖永静：《父爱的力量》，北京：新华出版社，2002 年。

［28］林崇德，杨治良，黄希庭：《心理学大辞典》，上海：上海教育出版社，2003 年。

［29］林崇德：《发展心理学》，杭州：浙江教育出版社，2002 年。

[30] 林南：《社会资本：关于社会结构与行动的理论》，上海：上海人民出版社，2005 年。

[31] 刘少杰：《后现代西方社会学理论》，北京：北京大学出版社，2014年。

[32]〔意〕鲁格·肇嘉：《父性：历史、心理与文化的视野》，张敏等译，北京：世界图书出版公司，2019 年。

[33]〔美〕罗伯特·帕特南：《我们的孩子》，田雷等译，北京：中国政法大学出版社，2017 年。

[34]〔美〕罗纳德·伯特：《结构洞：竞争的社会结构》，上海：上海人民出版社，2008 年。

[35]〔日〕落合惠美子：《21 世纪的日本家庭，何去何从》，郑杨译，济南：山东人民出版社，2010 年。

[36]〔德〕马克斯·韦伯：《社会学的基本概念》，桂林：广西师范大学出版社，2005 年。

[37]〔美〕帕森斯：《社会行动的结构》，南京：译林出版社，2003 年。

[38]〔法〕皮埃尔·布迪厄：《文化资本与社会炼金术》，包亚明译，上海：上海人民出版社，1997 年。

[39]〔法〕皮埃尔·布迪厄、〔美〕华康德：《反思社会学导引》，李康、李猛译，北京：商务印书馆，2015 年。

[40] 卜长莉：《社会资本与社会和谐》，北京：社会科学文献出版社，2005 年。

[41]〔美〕乔治·瑞泽尔：《古典社会学理论》（第 6 版），王建民译，北京：世界图书出版公司北京公司，2014 年。

[42]〔美〕乔治·赫伯特·米德：《心灵、自我和社会》，霍桂桓译，北京：北京联合出版公司，2014 年。

[43] 沈奕斐：《个体家庭 iFamily：中国城市现代化进程中的个体、家庭与国家》，上海：上海三联书店，2013 年。

[44]〔美〕阿尔弗雷德·舒茨：《社会实在问题》，霍桂桓、索昕译，北京：华夏出版社，2001 年。

[45] 佟新：《社会性别研究导论（第 2 版）》，北京：北京大学出版社，2011 年。

[46] 王跃生：《社会转型初期家庭结构和代际关系变动研究》，北京：中国社会科学出版社，2018 年。

[47] 文军：《西方社会学理论：经典传统与当代转向》，上海：上海人民出版社，2006 年。

[48] 吴小英：《科学、文化与性别——女性主义的诠释》，北京：中国社会科学出版社，2000 年。

[49] 夏征农，陈至立：《辞海》（第六版缩印本），上海：上海辞书出版社，2010 年。

[50] 阎云翔：《私人生活的变革：一个村庄里的爱情、婚姻与亲密关系》，上海：上海人民出版社，2016 年。

[51] 阎云翔：《私人生活的变革：一个中国村庄里的爱情、家庭与亲密关系（1949—1999）》，龚晓夏译，上海：上海译文出版社，2012 年。

[52] 杨敏：《社会行动的意义效应》，北京：中国人民大学出版社，2005 年。

[53] 詹俊峰：《性别之路：瑞文康奈尔的男性气质理论探索》，桂林：广西师范大学出版社，2015 年。

[54] 张福全：《简明西方心理学史》，合肥：安徽大学出版社，2012 年。

[55] 张亮，徐安琪：《父亲参与研究：态度、贡献与效用》，上海：上海科学院出版社，2008 年。

[56] 张伶：《中国高校教师工作—家庭冲突研究》，北京：中国社会科学出版社，2007 年。

[57] 郑新蓉，杜芳琴：《社会性别与妇女发展》，西安：陕西人民教育出版社，2000 年。

[58] 中共中央马克思恩格斯列宁斯大林著作编译局：《马克思恩格斯全集》（第 25 卷），北京：人民出版社，1975 年。

[59] 周晓虹：《文化反哺：变迁社会中的代际革命》，北京：人民出版社，2015 年。

［60］周怡：《解读社会——文化与结构的路径》，北京：社会科学文献出版社，2004 年。

［61］〔美〕朱迪斯·巴特勒：《性别麻烦：女性主义与身份的颠覆》，宋素凤译，北京：生活·读书·新知三联书店，2009 年。

期刊

［1］蔡春燕：《城镇儿童成长中父职参与的现状及思考——以河南信阳市为例》，《内蒙古师范大学学报（教育科学版）》，2014 年第 4 期。

［2］陈安琪，谢卧龙：《从隐身静默到众声喧哗：论父子亲密关系之跨世代影响》，《应用心理研究》，2009 年第 42 期。

［3］陈春平：《高校青年教师工作家庭互动与生活满意度的关系研究——核心自我评价的调节作用》，《中国农业教育》，2021 年第 5 期。

［4］陈丹丹，熊进：《高校教师收入分配的"锦标赛制"：形成及反思》，《当代教育论坛》，2021 年第 4 期。

［5］陈蒙：《城市中产阶层女性的理想母职叙事——一项基于上海家庭的质性研究》，《妇女研究论丛》，2018 年第 2 期。

［6］范宏雅，赵万里：《谈话分析与常人方法论的质性研究》，《山西大学学报（哲学社会科学版）》，2012 年第 02 期。

［7］高耀明，黄思平，夏君等：《高校女教师的生存状态分析——以上海市为例》，《高等教育研究》，2008 年第 8 期。

［8］郭戈：《"丧偶式育儿"话语中的母职困境与性别焦虑》，《北京社会科学》，2019 年第 10 期。

［9］郭戈：《0-3 岁婴幼儿托育服务下的父职实践》，《中国青年研究》，2019 年第 11 期。

［10］郭强：《知识与行动：结构化凝视》，《社会》，2005 年第 5 期。

［11］何春蕤：《研究社会性/别：一个脉络的反思》，《社会学评论》，2013 年第 5 期。

［12］何姗姗，杨萍：《依恋理论视角下家庭暴力受害儿童的个案研究》，《社会工作》，2015 年第 1 期。

［13］何绍辉：《撑起儿童照顾的"半边天"——对父职实践的社会学考察》，《中国青年研究》，2020年第2期。

［14］胡安宁：《文化资本研究：中国语境下的再思考》，《社会科学》，2017年第1期。

［15］何天平：《父权制的消解？我国家庭伦理电视剧的男性气质建构》，《新闻春秋》，2016年第4期。

［16］胡玉坤：《从"天鹅绒爹爹"到"拿铁奶爸"——瑞典带薪陪产假的制度与观念变迁》，《社会科学论坛》，2019年第5期。

［17］黄枫岚：《21世纪后中国父亲角色与职能演进——基于2000—2017年〈中国教育报〉中关于父亲参与亲子教育的报道》，《武夷学院学报》，2018年第7期。

［18］黄怡瑾：《双薪家庭中男性参与亲职主观经验之探究》，《台南师范学报》，2002年第35期。

［19］李向梅，万国威：《育儿责任、性别角色与提供：中国儿童照顾政策的展望》，《中国行政管理》，2019年第4期。

［20］李晔：《工作—家庭冲突的影响因素研究》，《人类工效学》，2003年第4期。

［21］林恬怡，陆卫群：《儿童照料的性别化机制研究：一个场域理论的视角》，《当代青年研究》，2019年第4期。

［22］林晓珊：《改革开放四十年来的中国家庭变迁：轨迹、逻辑与趋势》，《妇女研究论丛》，2018年第5期。

［23］林晓珊：《母职的想象：城市女性的产前检查、身体经验与主体性》，《社会》，2011年第5期。

［24］刘爱玉，佟新：《性别观念现状及其影响因素——基于第三期全国妇女地位调查》，《中国社会科学》，2014年第2期。

［25］刘爱玉，庄家炽，周扬：《什么样的男人做家务——情感表达、经济依赖或平等性别观念？》，《妇女研究论丛》，2015年第3期。

［26］刘军，杨辉：《从"实体论"到"关系论"——兼谈"关系研究"的认识论原则》，《北方论丛》，2012年第6期。

［27］刘玲：《高校女教师的工作家庭冲突和社会支持——一项高校女教师利用社会支持缓解工作家庭冲突的定性研究》，《四川理工学院学报（社会科学版）》，2013 年第 4 期。

［28］刘秀丽，赵娜：《父亲角色投入与儿童的成长》，《外国教育研究》，2006 年第 11 期。

［29］刘中一：《角色虚化与实践固化：儿童照顾上的父职——一个基于个体生命经验的考察》，《人文杂志》，2019 年第 2 期。

［30］罗家德，赵延东：《如何测量社会资本：一个经验研究综述》，《国外社会科学》，2005 年第 2 期。

［31］马春华：《亲职假政策现状及其影响跨国比较研究和分析》，《中华女子学院学报》，2019 年第 5 期。

［32］梅笑：《情感劳动中的积极体验：深层表演、象征性秩序与劳动自主性》，《社会》，2020 年第 2 期。

［33］彭茂辉，周羽娜，彭泽平：《反思性监控：信息技术教师专业发展的基本途径——吉登斯结构化理论对信息技术教师专业发展的启示》，《现代教育技术》，2011 年第 8 期。

［34］《关于创建有中国特色的社会主义妇女解放理论的思考——彭珮云在有中国特色社会主义妇女基本理论座谈会上的讲话》，《中国妇运》，2003 年第 1 期。

［35］皮兴灿，王曦影：《多元视野下的中国男性气质研究》，《青年研究》，2017 年第 2 期。

［36］蒲少华，卢宁：《父亲教养的研究进展》，《中国健康心理学杂志》，2008 年第 10 期。

［37］渠敬东：《迈向社会全体的个案研究》，《社会》，2019 年第 1 期。

［38］沈红，熊俊峰：《职业性别隔离与高校教师收入的性别差异》，《高等教育研究》，2014 年第 3 期。

［39］施芸卿：《当妈为何越来越难——社会变迁视角下的"母亲"》，《文化纵横》，2018 年第 5 期。

［40］史建国：《"怎样做父亲"与伦理觉悟——以鲁迅与胡适为例的考察》，《文学与文化》，2019 年第 2 期。

［41］舒奇志：《当代西方男性气质研究理论发展概述》，《湘潭大学学报（哲学社会科学版）》，2011 年第 4 期。

［42］宋健，周宇香：《全面两孩政策执行中生育成本的分担——基于国家、家庭和用人单位三方视角》，《中国人民大学学报》，2016 年第 6 期。

［43］孙飞宇：《方法论与生活世界 舒茨主体间性理论再讨论》，《社会》，2013 年第 33 卷第 1 期。

［44］孙伦轩，林小莉：《从严父慈母到严母慈父——子女管教严格程度的父母差异及其成因分解》，《教育学术月刊》，2018 年第 8 期。

［45］陶涛，刘雯莉，孙铭涛：《代际交换、责任内化还是利他主义——隔代照料对老年人养老意愿的影响》，《人口研究》，2018 年第 5 期。

［46］陶艳兰：《流行育儿杂志中的母职再现》，《妇女研究论丛》，2015 年第 3 期。

［47］陶艳兰：《塑造理想母亲：变迁社会中育儿知识的建构》，《妇女研究论丛》，2016 年第 5 期。

［48］佟新，周旅军：《就业与家庭照顾间的平衡：基于性别与职业位置的比较》，《学海》，2013 年第 2 期。

［49］〔德〕瓦西里沃斯·费纳克斯，郭良菁：《重新界定父亲的角色及其对教育和家庭政策的含义》，《华东师范大学学报（教育科学版）》，2003 年第 2 期。

［50］万江红，闵莎：《观念的变迁与现实的制约：干得好不如嫁得好——基于第三期湖北省妇女社会地位调查数据的分析》，《中南民族大学学报（人文社会科学版）》，2014 年第 6 期。

［51］王春业：《自组织理论视角下的区域立法协作》，《法商研究》，2015 年第 32 卷第 6 期。

［52］王丛桂：《促进参与父职因素的探讨》，《应用心理学（台北）》，2008 年第 6 期。

［53］王大维：《父职参与或参与亲职的父亲》，《应用心理研究》，2000 年第 7 期。

［54］王松国：《高校教师学术化生存下责任的丧失》，《当代教育科学》，2009 年第 15 期。

［55］王向贤：《承前启后：1929-1933 年间劳动法对现代母职和父职的建构》，《社会学研究》，2017 年第 32 卷第 6 期。

［56］王向贤：《社会政策如何构建父职？——对瑞典、美国和中国的比较》，《妇女研究论丛》，2014 年第 2 期。

［57］王向贤：《转型时期的父亲责任、权利与研究路径——国内父职社会学研究述评》，《青年研究》，2019 年第 1 期。

［58］王晓梅，苗丽：《高校女教师工作家庭冲突及平衡策略》，《科技创业月刊》，2014 年第 27 卷第 2 期。

［59］王英芊，邹泓，侯珂，等：《亲子依恋、同伴依恋与青少年消极情感的关系：有调节的中介模型》，《心理发展与教育》，2016 年第 2 期。

［60］王雨磊：《父职的脱嵌与再嵌：现代社会中的抚育关系与家庭伦理》，《中国青年研究》，2020 年第 3 期。

［61］吴帆：《欧洲家庭政策与生育率变化——兼论中国低生育率陷阱的风险》，《社会学研究》，2016 年第 1 期。

［62］吴航，朱嫚嫚，刘雯：《幼儿父亲参与父职教育的意愿及其阻碍因素》，《学前教育研究》，2012 年第 11 期。

［63］吴利娟：《中国社会男女平等吗——性别不平等的认知差异与建构》，《学术研究》，2017 年第 1 期。

［64］吴小英：《走出家庭主义的想象舒适圈》，《社会政策研究》，2020 年第 1 期。

［65］伍新春，陈玲玲，刘畅：《中国父亲教养投入的特点及其相关影响因素》，《华南师范大学学报（社会科学版）》，2014 年第 6 期。

［66］徐安琪，张亮：《父亲育儿投入的影响因素：本土经验资料的解释》，《中国青年研究》，2009 年第 4 期。

［67］徐安琪，张亮：《父亲育儿假：国际经验的启示和借鉴》，《当代青年研究》，2009 年第 3 期。

［68］徐鹏，周长城：《性别、学术职业与高校青年教师收入不平等》，《青年研究》，2015 年第 1 期。

［69］许琪，王金水：《爸爸去哪儿？父亲育儿投入及其对中国青少年发展的影响》，《社会发展研究》，2019 年第 1 期。

［70］许岩，纪林芹，张文新：《城市父亲参与儿童教养的特点及其与性别角色的关系》，《心理发展与教育》，2006 年第 22 卷第 3 期。

［71］许岩，张文新：《父亲参与儿童教养研究综述》，《教育学术月刊》，2006 年第 1 期。

［72］薛晓源，曹荣湘：《文化资本，文化产品与文化制度——布迪厄之后的文化资本理论》，《马克思主义与现实》，2004 年第 1 期。

［73］阎云翔，杨雯琦：《社会自我主义：中国式亲密关系——中国北方农村的代际亲密关系与下行式家庭主义》，《探索与争鸣》，2017 年第 7 期。

［74］杨菊华：《传续与策略：1990—2010 年中国家务分工的性别差异》，《学术研究》，2014 年第 2 期。

［75］杨菊华：《新时代家庭面临的新问题及未来研究方向》，《妇女研究论丛》，2018 年第 6 期。

［76］杨可：《母职的经纪人化——教育市场化背景下的母职变迁》，《妇女研究论丛》，2018 年第 2 期。

［77］杨嫚：《沟通的错位：公众风险认知与科学议题报道》，《科学学研究》，2014 年第 4 期。

［78］杨善华，孙飞宇：《作为意义探究的深度访谈》，《社会学研究》，2005 年第 5 期。

［79］杨雪燕，李树茁：《西方社会性别概念及其测量的回顾与评述》，《国外社会科学》，2006 年第 4 期。

［80］於嘉：《性别观念、现代化与女性的家务劳动时间》，《社会》，2014 年第 2 期。

［81］余秀兰，牟宗鑫，叶章娟：《高等教育研究领域中的女性——基于对〈高等教育研究〉2001—2010 年的载文分析》，《高等教育研究》，2012 年第 33 卷第 6 期。

［82］张浩军：《舒茨社会世界现象学视域中的他人问题》，《学术研究》，2018 年第 5 期。

[83] 张莉莉：《女大学教师与工作相关的压力源研究》，《清华大学教育研究》，2003 年第 4 期。

[84] 张品，林晓珊：《陪伴的魔咒：城市青年父母的家庭生活、工作力与育儿焦虑》，《中国青年研究》，2020 年第 4 期。

[85] 张日昇：《同一性与青年期同一性地位的研究——同一性地位的构成及其自我测定》，《心理科学》，2000 年第 4 期。

[86] 张伟琛：《劳丹的"不合理性假定"与科学知识社会学》，《自然辩证法研究》，2002 年第 18 卷第 4 期。

[87] 张祥龙：《"父亲"的地位——从儒家和人类学的视野看》，《同济大学学报（社会科学版）》，2017 年第 1 期。

[88] 赵万里，李路彬：《日常知识与生活世界——知识社会学的现象学传统评析》，《广东社会科学》，2011 年第 3 期。

[89] 郑春风，郑生竹：《父职的媒介再现、社会再生产与现代中国家庭的结构转型——以〈爸爸去哪儿〉为例》，《新闻界》，2019 年第 9 期。

[90] 郑杨，张艳君：《中瑞两国家庭政策对家庭育儿策略的影响》，《知与行》，2016 年第 3 期。

[91] 周国韬：《自我调节学习论——班杜拉学习理论的新进展》，《外国教育研究》，1995 年第 3 期。

[92] 朱依娜，卢阳旭：《性别、家庭与高校教师的时间分配——基于 2011 年全国科技工作者时间利用调查》，《妇女研究论丛》，2014 年第 5 期。

学位论文

[1] 崔亚娜：《城市学龄前儿童亲子关系纠缠的个案工作研究》，西北农林科技大学硕士学位论文，2018 年。

[2] 陈慧颖：《"三言"父亲形象研究》，华中师范大学硕士学位论文，2012 年。

[3] 董典：《"奶爸"的男性气质解读》，华东师范大学硕士学位论文，2017 年。

[4] 康续祥：《新手爸爸初体验——一初生儿父亲之父职经验》，硕士学位论文，高雄师范大学，2008 年。

［5］李光玲：《父母角色理想变迁研究：1980—2010——以〈父母必读〉为例》，华中科技大学硕士学位论文，2011 年。

［6］李六珍：《企业女性经理人性别角色认同和领导效能感之实证研究》，华东师范大学博士学位论文，2011 年。

［7］李珊珊：《文化资本的代际传递过程研究》，华东师范大学硕士学位论文，2018 年。

［8］赵连伟：《家庭教育中父亲缺失现象调查及其对策研究》，华东师范大学硕士学位论文，2010 年。

［9］罗瑞：《家庭伦理题材电视剧中的父子叙事研究》，云南师范大学硕士学位论文，2013 年。

［10］梅文静：《家庭经济资本和文化资本对子女教育支出的影响研究》，华东师范大学硕士学位论文，2016 年。

［11］许岩：《城市父亲参与儿童教养的影响因素》，山东师范大学硕士学位论文，2006 年。

［12］杨李琼：《20 世纪 60 年代英国家庭中父亲身份初探》，南京大学硕士学位论文，2016 年。

［13］张亮：《中国儿童照顾政策研究》，复旦大学博士学位论文，2014 年。

［14］张姿：《成人创造性问题解决的依恋安全启动效应》，辽宁师范大学硕士学位论文，2013 年。

［15］邹扬：《上海市父亲参与孩子早期教育的现状及问题研究》，华东师范大学硕士学位论文，2006。

英文参考文献：

[1] Ajzen, I. & Fishbein, M. "Attitude-behavior relations: A theoreticalanalysis and review of empirical research." Psychological Bulletin, (1977). 84(5): 888-918.

[2] Amato P. R., "More than money? Mens' contributions to their children 's lives," *in A. Booth & J. Dunn (Eds.),Men in families: When do they get involved? What difference does it make? ,* N. J:Lawrence Erlbaum, 1998.

[3] Antonovsky, A. & Sourani, T. "Family sense of coherence and family adaptation," Journal of Marriage and the Family, Vol. 50, No. 1, (1988), pp79-92.

[4] Bandura A, Freeman W. H., Lightsey R. Self-Efficacy, "The Exercise of Control," *Journal of Cognitive Psychotherapy,* Vol. 13, No. 2, (1997), pp158-166.

[5] Barbara Hobson, David Morgan, 2002, "Making Men Into Fathers:Men, Masculinities and the Social Politics of Fatherhood", Cambridge University.

[6] Beere, Carole A., *Gender Roles: A Handbook of Tests And Measures.* Greenwood Press, 1990.

[7] Belsky J., Rovine G. M., "The Pennsylvania Infant and Family Development Project, I: Stability and Change in Mother-Infant and Father-Infant Interaction in a Family Setting at One, Three, and Nine Months.", *Child Development*, Vol 55, No. 3 (1984), pp692-705.

[8] Belsky J., "The determinants of parenting: a process model," *Child Development,*

[9] Bem, S. L., *Bem Sex Role Inventory: Professional manual.* CA: Consulting Psychologists Press., 1981.

[10] Bowlby J., *Separation: Anxiety and Anger.* London: Pimlico, 1973.

[11] Brandth, Berit, ELin Kvande, "Masculinity and Child Care: The Reconstruction of Fathering," *The Sociological Review,* (1998), 46(2).

[12] Brines, J., "Economic Dependency, Gender, and the Division of Labor at Home," *American Journal of Sociology*, Vol. 100, No. 3(1994), PP652-688.

[13] Chase, S. E., "Narrative inquiry: Multiple lenses, approaches, voices", in N. K. Denzin & Y. S. Lincoln (Eds.), *The Sage Handbook of Qualitative Research (3rd ed.)*, London: Sage, (2005), pp: 651-679

[14] Connell R. W., "Masculinities", 2nd Edition, Cambridge: Policy Press, 2005.

[15] Coleman J. S., "Social Capital in the Creation of Human Capital",

American Journal of Sociology, Vol. 94, Supplement(1988), pp94.

[16] Coleman J. S., *Foundations of Social Theory*, Cambridge:Belknap Press of Harvard University Press, 1990.

[17] David J.Eggebeen, "Sociological perspectives on fatherhood:what do we know about fathers from social surveys, Handbook of father involvement: Multidisciplinary perspectives," *Lawrence Erlbaum associates.* 2002.

[18] Dermott, E., & Yamashita, J. "Resource-free parenting: The not no curious absence of money in policy discoursesof good parenting in the UK and Japan." *Social Policy and Society*, Vol. 13, No. 1, (2014), pp129-141.

[19] Dermott Esther, "Intimate Fatherhood: A Sociological Analysis," *New York: Rout ledge*, 2014.

[20] Dewey J., *Experience and Nature*, New York: Dover, 1958.

[21] Galtry, J. & Callister. R., "Assessing the Optimal Length of Parental Leave for Child and Parental Weil-Being: How Can Research Inform Policy?", *Journal of Family Issues*, Vol. 26, No. 2(2005), PP 219-246.

[22] Gecas V., "The Self-Concept as a Basis for a Theory of Motivation," in J. A. Howard & P. L. Callero(eds.), *The Self-Society Dynamic: Cognition Emotion and Action,* New York: Cambridge University Press, 1991, pp. 174.

[23] Gibaud-Wallston J. "Self-esteem and situational stress: factors re-lated to sense of competence in new parents", Doctoral Dissertation, Nashville: George Peabody College for Teachers, 1977, pp41-78.

[24] Giddens. A., *The Constitution of Society: Outline of the T heory of Structuration,* Berkeley: University of California Press, 1984.

[25] Gordon, I., et al. "Prolactin, Oxytocin, and the development of paternal behavior across the first six months of fatherhood." *Hormones & Behavior,* vol. 58. no. 3(2010), pp513-518.

[26] Greenhaus, J. H., & Beutell, N. J, "Sources of conflict between work and family roles," *Academy of Management Review,* Vol10, No. 1, (1985), pp76-88.

[27] Hawkins A. J., Dollahite D. C, *Generative fathering: beyond deficit*

perspectives, Sage Publications, 1997.

[28] Hilal Celik, The Mediator Roles of Mothers in Father-Child Communications and Family Relationships, Eurasian Journal of Educational Research, 80(84), 2019.

[29] Hochschild, A. R., *The Managed Heart: Commercialization of Human Feeling.* University of California Press, 2012.

[30] Holahan, C. K., "Conflict Between Major Life Roles: Women and Men in Dual Career Couples," *Human Relations*, Vol. 32, No. 6, (1979), pp451-467.

[31] Ihinger-Tallman M., Pasley K., Buehler C. "Developing a Middle-Range Theory of Father Involvement Postdivorce," Journal of Family Issues, vol 14, No 4, (1993), pp. 550-571.

[32] Jang-AeYang, "An exploratory study of Korean fathering of adolescent children", *The Journal of Genetic Psychology*, vol. 160, no. 1, (1999), pp. 55-69.

[33] Johnston C., Mash E. J. "A Measure of Parenting Satisfaction and Efficacy". Journal of Clinical Child Psychology, 1989, vol(18), No.2, pp167-175.

[34] Kelly S. Mikelson, "He Said, She Said: Comparing Mother and Father Reports of Father Involvement," Journal of marriage and family, 70 (3), 2008.

[35] Kim P. & Wendy W., *Modern Parenthood: Roles of Moms and Dads Converge as They Balance Work and Family,* Washington, D. C.: Pew Research Center, 2013.

[36] Knoester C., Eggebeen D. J., "The Effects of the Transition to Parenthood and Subsequent Children on Men's Well-Being and Social Participation," *Journal of Family Issues*, Vol. 27, No. 11(2006), pp. 1532-1560.

[37] Kraemer S., "The Origins of Fatherhood: An Ancient Family Process," *Family Process*, vol. 4(1991), pp. 377-392.

[38] Kuo P. X., Volling B. L., Gonzalez R, "Gender role beliefs,

work-family conflict, and father involvement after the birth of a second child," *Psychology of Men & Masculinity,* vol. 19, no 2(2018), pp. 243-256.

[39] Lamb M. E., *The fathers' role: Applied Perspectives,* New York: Wiley, 1986.

[40] Lin N., *Social Capital: A Theory of Social Structure and Action.,* Cambridge University press, 2001.

[41] LiXuan, Michael E.Lamb, Fathers in Chinese Culture: From Stern Disciplinarians to Involved Parents, Fathers in Cultural Context, Rout ledge. 2013.

[42] Loury G. C., *Intergeneration Transfers and the Distribution of Earnings, Econometrica,* vol. 49, (1981), PP176.

[43] Maddux, J. E. "Self-efficacy: The power of believing you can." in Snyder C. R., & Lopez S. J. (Eds), *Handbook of positive psychology,* New York: Oxford University Press, 2000, pp57-78.

[44] Marsiglio W., "Contemporary scholarship on fatherhood: Culture, identity, and conduct," *Journal of Family Issues,* vol. 14(1993), pp484-509.

[45] Marx. K., *Capital: A Critique of Political Economy,* New York: Charles H. Kerr, 1906.

[46] McBride B. A., Darragh J., "Interpreting the data on father involvement: Implications for parenting programs for men," Families in Society, 76(8).1995.

[47] Mccolgan A. "Family Friendly Frolics? The Maternity And Parental Leave Etc. Regulations 1999," *Industrial Law Journal,* vol. 29, no. 2, (2000), pp. 125-144.

[48] Mead G. H., *Mind Self and Society: From the Standpoint of a Social Behav iorist,* Chicago: University of Chicago Press, 1934.

[49] Minton, C. & Pasley, K., *"Fathers' parenting role identity and father involvement, a comparison of nondivorced and divorced, nonresident fathers," Journal of Family Issues,* Vol. 17(1996), pp. 26-45.

[50] Nordenmark, Mikael. "Multiple Social Roles and Well-Being A

Longitudinal Test of the Role Stress Theory and the Role Expansion Theory",
Acta Sociologica, 2004, vol(47), No.2, pp115-126.

[51] Nunes C., L. Jiménez, S. Menéndez, et al. "Psychometric properties
of an adapted version of the parental sense of competence (PSOC) scale for
Portuguese at-risk parents". Child & Family Social Work, vol (21).No.4, 2016,
pp433-441.

[52] Palkovitz R. *Reconstructing involvement: Expanding conceptualiza-
tions of men's caring in contemporary families*, Sage Publications, 1997.

[53] Park R. D. *Fatherhood*. MA: Harvard University, 1996.

[54] Peter B.Gray, Kermyt G.Anderson, "Fatherhood: Evolution and
Human Paternal Behavior," Harvard University Press, 2012.

[55] Pleck E. H., Pleck J H, *The American man*, NJ: Prentice-Hall, 1980.

[56] Portes, Alejandro, "Social Capital: Its Origins and Applications in
Modern Sociology Alejandro Portes," *Annual Review of Sociology,* vol. 24.
(1998), pp. 1-24.

[57] Putnam R. D., "Bowling alone: America's declining social capital,"
Journal of Democracy, vol. 6, no. 1(1995), pp65-78.

[58] Reich, N., "Fathers' childcare: The difference between participation
and amount of time." *Journal of Family & Economic Issues, vol.* 35, no.
2(2014).

[59] Rosenberg M., "The Self-Concept: Social Product and Social Force,"
in Rosenberg M. & Turner R. H. (eds.), *Social Psychology: Sociological
Perspectives*, New York: Basic Books, 1981, pp. 593.

[60] Rosenberg M., *Conceiving the Self,* New York: Basic Books, 1979.

[61] Sarah J.Schoppe-Sullivan, Jay Fagan, 2020, "The Evolution of
Fathering Research in the 21st Century: Persistent Challenges," New Directions,
Journal of Marriage and Family 82 (1).

[62] Sigle-Rushton, W., "Men's Unpaid Work and Divorce: Reassessing
Specialization and Trade in British Families," *Feminist Economics*, vol. 16, no.
2(2010).

[63] Thornton, A. & Linda Young-Demarco, "Four Decades of Trends in Attitudes toward Family Issues in the United States: The 1960sthrough the 1990s," *Journal of Marriage and Family, vol.* 63, no. 4, (2001).

[64] Townsend, N. W. . *The Package Deal: Marriage, Work, and Fatherhood in Men's Lives*. Temple University Press, 2002.

[65] Weber M., *The Protestant Ethic and the S pirit of Capitalism with Other W ritings on the Rise of the West*, New York: Oxford University Press, 2009.

[66] William Marsiglio, Joseph H. Pleck, *Fatherhood and masculinity, Handbook of Studies on Men Masculinities,* Sage publications, 2005.

[67] Williams S., *What is Fatherhood: Searching for theReflexive Father*, Sociology, 42 (3). 2008.

[68] Yeung, W. J., Duncan G. J., Hill M. S., "Putting Fathers Back in The Picture: Parental Activities and Children's Attainment." *Unpublished*, vol. 29, no2 (2000), pp97-113.

[69] Yeung, W. J, Sandberg, J. F, Hofferth D., "Children's time with fathers in intact families," *Journal of marriage and Family*, vol 63, no. 1(2001). pp. 136-154.

附　录

附录1　访谈高校教师及家庭列表

序号	编码	年龄	学历	职称	高校类型	专业	子女年龄
1	U-L-F+F，君君爸	40	硕士	讲师	市属普通	公共英语	12/5
2	H-A-F，玲玲爸	42	博士	副教授	985/211	电子科技	8
	H-A-F，玲玲妈	40					
	H-A-F，玲玲姥	65					
3	C-A-M+F，斌斌爸	43	博士	副教授	高职高专	社会工作	11/5
4	C-L-M，子天爸	40	硕士	讲师	高职高专	旅游英语	9
5	U-A-F+M，笑笑爸	42	博士	副教授	市属普通	思政教育	11/5
	U-A-F+M，笑笑妈						
6	H-A-M，诚诚爸	43	博士	副教授	985/211	社会保障	8
7	H-L-F，悦悦爸	43	博士	讲师	985/211	心理学	5
8	U-A-M，良良爸	44	博士	副教授	市属普通	法学	12
9	H-P-F，静静爸	45	博士	教授	985/211	经济学	8
10	H-A-M，萌萌爸	40	博士	副教授	985/211	社会学	1
11	U-L-F，佳佳爸	33	博士	讲师	市属普通	土木工程	2
12	U-A-F，翠翠爸	42	博士	副教授	市属普通	思政教育	4
13	U-A-F，诗诗爸	35	博士	副教授	市属普通	城市管理	3
14	H-A-F+M，丽丽爸	43	博士	副教授	985/211	自动化	9/5
15	U-A-F+F，蕊蕊爸	42	博士	副教授	市属普通	工程管理	4/2
16	C-L-F+F，云汐爸	42	硕士	讲师	市属普通	金融学	9/7
17	U-A-M+F，林林爸	46	博士	副教授	市属普通	土木工程	14/5
	U-A-M+F，林林妈	42					
	U-A-M+F，林林姥	65					
18	U-A-F，木木爸	35	博士	副教授	市属普通	哲学	4

序号	编码	年龄	学历	职称	高校类型	专业	子女年龄
19	U-A-M+F，锦程爸	42	博士	副教授	市属普通	电气工程	13/8
	U-A-M+F，锦程妈	40					
	U-A-M+F，锦程奶	65					
	U-A-M+F，锦程姥	66					
20	H-A-F+M，敏敏爸	41	博士	副教授	985/211	社会学	8/5
21	H-L-M，鹏鹏爸	32	博士	讲师	市属普通	建筑学	2
22	U-L-M+M，峰峰爸	38	博士	讲师	市属普通	车辆工程	9/2
23	U-P-M+M，鹤鹤爸	44	博士	教授	市属普通	测绘工程	11/7
24	U-A-F，双双爸	45	博士	教授	市属普通	工程造价	12
25	H-P-F，芳芳爸	45	博士	教授	市属普通	马克思主义理论	12
26	C-P-M，小宝爸	42	博士	教授	高职高专	材料工程	11
	C-P-M，小宝妈	42					
	C-P-M，小宝爷	64					
	C-P-M，小宝奶	63					
27	U-A-M，俊俊爸	41	博士	副教授	市属普通	哲学	5
28	U-P-M，伟伟爸	41	博士	教授	市属普通	马克思主义理论	7
29	H-A-M，航航爸	36	博士	副教授	985/211	工商管理	5
30	U-P-M，智智爸	40	博士	教授	市属普通	环境工程	10
31	U-P-M，苗苗爸	42	博士	副教授	985/211	工商管理	11
32	U-A-M，团团爸	41	博士	副教授	市属普通	电子信息	10
	U-A-M，团团妈	40					
33	U-A-M，梁梁爸	40	博士	副教授	985/211	社会学	12
34	U-A-F+F，文文爸	42	博士	副教授	市属普通	公共英语	10/5
35	U-A-M，景景爸	42	博士	副教授	市属普通	法学	10
36	U-A-M，国国爸	41	博士	副教授	985/211	社会工作	7
37	C-A-F，尧尧爸	43	博士	副教授	高职高专	计算机	12
38	U-L-M，亮亮爸	40	博士	讲师	市属普通	哲学	5
39	H-A-F，慧慧爸	43	博士	副教授	985/211	社会工作	10
40	C-L-F+F，雪雪爸	39	硕士	讲师	高职高专	会计	10/3

附录 2 访谈提纲

一、父亲本人及家庭基本情况

1. 基本情况：籍贯、年龄、健康状况、教育背景、家庭收支概况、实际子女数量、理想子女数量、子女年龄、子女教育、居住情况等。

2. 受教育的经历。

3. 工作状况：收入、压力及职业发展与规划等。

4. 主要的社会关系及联系情况。

5. 家庭成员基本情况：籍贯、年龄、健康状况、教育背景、职业和收入等。

6. 家庭育儿分工情况：夫妻分工和代际分工情况。

7. 家庭总资产和育儿投入情况。

二、父职实践的状况

1. 当前父职实践的现状：参与的时间、内容、形式、频率、特定情况下的表现等。

2. 父职实践的过程性和变化性：子女年龄、一孩与二孩、假期等因素的考察。

3. 父职实践中经常联系的人和组织以及经常需要应对的情境。

4. 父职实践的体验与反思：父职实践中的感受、收获、困难、困惑、对自身父职实践的评价与展望等。

5. 父职实践中感受的社会支持与服务的情况。

三、对父职实践相关问题的态度和看法

1. 对于父职实践的意义的理解和认识。

2. 对于家庭功能和分工的理解和认识。

3. 关于父母角色形象的看法。

4. 关于子女教育方式的态度与观点。

5. 对于工作与家庭、工作与生活关系的态度与观点。

6. 对于亲情、爱情、友情及其关系的理解。

7. 对社会性别分工的看法。

8. 对于中产阶层、高知阶层的看法。

9. 对生育政策及服务的看法及评价。

10. 对社会发展的看法和预期。

后　记

　　这本书是在我博士论文的基础上修改形成的，因此我要感谢我的导师何俊芳老师，何老师对我的耐心教导使我在每一次迷茫和焦虑时能够重新找到方向，每次当我想放弃论文写作时她都鼓励我继续坚持。对于我来说，何老师是教授我知识的老师，更是善良可亲的亲人。何老师不仅在学业上给予了我耐心的指导，还在生活中关怀爱护我和我的孩子们。能够成为何老师的学生，我感到非常非常幸运。何老师心地善良、心胸宽广、工作勤勉认真。在我今后的人生路上，我也会经常用这些品质来要求自己，追求进步，努力成为更好的自己。同时，还要感谢郭伟和、良警宇等老师们对我的论文提出的建议和帮助。

　　感谢田野调查中遇见的每一位父亲、母亲、爷爷奶奶和姥姥姥爷们，育儿并不是一个小的主题，它涉及人们的方方面面，而且涉及一定的家庭隐私。感谢你们愿意跟我分享你们的故事，从你们的育儿经历中我也收获了很多。以后有机会我们相约一起带娃聚会。

　　我要感谢我的父母和老公，他们一直坚定地支持我继续求学，并且为我提供精神与物质的后盾，家庭是我避风的港湾，没有他们的支持和理解，就不会有我的今天。每次面对困难、感到压力和焦虑的时候，他们都会安慰和开导我，让我一次次地相信自己、能够坚定自己的目标继续前行。两个孩子总是在我心情低落时给我带来喜悦，让我相信明天会更好。

　　时间过得真快，我从博士入学到现在已经在中央民族大学度过了将近 7 年的求学生涯。现在想想，2015 年博一入学那一天仿佛就在昨天。在民大期间我有了第二个宝宝，让我将求学与生育在同一时间一并体验，这对于我来说，真是一件既辛苦又幸福的事。民大是快乐而包容的，各民族的文化在这里交汇融合。"美美与共、知行合一"不仅体现在课堂与学术研究中，也在生活中无处不在，校园里永远有唱歌跳舞热热闹闹的年轻人，操场上经常举办各种民族节日的庆典，食堂里有各民族好吃的饭菜和热情的工作人员。民大宽广的胸怀和积极向上的精神，是我一生取之不尽的财富。

从前总觉得，自己从民大毕业的时候会有很多话想要说，但此时却觉得千言万语不知从何说起。心底里最想说的还是两个字"感恩"。感恩能够出生在这个家庭，感恩能够来到民大读书，感恩在这里遇到的非常好的老师们和同学们。在今后的道路上，我将带着这份"感恩"之心，努力工作、回报社会，尽自己所能地去帮助更多的人，将民大给予我的善意与包容传递给更多的人。

这本书之所以能够面世离不开南开大学出版社编辑们的辛苦劳动，以及学院领导的大力支持与资助，在此一并致以诚挚的感谢！

由于时间仓促及水平有限，书中还有不少需要改进的地方，希望各位老师和同行不吝赐教。

杨　娜

2023 年 10 月